the orbi

academy.orbi.kr

형식은 모방해도 내용은 모방할 수 없습니다.
개인의 능력을 극대화 시킬
모든 계획이 **디오르비**에 있습니다.

전화 : 02-597-3533 ◇ 문자 전용 : 010-9124-0207 ◇ 주소: 강남구 삼성로 61길 15 (은마사거리 도보 3분)

강남오르비 학원이
대치동 '**디오르비**'학원으로
개원합니다.

디오르비 는
모든 시스템이 수험생 중심으로 더 강화됩니다.
모든 시설이 최고의 결과가 나올 수 있도록 설계됩니다.

집중을 위해 **디오르비**가 수험생 옆으로 다가갑니다.
강남역에서 대치동으로 옮겨
오르비의 역량을 집중합니다.

디오르비와 시작하면
원하는 대학문이 가장 빠르게 열립니다.

smart is sexy
Orbi.kr

출발의 습관은 수능날까지 계속됩니다.
형식적인 상담이나
관리하고 있다는 모습만 보이거나
학습에 전혀 도움이 되지 않는
보여주기식의 모든 것을 배척합니다.

쓸모없는 강좌와 할 수 없는 계획을 강요하거나
무모한 혹은 무리한 스케줄로
1년의 출발을 무의미 하게 하지 않습니다.
형식은 모방해도 내용은 모방할수 없습니다.

smart is sexy
Orbi.kr

개인의 능력을 극대화 시킬 모든 계획이 **디오르비**에 있습니다.

랑데뷰
N제

킬러극킬
기 하

수능 대비 수학 문제집 **랑데뷰N제 시리즈**는 다음과 같은 난이도 구분으로 구성됩니다.

1단계- 랑데뷰 라이트 N제 (총3권) [종이책]

⇨ 변형 자작 문항(100%)
어려운 3점, 쉬운 4점, 어려운 4점 문항으로 구성되어 있다.

교재 활용 방법

① 각 권 30회씩(제1권:1~30, 제2권:31~60, 제3권:61~90회) 일일학습지 형식으로 구성되어 있어 매일
   꾸준히 풀어보길 권한다.
② 각 회마다 수1&수2 5문항, 선택2 문항으로 구성되어 모든 선택자가 풀어볼 수 있다. (1~5번:공통,
   6~7번:확통, 8~9번:미적분, 10~11번:기하)
③ 2~5등급 학생들에게 추천한다.

2단계- 랑데뷰 쉬사준킬 [종이책]

⇨ 변형 자작 문항(100%)
쉬운 4점과 어려운 4점, 준킬러급 난이도 변형 자작 문항 (쉬사준킬의 모든 교재의 문항수가 200문제 이
상)이 출제유형별로 탑재되어 있음

교재 활용 방법

① 랑데뷰 [기출과 변형] 문제집과 같은 순서로 유형별로 정리되어 기출과 변형을 풀어본 후 과제용으로
   풀어보면 효과적이다.
② [기출과 변형]과 병행해도 좋다. [기출과 변형]의 단원별로 Level1, level2까지만 완료 한 후 쉬사준킬의
   해당 단원 풀기
③ 준킬러 문항을 풀어내는 시간을 단축시키기 위한 교재이다. N회독 하길 바란다.
④ 학원 교재로 사용되면 효과적이다.
⑤ 1~4등급 학생들에게 추천한다.

3단계- 랑데뷰 킬러극킬 [종이책]

⇨ 변형 자작 문항(100%)
킬러급 난이도 변형 자작 문항(킬러극킬의 모든 교재의 문항수가 100문제 이상)이 탑재되어 있음

교재 활용방법

① 랑데뷰 [기출과 변형]의 Level3의 문제들을 완벽히 완료한 후 시작하도록 하자.
② 킬러 문항의 해결에 필요한 대부분의 아이디어들이 킬러극킬에 담겨 있다.
③ 1등급 학생들과 그 이상의 실력을 갖춘 학생들에게 추천한다.

랑데뷰 수학을 만난 수험생 여러분! 꽃길만 걸으시길 응원합니다. [샤인수학학원 이재호]

잘하고 있다. 자신을 믿어라 [이지웅T]

너의 열정을 응원 할게 [수원 스카이에듀 김종렬T]

나의 꿈은 맑은 바람이 되어서 당신의 주위에 떠돌겠습니다.-한용운- [가토수학과학학원 이태형T]

세상에 쉽게 얻어지는 것은 없습니다. [홍지석T]

재능의 차이를 뛰어넘는 피나는 노력만이 만점을 만듭니다. [오은경T]

수험생 여러분들의 열정과 땀은 앞으로의 인생에 커다란 밑거름이 될 것입니다. [오라클수학교습소 김수T]

노력과 인내는 재능을 이길 수 있다. [장선생수학학원 장세완T]

돌이켜보면 몹시 괴로울 때 성장했고, 모든게 편안할 때 퇴보했다. [장정보수학학원 장정보T]

공들여서 천천히 꼼꼼하게 생각하세요. [굿티쳐강남학원 배용제T]

천리길도 한걸음부터...어떤 일이든 한번에 이루려 하지말고 차근차근 꾸준히 쌓아간다면 미래는 꿈꾸는 삶을 살 수 있을 것이다. [서영만T]

부족하다는 것은 그만큼 채울 수 있다는 뜻이다. [대전 오엠수학 오세준T]

도전을 즐기고, 실패에 좌절하지 말자. 자기 자신을 성장시키는 효과적인 방법이다. [장정보수학학원 함상훈T]

많은 사람들은 재능의 부족보다 노력의 부족으로 실패한다. [가인수학학원 최혜권T]

승패의 차이는 대부분 그만두지 않는데에 있습니다. 랑데부와 함께 끝까지 갑시다. [수학만영어도학원 최수영T]

오늘의 한 문제가 수능날 나를 만듭니다. [이호진고등수학 이호진T]

들은 것은 잊어버리고, 본 것은 기억하고, 직접 해본 것은 이해한다. 직접풀자 랑데뷰~! [섭수학과학학원 김창섭T]

간단하게 설명할수 없으면 제대로 이해하지 못하는 것이다. [태오름수학학원 임성일]

성실한 과정의 시간들은 원하는 결과를 반드시 가져올 것이다. [반포파인만고등관 김경민T]

Excelsior : 더욱 더 높이 [메가스터디 김가람T]

'새는 날아서 어디로 가게 될지 몰라도 나는 법을 배운다'는 말처럼 지금의 배움이 앞으로의 여러분들 날개를 펼치는 힘이 되길 바래봅니다. [가나수학전문학원 이소영T]

물 위의 우아한 백조는 물속 보이지 않는 다리를 열심히 젓고 있는 것이다. 보이는 것보다 보이지 않는 부단한 노력과 성실이 실력을 만든다. [일산제우스 수학학원 김진성T]

"포기라는 단어를 생각하는 순간이 가장 좋은 때이다. 늦지 않으니 충분히 노력하면 다시 일어설 수 있을 거야." [매천필즈수학원 백상민T]

Attitude Determines Altitude [본투비수학 이인호 T]

오늘도 과거의 자신보다 나이지는 하루가 되길 바랍니다. [최병길T]

큰 성공은 작은 행동에서 시작된다. [조남웅T]

why, how 두 가지 질문에 답을 찾아 보세요. [샤인수학학원 김은수T]

지금 잠을 자면 꿈을 꾸지만, 지금 공부하면 꿈을 이룬다. [이미지매쓰학원 정일권T]

Step by step! 꾸준히 노력한 자, 수능날 랑데뷰로 성공하리라. [가나수학전문학원 황보성호T]

나는 똑똑한 것이 아니라, 단지 문제를 더 오랫동안 연구할 뿐이다. 알버트 아인슈타인 [강동희수학교습소 강동희T]

1등급을 만드는 특별한 습관 랑데부수학과 함께 합시다. [이지훈수학학원 이지훈T]

목표가 확실한 사람의 성장은 무서운 법이다!-이태원 클라쓰 [MQ멘토수학 최현정T]

반갑습니다 마지막문제에서 다시 만나요. [답길학원 서태욱]

목표는 사람을 성장하게 하고 랑데뷰는 목표 있는 사람을 지혜롭게 성장시킨다. [김이김(멘토수학) 이정배T]

수학을 즐길 줄 알아야 해. 완전해야만 빛이 나는 것은 아니야. 한 방울씩 떨어지는 낙숫물이 바위를 뚫듯 즐겁게 도전하는 너의 열정이 수학 실력을 더욱 높일 수 있을 거야. [샤인수학학원 필재T]

랑데뷰
N 제

하루 중 90%는 겸손하게 10%는 자신있게...

목차

랑데뷰
N 제

하루 중 90%는 겸손하게 10%는 자신있게...

이차곡선

1

01 그림과 같이 꼭짓점이 원점 O이고 초점이 $F(-p, 0)$ $(p > 0)$인 포물선이 있다. 포물선 위의 점 P, 직선 $x = p$위의 점 Q와 제1사분면 위의 점 R에 대하여 직선 PQ가 x축과 평행하고 삼각형 PQR는 정삼각형이다. 직선 FP가 점 $T(2p, 9)$을 지날 때, 점 R의 좌표는 (a, b)이다. $\dfrac{b^2}{a^2}$의 값을 구하시오. (단, $a > 0$, $b > 2$인 실수이고 점 P는 제2사분면 위의 점이다.) [4점]

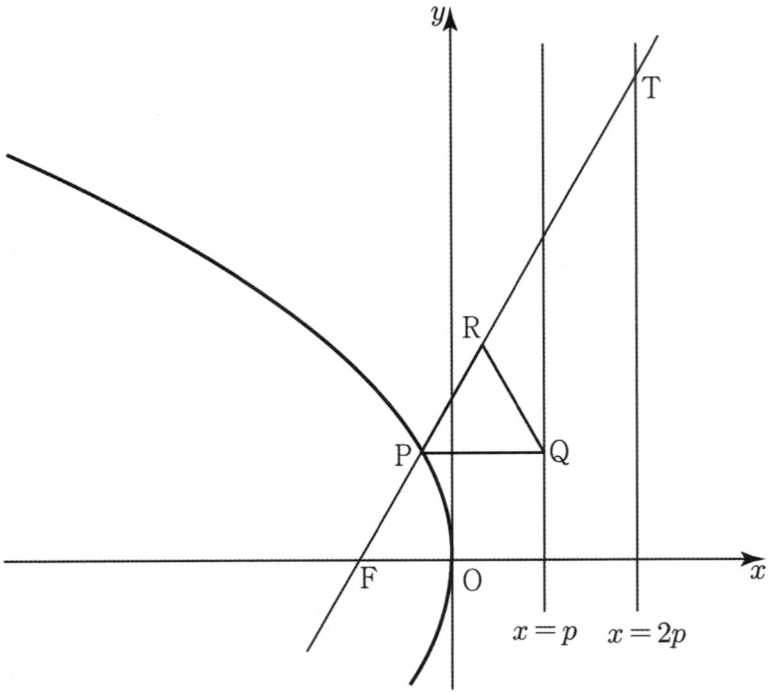

02 타원 $16x^2 - 96x + 9y^2 = 0$의 네 꼭짓점과 중심 중에서 원을 그릴 수 있는 3개의 점을 고르려고 한다. 이때 만들어지는 원의 반지름의 길이로 가능한 모든 값의 합은 $\dfrac{q}{p}$이다. $p+q$의 값을 구하시오. (단, p, q는 서로소인 자연수이다.) [4점]

03

타원 $\dfrac{x^2}{a^2}+\dfrac{y^2}{b^2}=1$ $(b>a>0)$의 초점 중 y좌표가 양수인 점을 F라 하고, 점 F를 중심으로 하고 원점 O를 지나는 원이 타원과 만나는 두 점을 P, Q라 하자. $\overline{PQ}=\sqrt{7}$, $\cos(\angle POQ)=-\dfrac{1}{8}$일 때, b의 값은? [4점]

① $\dfrac{\sqrt{2}}{2}+\dfrac{1}{3}$ ② $\sqrt{2}+\dfrac{2}{3}$ ③ $\dfrac{8}{3}$

④ $2\sqrt{2}$ ⑤ $2\sqrt{2}+\dfrac{4}{3}$

04

$0 < x < 10$에서 함수 $y = \tan\left(\dfrac{\pi}{2}x\right)$의 점근선 $x = p_n$은 크기순으로 나타내면 p_1, p_2, p_3, $\cdots$이다. 타원 C가 $x = p_n$과 서로 다른 두 점 P, Q에서 만나고 두 점 P, Q는 항상 x축 대칭이고 선분 PQ의 길이는 $n = 3$에서 최댓값 6을 갖고 직선 $x = p_1$는 타원의 한 초점을 지난다. $n = 5$일 때, 타원 C 위의 점 P에서의 접선과 타원 C 위의 점 Q에서의 접선이 만나는 점의 x좌표는? (단, 선분 PQ의 길이는 $n = 2$일 때와 $n = 4$일 때 같다.) [4점]

① 11　　　　② $\dfrac{45}{4}$　　　　③ $\dfrac{23}{2}$　　　　④ $\dfrac{47}{4}$　　　　⑤ 12

05 그림과 같이 쌍곡선 $\dfrac{x^2}{a^2} - \dfrac{y^2}{b^2} = 1$ 위의 제1사분면에 있는 점 $(x_1,\, y_1)$에 접하는 기울기가 5인

직선이 x축과 만나는 점을 Q, y축과 만나는 점을 R라 할 때,

$$(\text{삼각형 POQ의 넓이}) : (\text{삼각형 QOR의 넓이}) = 1 : 4$$

이다. $\dfrac{y_1}{x_1}$의 값은? (단, O는 원점이고, a, b는 상수이다.) [4점]

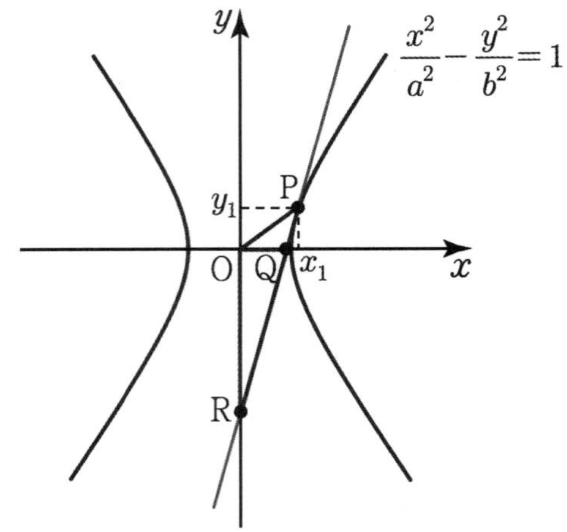

① $\dfrac{5}{6}$ ② 1 ③ $\dfrac{7}{6}$ ④ $\dfrac{4}{3}$ ⑤ $\dfrac{3}{2}$

06 포물선 $y^2 = 4x$와 직선 $y = x - 1$가 만나는 점 중 제1사분면 위에 있는 점을 A 라 하자. 양수 a에 대하여 포물선 $(y - a)^2 = 4(x - a)$가 점 A 를 지날 때, 직선 $y = x - 1$와 포물선 $(y - a)^2 = 4(x - a)$가 만나는 점 중 A 가 아닌 점을 B 라 하자. 또 포물선 $(y - 2a)^2 = 4(x - 2a)$가 점 B 를 지날 때, 직선 $y = x - 1$와 포물선 $(y - 2a)^2 = 4(x - 2a)$가 만나는 점 중 B 가 아닌 점을 C 라 하자. 세 점 A, B, C 에서 직선 $x = -1$에 내린 수선의 발을 각각 A′, B′, C′라 할 때, $\overline{AA'} + \overline{CC'} - \overline{BC} = k$이다. k^2의 값을 구하시오. [4점]

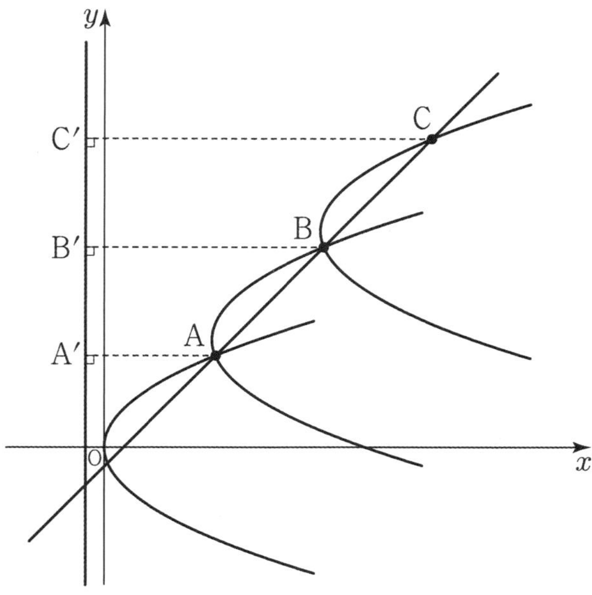

07 그림과 같이 두 초점이 F, F$'$인 타원 $\dfrac{x^2}{5}+\dfrac{y^2}{9}=1$ 위의 제1사분면의 점 P와 선분 FF$'$ 위의 점 Q가 있다. 점 Q에서 직선 PF에 내린 수선의 발을 H_1, 직선 PF$'$에 내린 수선의 발을 H_2라 할 때, 다섯 개의 점 P, Q, F$'$, H_1, H_2는 다음 조건을 만족시킨다.

(가) $\overline{QH_1}=\overline{QH_2}$

(나) $\overline{PH_1}=\overline{H_2F'}$

$\overline{PQ}=x$라 할 때, $9x$의 값을 구하시오. [4점]

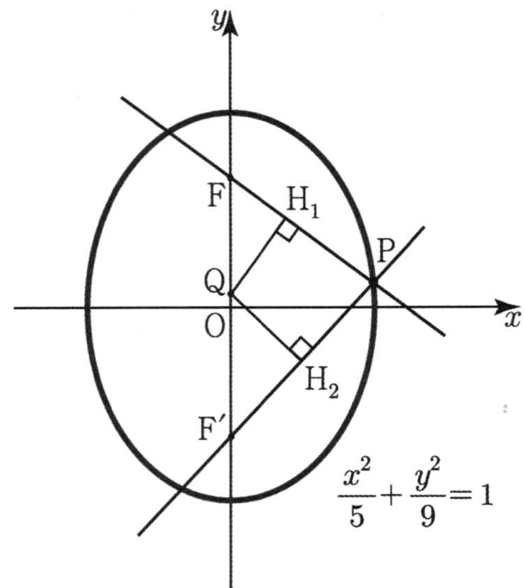

08 그림과 같이 포물선 $y^2 = -2x$ 위의 제2사분면에 있는 점 P 에서의 접선이 x축과 만나는 점을 Q 라 하자. 이 포물선의 준선 위의 제1사분면에 있는 점 R 에 대하여 세 점 P, Q, R 를 지나는 원이 다음 조건을 만족시킨다.

> (가) 원의 중심이 y축 위에 있다.
> (나) 원의 반지름의 길이가 $\sqrt{5}$ 이다.

이 원이 준선과 만나는 R 이 아닌 점을 S 라 할 때, 점 R 와 점 S 의 y좌표의 곱은? [4점]

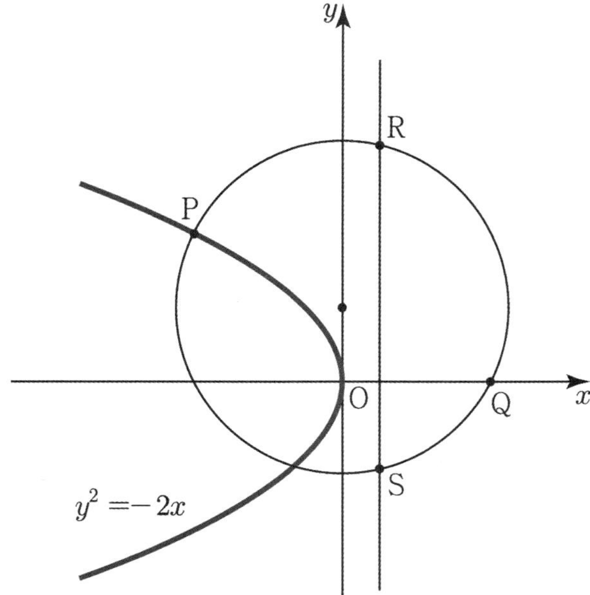

① $-\dfrac{19}{8}$ ② $-\dfrac{19}{4}$ ③ $-\dfrac{15}{4}$ ④ -5 ⑤ $-\dfrac{11}{2}$

09
그림과 같이 두 초점이 $F(c, 0)$, $F'(-c, 0)$ $(c > 0)$이고, 주축의 길이가 8인 쌍곡선 $\dfrac{x^2}{a^2} - \dfrac{y^2}{b^2} = 1$과 쌍곡선 위에 있지 않은 제1사분면에 있는 점 Q가 있다. 제1사분면에 있는 쌍곡선 위를 움직이는 점 P와 점 Q에 대하여 $\overline{PQ} + \overline{PF'}$가 최소일 때, 점 P에서의 접선이 x축과 만나는 점의 좌표가 $R\left(\dfrac{c}{3}, 0\right)$이다. $\overline{PQ} + \overline{PF'}$의 최솟값이 20일 때, $\overline{PQ}$의 길이를 구하시오. (단, $\overline{QF}$와 쌍곡선은 한 점에서 만난다.) [4점]

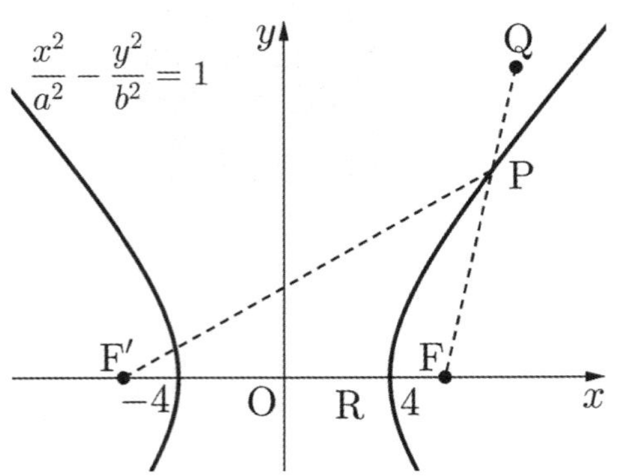

10 포물선 $y^2 = 4x$ 위의 점 $\mathrm{P}(a, b)$를 중심으로 하고 초점을 지나며 준선에 접하는 원 C가 있다. 원 C와 준선과의 접점을 H, x축과 만나는 점 중 초점 F가 아닌 점을 G라 하자. 이때 부채꼴 PHF(중심각이 작은 쪽)의 넓이를 $S(a)$, 삼각형 PFG의 넓이를 $T(a)$라 할 때, $\displaystyle\lim_{a \to \infty} \frac{T(a)}{S(a)}$의 값을 구하시오. (단, $b > 2$) [4점]

11 그림과 같이 두 초점의 좌표가 $F(2, 0)$, $F'(-2, 0)$인 타원 위의 제1사분면의 점 A에 대하여 직선 AF가 이 타원과 제4사분면에서 만나는 점을 B라 하자. 점 A가 다음 조건을 만족시킬 때, 삼각형 FBF'의 넓이는? [4점]

(가) $\overline{OF} = \overline{OA}$

(나) $\sin(\angle AFF') = \dfrac{\sqrt{3}}{2}$

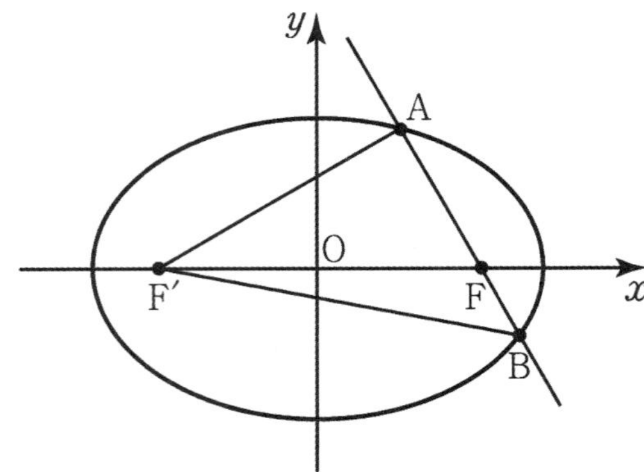

① $6\sqrt{3} - 9$ ② $12 - 6\sqrt{3}$ ③ $6\sqrt{3} - 8$ ④ $16 - 8\sqrt{3}$ ⑤ $12\sqrt{3} - 9$

12 그림과 같이 쌍곡선 $x^2 - y^2 = 1$ 위의 점 $P(a, b)$ $(a > 1, b > 0)$ 에서의 접선이 포물선 $y^2 = 4ax$의 준선과 만나는 점을 A, 쌍곡선의 점근선 중 기울기가 양수인 직선과 만나는 점을 B 라 하고, 점 B에서 포물선 $y^2 = 4ax$의 준선에 내린 수선의 발을 C 라 하자. 삼각형 ABC 의 넓이를 $S(a)$라 할 때, $\lim\limits_{a \to \infty} \dfrac{S(a)}{a^2} = k$이다. $10k$의 값을 구하시오. (단, k는 상수이다.) [4점]

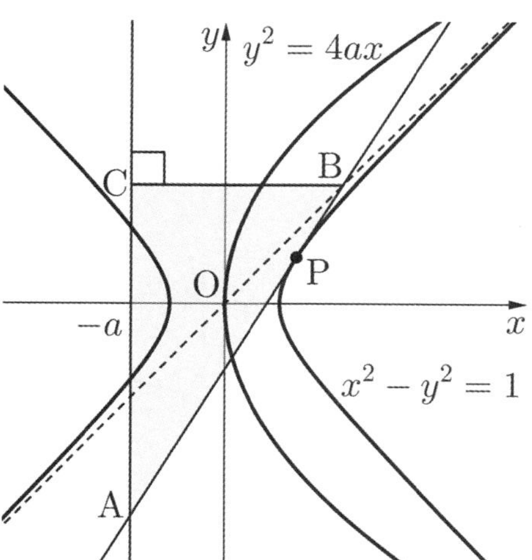

그림과 같이 두 초점이 F, F'인 쌍곡선 $\dfrac{x^2}{9} - \dfrac{y^2}{16} = 1$ 위를 움직이는 제1사분면 위의 점 P에서의 접선 l이 x축과 만나는 점을 Q, 점 P에서 접선 l과 수직인 직선을 그어 x축과 만나는 점을 R라 하자. 세 삼각형 PFQ, PRF, $PF'Q$의 넓이가 이 순서대로 등차수열을 이룰 때, 점 P의 x좌표를 x_1라 하자. $10x_1$의 값을 구하시오. [4점]

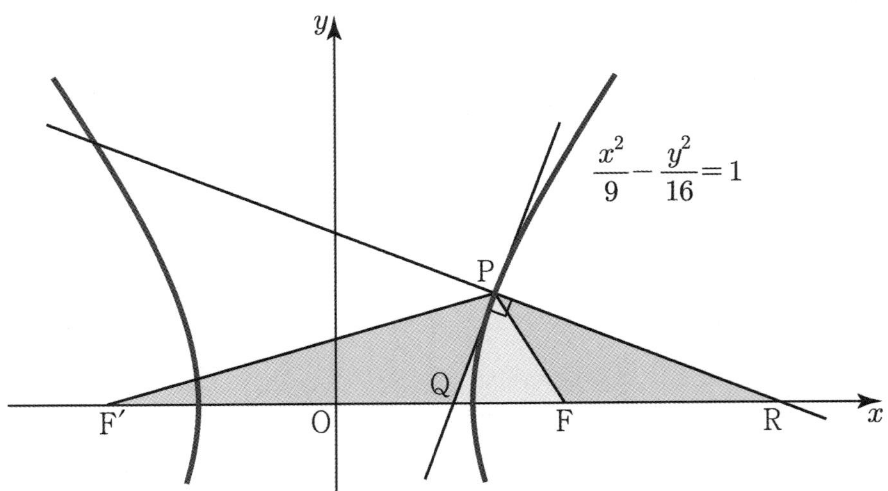

14 그림과 같이 쌍곡선 $\dfrac{x^2}{a^2} - \dfrac{y^2}{12} = 1$의 두 초점을 $F(c, 0)$, $F'(-c, 0)$ $(c > 0)$라 하고 쌍곡선이

x축과 만나는 점 중에서 x좌표가 양수인 점을 A 라 하자. 점 F를 초점으로 하고 점 A를 점 F에 대칭 이동시킨 점 B를 꼭짓점으로 하는 포물선이 y축과 만나는 점 중에서 y좌표가 양수인 점을 점 C 라 하자. 삼각형 $CF'F$가 정삼각형일 때, 양수 a의 값을 구하시오. [4점]

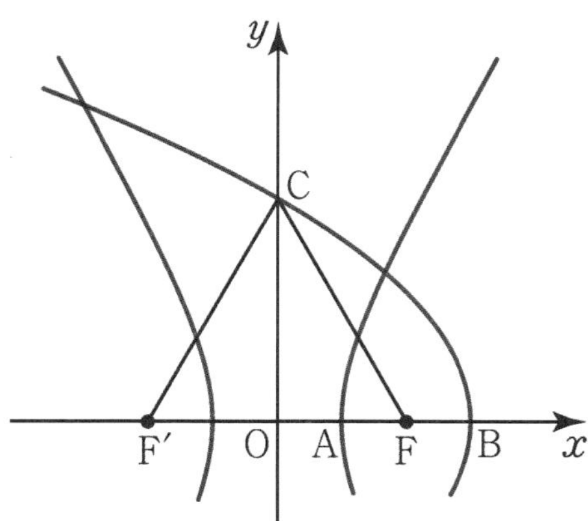

15 그림과 같이 두 점 F, F′를 초점으로 하는 쌍곡선 $\dfrac{x^2}{9}-\dfrac{y^2}{30}=1$이 있다. 점 F′을 지나고

기울기가 양수인 직선이 쌍곡선과 제1사분면에서 만나는 점을 P, 선분 F′F를 지름으로 하는

원과 제1사분면에서 만나는 점을 Q라 하자. $\overline{PQ}=2$일 때, 삼각형 FQF′의 넓이는? (단, Q의

x좌표가 P의 x좌표보다 크다.) [4점]

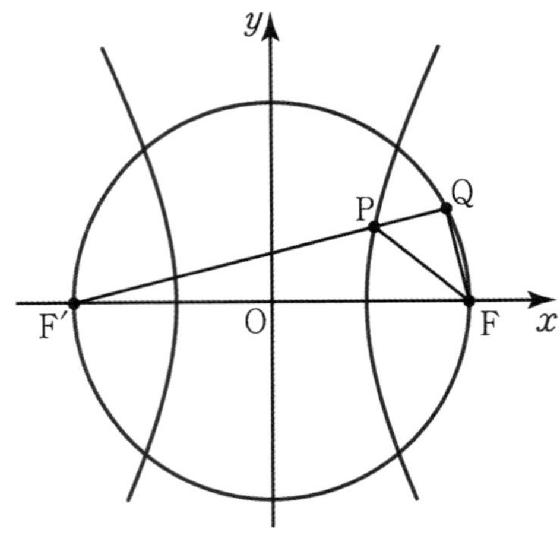

① $8\sqrt{3}$ ② $10\sqrt{3}$ ③ $12\sqrt{3}$ ④ $14\sqrt{3}$ ⑤ $16\sqrt{3}$

16 포물선 $x^2 = 4y$ 위의 점 $\mathrm{P}(-2,\ 1)$에서의 접선을 l이라 하자.

타원 $C : \dfrac{x^2}{a^2} + \dfrac{y^2}{b^2} = 1\ (a > b > 0)$과 타원 C 위의 두 점 Q_1, Q_2가 다음 조건을 만족시킨다.

(가) 타원 C 의 장축의 길이는 단축의 길이의 2배다.

(나) 두 점 Q_1, Q_2에서의 접선은 각각 직선 l과 수직이다.

삼각형 $\mathrm{PQ}_1\mathrm{Q}_2$의 넓이가 $2\sqrt{5}$ 일 때, $a+b$의 값을 구하시오. [4점]

17 좌표평면에서 중심이 원점 O 이고 반지름의 길이가 2인 원을 원 C라 하고 중심이 A 이고 원 C의 내부에 포함되어 있는 원을 원 D라 할 때, 점 B$(1, 0)$는 원 D의 내부 또는 경계에 있다. 원 D의 중심 A가 나타내는 도형과 직선 $x = a$가 두 점에서 만날 때, 두 점 사이 거리의 최댓값은 M이다. M^2의 값을 구하시오. (단, 두 원의 경계가 겹치는 부분이 있을 수 있다.) [4점]

18 그림과 같이 타원 $\dfrac{x^2}{16}+\dfrac{y^2}{4}=1$의 제1사분면에 속하는 임의의 점 P에서 접하는 접선이 있다. 접선 중 x, y축으로 나누어진 부분의 길이의 최솟값을 m이라 하고 그때의 점 P에 대해 선분 OP가 x축의 양의 방향과 이루는 각을 θ라 할 때, $\tan\theta$의 값을 k라 하자. $\dfrac{m}{k^2}$의 값을 구하시오.

[4점]

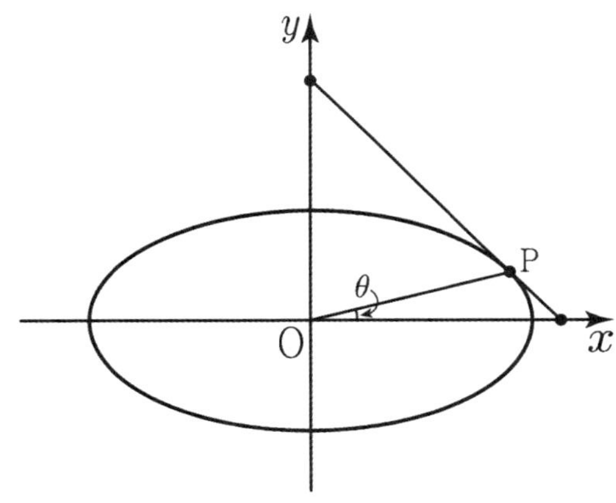

타원 $\dfrac{x^2}{a^2}+\dfrac{y^2}{b^2}=1$와 x축과의 교점을 $\mathrm{A}\,(a,\,0)$, $\mathrm{B}\,(-a,\,0)$이라 하고 $\overline{\mathrm{AB}}$에 수직인 직선이 타원과 만나는 점을 C, D라고 할 때 두 직선 AC, BD의 교점이 나타내는 도형은 쌍곡선이다. 이 쌍곡선의 주축의 길이는? (단, $a>0$, $b>0$이고 C, D는 서로 다른 점이다.) [4점]

① a　　　② b　　　③ $2a$　　　④ $2b$　　　⑤ $a+b$

20

그림과 같이 좌표평면 위의 두 점 $\mathrm{F}(4, 0)$, $\mathrm{F}'(-4, 0)$을 초점으로 하는 쌍곡선 위에 점 P 가 있다. 점 P 를 중심으로 하고 x축에 접하는 원을 C라 할 때, 점 F'을 지나고 기울기가 양수인 직선이 원 C와 점 Q 에서 접하고 $\overline{\mathrm{QF}'}=9$이다. 삼각형 $\mathrm{PF}'\mathrm{F}$의 둘레의 길이가 28일 때, 점 $(4, \alpha)$은 쌍곡선 위의 점이다. α^2의 값을 구하시오. (단, 점 P 는 제1사분면 위에 있는 점이다.) [4점]

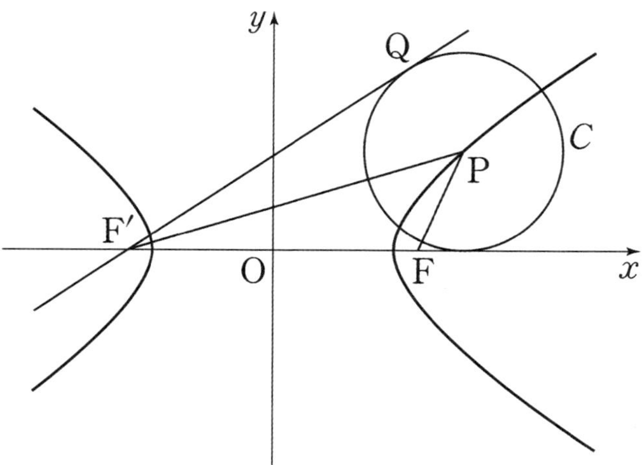

21 두 양수 a, p에 대하여 포물선 $(x-a)^2 = -4py$의 초점을 F_1이라 하고, 포물선 $x^2 = 8y$의 초점을 F_2라 하자. 선분 F_1F_2가 두 포물선과 만나는 점을 각각 P, Q라 할 때, $\overline{F_1F_2} = 5$, $\overline{PQ} = 2$이다. $a^2 + p^2$의 값은? [4점]

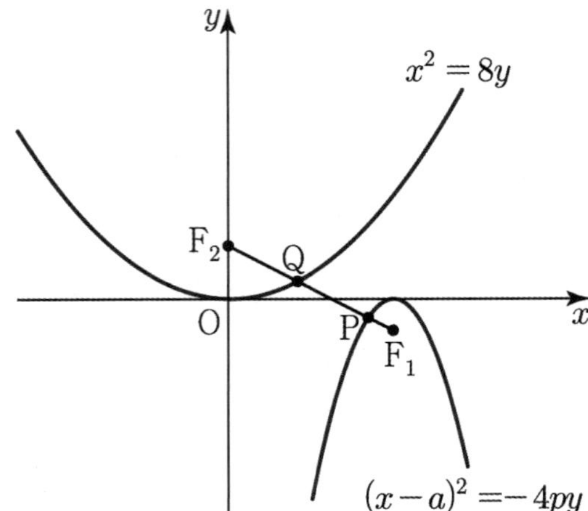

① $\dfrac{131}{7}$　　② $\dfrac{135}{7}$　　③ $\dfrac{139}{7}$　　④ $\dfrac{143}{7}$　　⑤ 21

22 두 초점이 F$(3, 0)$, F$'(-3, 0)$인 쌍곡선 $\dfrac{x^2}{a^2} - \dfrac{y^2}{b^2} = 1$ 위의 점 P 가 있다. 점 P 의 x좌표가 a^2이고 $\overline{\text{PO}}^2 + \overline{\text{PF}}^2 = 12$이다. 선분 PF 의 길이를 k라 할 때, k^2의 값을 구하시오. (단, 점 P 는 제1사분면 위의 점이다.) [4점]

23 그림과 같이 두 초점이 F, F′인 타원 S와 꼭짓점이 O이고 초점이 F인 포물선 P가
제1사분면에서 만나는 점을 P라 하고 타원 S의 x축 위의 한 꼭짓점을 A라 할 때, 선분 OA를
지름으로 하는 원 C와 선분 PF의 교점을 Q라 하자. $\angle \mathrm{FPF'} = \theta$라 할 때, $\cos\theta = \dfrac{q}{p}$이다.
$p + q$의 값을 구하시오. (단, O은 원점이고 p와 q는 서로소인 자연수이다.) [4점]

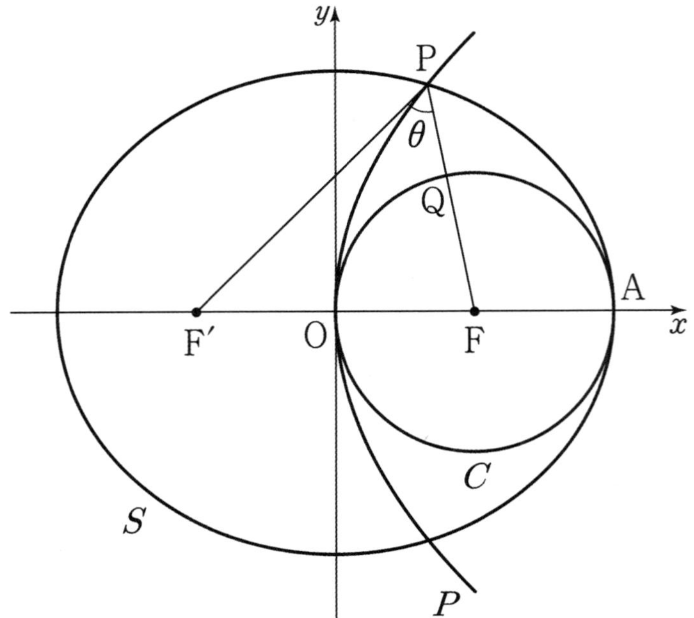

24 그림과 같이 쌍곡선 $\dfrac{x^2}{9}-\dfrac{y^2}{16}=1$의 두 초점을 F, F′라 할 때, 같은 초점을 갖는 타원의

방정식을 $\dfrac{x^2}{100}+\dfrac{y^2}{75}=1$이라 하고 쌍곡선과 타원이 만나는 점 중 제1사분면에 있는 점을 A,

제3사분면에서 만나는 점을 B라 하자. 점 A를 중심으로 하고 점 F를 지나는 원을 C_1, 점 B를

중심으로 하고 점 F′를 지나는 원을 C_2라 하자. 원 C_1 위의 점 P와 C_2 위의 점 Q에 대하여

선분 PQ의 최댓값과 최솟값의 합을 l이라 할 때, $\dfrac{l^2}{21}$의 값을 구하시오. [4점]

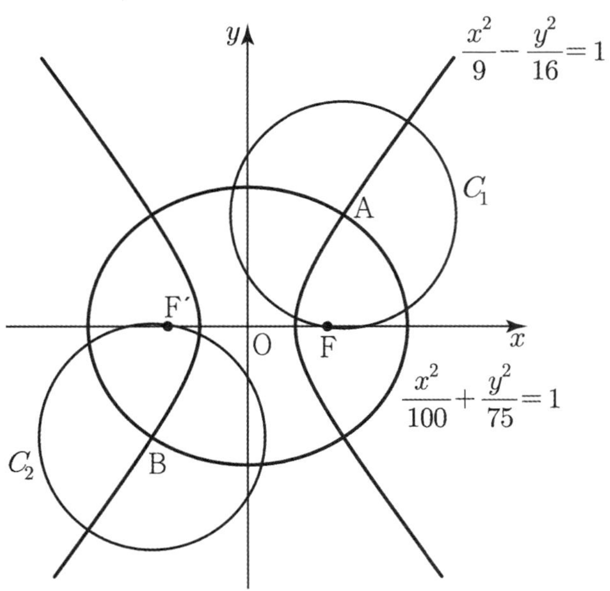

25 그림과 같이 두 점 F, F'을 초점으로 하는 쌍곡선 $x^2 - \dfrac{y^2}{a^2} = 1$이 있다. 제2사분면에 있는 쌍곡선 위의 점 P에 대하여 선분 PF와 쌍곡선이 만나는 점 중 P가 아닌 점을 Q라 하면 다음 조건을 만족시킨다.

(가) $\overline{PF'} = 2\overline{QF}$
(나) 점 Q에서 직선 PF'까지의 거리가 $2\sqrt{3}$이다.

직선 PF'와 평행하고 쌍곡선에 접하는 직선 중 y절편이 양수인 직선을 l이라 할 때, 직선 l과 x축, y축으로 둘러싸인 부분의 넓이는 $\dfrac{q}{p}\sqrt{3}$이다. $p+q$의 값을 구하시오. (단, p와 q는 서로소인 자연수이다.) [4점]

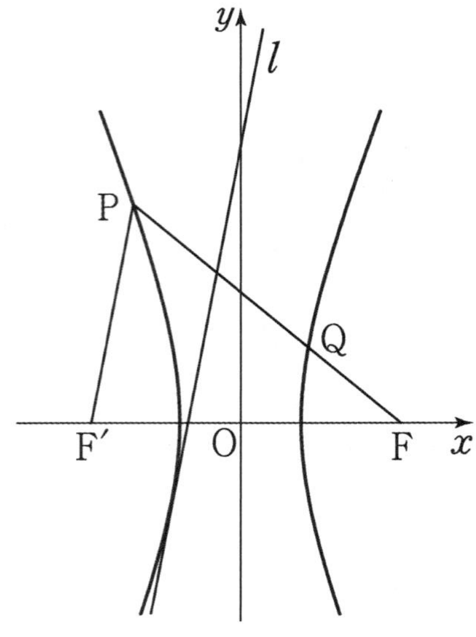

26 그림과 같이 초점이 F인 포물선 $x^2 = 9y$ 위에 두 점 A$(3, 1)$, B가 있다. 포물선 $x^2 = 9y$ 위의 제1사분면의 점 P에 대하여 중심이 F이고 반지름의 길이가 $\overline{PF}$인 원이 y축과 만나는 점 중 y좌표가 음수인 점을 Q라 할 때, 점 R이 다음 조건을 만족시킨다.

(가) 사각형 FPRQ는 평행사변형이다.

(나) 점 P가 점 A에서 점 B까지 x좌표가 증가하는 방향으로만 움직일 때, 점 R이 나타내는 도형의 길이는 3이다.

이때, 조건을 만족하는 점 B의 좌표를 (a, b)라 할 때 $a \times b$의 값은? [4점]

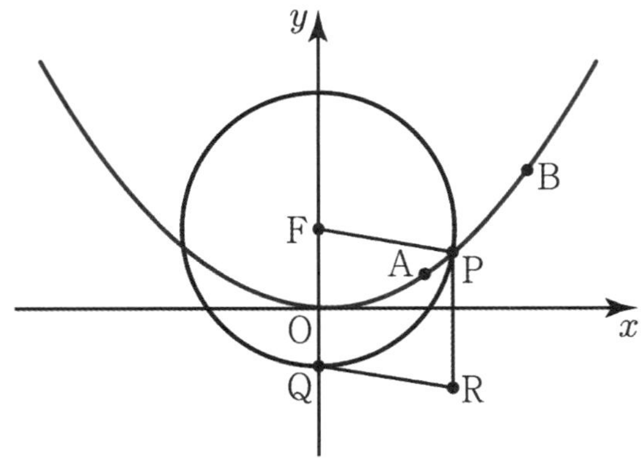

① $\dfrac{28}{3}$　　② 8　　③ $\dfrac{35}{3}$　　④ 16　　⑤ 24

27 좌표평면에서 두 점 $A(-2, 0)$, $B(2, 0)$에 대하여 두 직사각형 S, T는 다음 조건을 만족시킨다.

> (가) 직사각형 S 위를 움직이는 점 P에 대하여 $\overline{PA} + \overline{PB}$의 값은 점 P의 좌표가 $(0, 2)$일 때 최소이고 $(-2, 3)$일 때 최대이다.
>
> (나) 직사각형 T 위를 움직이는 점 Q에 대하여 $\overline{QA} + \overline{QB}$의 값은 점 Q의 좌표가 $(4, 0)$일 때 최소이고 $(6, -4)$일 때 최대이다.

두 직사각형 S, T의 넓이의 최댓값을 각각 α, β라 할 때, $\alpha + \beta$의 값은? [4점]

① 16　　　② 18　　　③ 20　　　④ 22　　　⑤ 24

28 다음 그림과 같이 타원 $\dfrac{(x-1)^2}{4}+\dfrac{y^2}{3}=1$와 쌍곡선 $\dfrac{(x-4)^2}{4}-\dfrac{y^2}{12}=1$가 있다. 직선

$y=\tan\theta\,x\left(0\le\theta\le\dfrac{\pi}{4}\right)$와 타원과의 교점을 P, 쌍곡선과의 교점을 Q라 하자. 두 점

A$(2,\,0)$, B$(8,\,0)$와 선분 PQ 위의 점 R에 대하여 $\overline{\mathrm{AP}}:\overline{\mathrm{BQ}}=\overline{\mathrm{PR}}:\overline{\mathrm{RQ}}$이 성립할 때, 점 R이 그리는 곡선의 길이는 $k\pi$이다. $100k$의 값을 구하시오. (단, k는 유리수이다.) [4점]

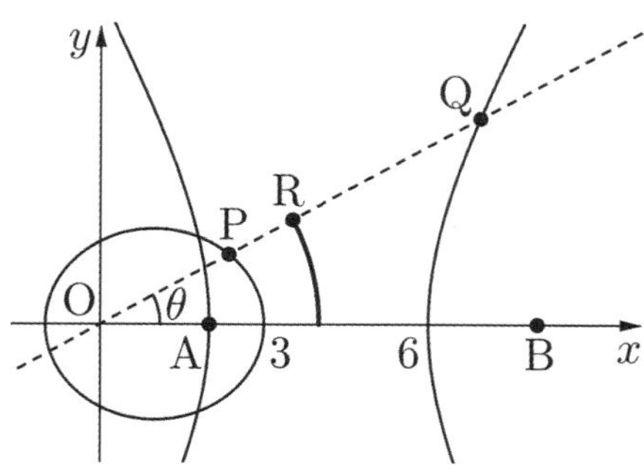

29

두 점 $F(c, 0)$, $F'(-c, 0)$ $(c > 0)$을 초점으로 하는 쌍곡선 $\dfrac{x^2}{a^2} - \dfrac{y^2}{b^2} = 1$ 의 한 점근선이

$y = 2\sqrt{6}\,x$ 이다. 제2사분면에서 쌍곡선과 원 $C_1 : x^2 + y^2 = c^2$이 만나는 점을 P,

제1사분면에서 쌍곡선과 원 $C_2 : (x-c)^2 + y^2 = 4c^2$이 만나는 점을 Q 라 하고 점 P 에서 원 C_1과 외접하는 원 C가 원 C_2와 내접할 때, 원 C의 중심을 R 라 하자. 삼각형 POF 의 넓이가 12 일 때, $\overline{PQ} + \overline{FR} + \overline{OR}$ 의 값을 구하시오. (단, O 는 원점이고, a와 b는 양의 상수이다.)
[4점]

하루 중 90%는 겸손하게 10%는 자신있게...

2

평면벡터

30 그림과 같이 삼각형 OAB에서 $\overline{\mathrm{OA}}=3$, $\overline{\mathrm{OB}}=2$, $\angle\,\mathrm{AOB}=60\,^\circ$ 일 때, 선분 AB를 $1:k$으로 내분하는 점을 P, 선분 AB를 $k:1$로 내분하는 점을 Q라 하고, 두 벡터 $\overrightarrow{\mathrm{OP}}$, $\overrightarrow{\mathrm{OQ}}$가 이루는 각의 크기를 θ라 하자. $\overline{\mathrm{PQ}}=\dfrac{\sqrt{7}}{7}$ 일 때, $\cos\theta=\dfrac{q}{p}\sqrt{3}$ 이다. $p+q$의 값을 구하시오.
(단, $k>1$인 상수이고, p와 q는 서로소인 자연수이다.) [4점]

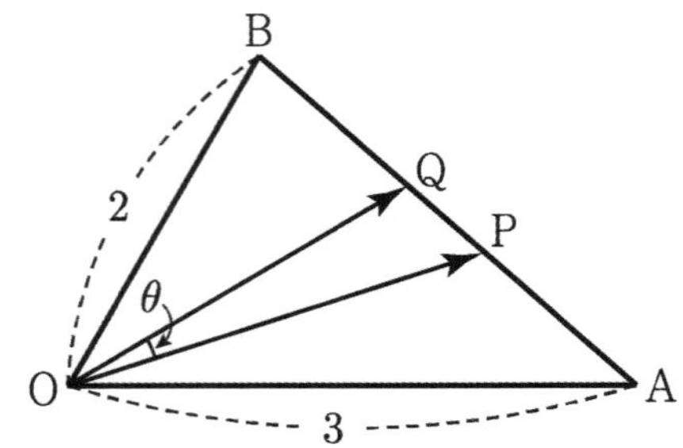

31 좌표평면에서 곡선 $C_1 : y = 1 + \sqrt{1 - (1-x)^2}\,(1 \leq x \leq 2)$과 곡선

$C_2 : y = 1 - \sqrt{1 - (1-x)^2}\,(0 \leq x \leq 1)$가 있다. 점 A가 곡선 C_2위를 점 B가 곡선 C_1위를 각각 움직일 때 $\overrightarrow{OX} = \overrightarrow{OB} - \overrightarrow{OA}$ 를 만족하는 점 X가 나타내는 영역을 D_1, $\overrightarrow{OY} = \overrightarrow{OA} - \overrightarrow{OB}$ 를 만족하는 점 Y가 나타내는 영역을 D_2라 하자. 영역 D_1에 속하는 점 P, 영역 D_2에 속하는 점 Q 그리고 점 $R(-4, 4)$에 대하여 $\overrightarrow{PQ} \cdot \overrightarrow{OR} = 0$일 때, $\overrightarrow{RP} \cdot \overrightarrow{RQ}$의 최댓값을 M, 최솟값을 m이라 하자. $M + m$의 값을 구하시오. (단, O는 원점이다.) [4점]

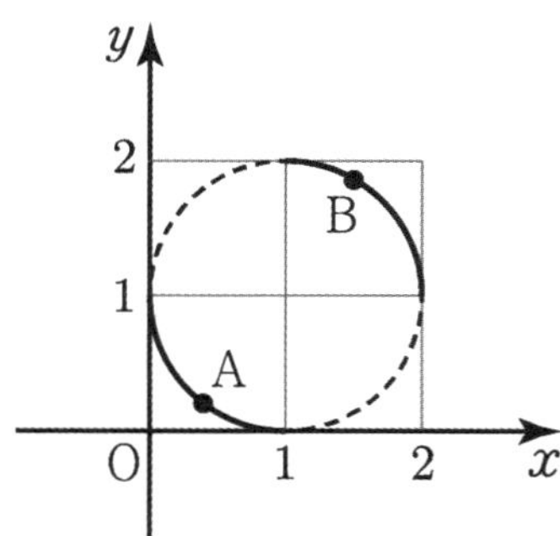

32 그림과 같이 한 변의 길이가 2인 정육각형 ABCDEF의 내부의 점 P가 다음 조건을 만족시킨다.

> (가) $\overrightarrow{\mathrm{PA}} \perp \overrightarrow{\mathrm{PB}}$
>
> (나) 두 실수 x, y에 대하여 $\overrightarrow{\mathrm{PD}} = x\overrightarrow{\mathrm{PA}} + y\overrightarrow{\mathrm{PB}}$이다.

$x+y$가 최대일 때, $\left|\overrightarrow{\mathrm{PE}}\right|^2 = a + b\sqrt{3}$이다. $a+b$의 값을 구하시오. (단, a, b는 정수이다.)
[4점]

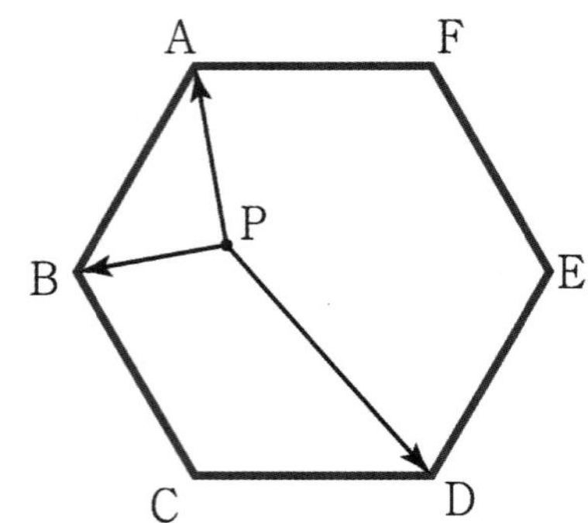

33 좌표평면에서 $\overrightarrow{OA}=6$, $\overrightarrow{OB}=4$이고 $\cos(\angle AOB)=\dfrac{1}{4}$인 평행사변형 $OACB$에 대하여 점 P가 다음 조건을 만족시킨다.

> (가) $\overrightarrow{OP}=s\overrightarrow{OA}+t\overrightarrow{OB}$ $(0\le s\le 1,\,0\le t\le 1)$
> (나) $\overrightarrow{OP}\cdot\overrightarrow{OA}+\overrightarrow{AP}\cdot\overrightarrow{AC}=36$

$|\overrightarrow{OP}|$의 최댓값을 M, 최솟값을 m이라 할 때, $M\times m$의 값을 구하시오. [4점]

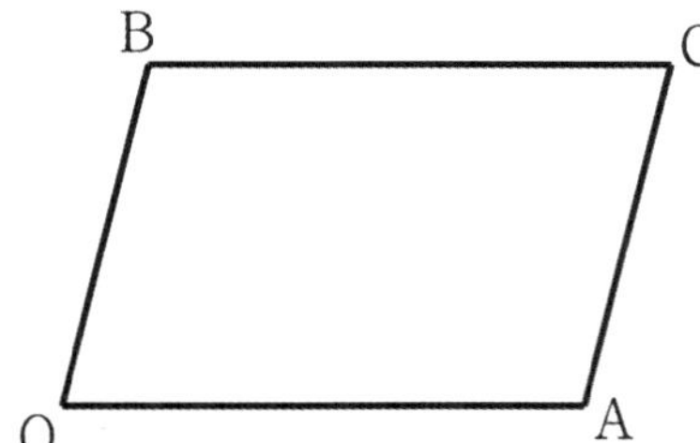

34 그림과 같이 한 변의 길이가 2인 정육각형 ABCDEF와 각 선분을 지름으로 하는 반원이 있다. 각 선분을 지름으로 하는 반원 위의 점 P와 정육각형 ABCDEF에 내접하는 원 위의 점 Q에 대하여 $\overrightarrow{\text{CF}} \cdot \overrightarrow{\text{PQ}}$ 의 최댓값은 $a + b\sqrt{3}$ 이다. $a + b$의 값을 구하시오. (단, 점 P는 정육각형 ABCDEF의 외부에 있으며, a와 b는 실수이다.) [4점]

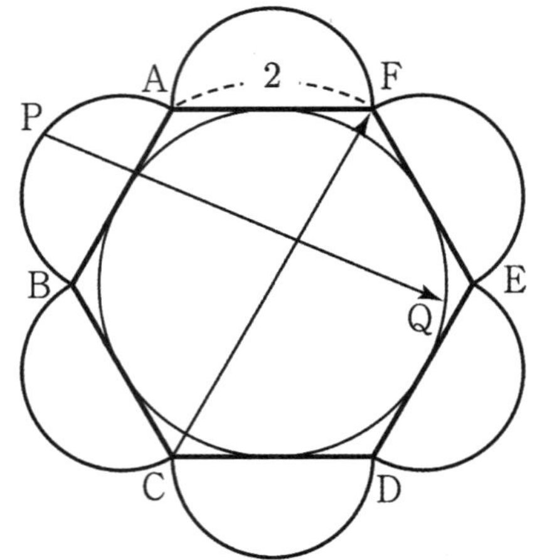

35 그림과 같이 선분 O_1O_2 위에 $\overline{O_1A}=\overline{O_2C}=1$ 인 두 점 A, C 가 있다. 두 선분 O_1A, O_2C 를 각각 반지름으로 하는 두 사분원의 호 AB, CD 가 만나는 점을 E 라 하고, 두 사분원의 중심을 각각 O_1, O_2 라 하자. 호 AE 위를 움직이는 점 P 와 호 DE 위를 움직이는 점 Q 에 대하여 $\left|\overrightarrow{O_1P}+\overrightarrow{O_2Q}\right|$ 의 최댓값이 $\dfrac{4}{\sqrt{5}}$ 일 때, 선분 O_1O_2 의 길이는 $\dfrac{q}{p}$ 이다. $p+q$ 의 값을 구하시오.

(단, $1<\overline{O_1O_2}<2$ 이고, p 와 q 는 서로소인 자연수이다.) [4점]

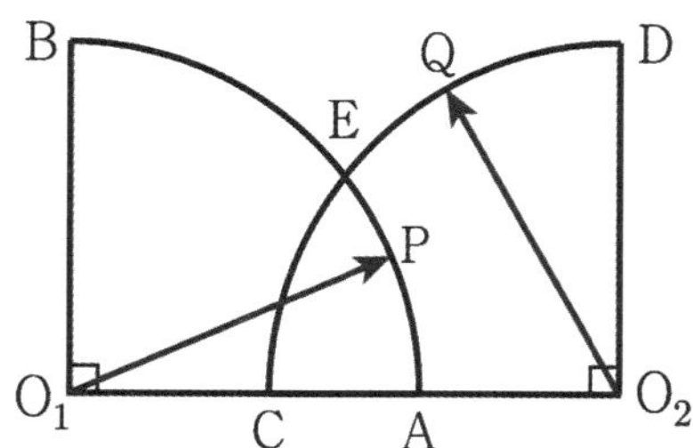

36 좌표평면 위의 두 점 $A(-1, \sqrt{3})$, $B(-2, 0)$에 대하여 두 점 P, Q가 다음 조건을 만족시킨다.

(가) $\left| \overrightarrow{AP} \right| = 2$

(나) $\overrightarrow{OP} = k\overrightarrow{OQ}$ 인 실수 k가 존재한다.

(다) $\overrightarrow{OP} \cdot \overrightarrow{OQ} = -4$

점 Q가 나타내는 도형 위의 점 X가 $\left| \overrightarrow{OB} \cdot \overrightarrow{OX} \right| \le 4$을 만족시킬 때, 점 X가 나타내는 도형의 길이를 l이라 하자. $3l^2$의 값을 구하시오. (단, O는 원점이고 $k \ne 0$, $k \ne 1$인 상수이다.) [4점]

좌표평면에서 한 변의 길이가 4인 정삼각형 ABC의 세 변 AB, BC, CA 위를 움직이는 점을 각각 P, Q, R라 하자. 두 실수 k, t에 대해 점 X가 다음 조건을 만족시킬 때 X가 나타내는 도형의 길이가 $\dfrac{3}{2}$가 되도록 하는 k의 값의 합은 $\dfrac{q}{p}$이다. $p+q$의 값을 구하시오. (단, p, q는 서로소인 자연수이다.) [4점]

$$\text{(가)} \quad \overrightarrow{\mathrm{AX}} = \frac{1}{4}\left(\overrightarrow{\mathrm{AP}} + \overrightarrow{\mathrm{AQ}}\right) + \frac{1}{2}\overrightarrow{\mathrm{AR}}$$

$$\text{(나)} \quad \overrightarrow{\mathrm{XA}} + k\,\overrightarrow{\mathrm{AC}} = t\,\overrightarrow{\mathrm{BC}}$$

38 그림과 같이 삼각형 ABC의 무게중심 G를 지나는 직선이 두 변 AB, AC와 만나는 점을 각각 P, Q라 하자. $5\overrightarrow{AP} = 4\overrightarrow{AB}$일 때, $\overrightarrow{AQ} = k\overrightarrow{QC}$를 만족하는 상수 k의 값은? [4점]

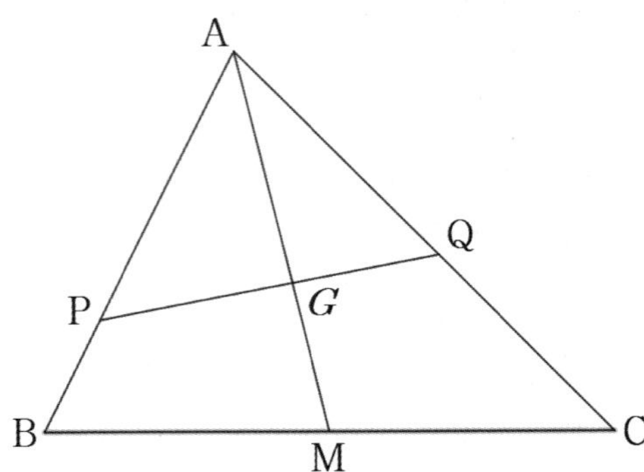

① $\dfrac{3}{4}$　　② $\dfrac{4}{3}$　　③ 1　　④ $\dfrac{4}{5}$　　⑤ $\dfrac{5}{4}$

39 한 평면 위의 서로 다른 네 점 A, B, C, P가 다음 조건을 만족시킨다.

$$(\text{가}) \ \left|\ \overrightarrow{PA} + \overrightarrow{PB}\ \right| = 2\left|\ \overrightarrow{AB}\ \right| = 8$$

$$(\text{나}) \ \left|\ \overrightarrow{AC}\ \right| = 3 \text{이고} \ \overrightarrow{AB} \cdot \overrightarrow{AC} = \frac{1}{2}\left|\ \overrightarrow{AB}\ \right|^2 \text{이다.}$$

$\overrightarrow{PB} \cdot \overrightarrow{PC}$ 의 최댓값을 구하시오. [4점]

40 좌표평면 위에 $\overline{AB}=4$인 두 점 A, B를 각각 중심으로 하고 반지름의 길이가 4인 두 원을 각각 O_1, O_2라 하자. 원 O_1 위의 점 C와 원 O_2 위의 점 D가 다음 조건을 만족시킨다.

> (가) $\cos(\angle CAB)=\dfrac{3}{4}$
>
> (나) $\overrightarrow{AB} \cdot \overrightarrow{CD}=16$

선분 CD를 지름으로 하는 원 위의 점 P에 대하여 $\overline{CD}<5$일 때, $\overrightarrow{PA} \cdot \overrightarrow{PB}$의 최솟값을 m, $\overline{CD}>5$일 때, $\overrightarrow{PA} \cdot \overrightarrow{PB}$의 최댓값을 M이라 할 때, $m+M$의 값은 $a+b\sqrt{11}$이다. $a+b$의 값을 구하시오.(단, a, b는 정수이다.) [4점]

41 반지름의 길이가 2, 5인 두 원이 평면 위의 한 점 O에서 외접한다. 반지름의 길이가 2인 원 위의 한 점을 A, 반지름의 길이가 5인 원 위의 한 점을 B라 할 때, 점 P가 다음 조건을 만족시킨다.

> (가) $\overrightarrow{OB} \cdot \overrightarrow{OP} = \overrightarrow{OA} \cdot \overrightarrow{OP}$
>
> (나) $|\overrightarrow{PA}|^2 + |\overrightarrow{PB}|^2 = 200$

$\overrightarrow{PA} \cdot \overrightarrow{PB}$ 의 최솟값은 m이고 이때 $|\overrightarrow{OP}| = k$이다. $m + k^2$의 값을 구하시오. [4점]

42 중심이 $O(0, 0)$이고 점 $A(2, 0)$을 지나는 원 C가 있다. $\overline{OA}$ 위에 $\overrightarrow{OP} = t \left(\dfrac{1}{2} \leq t \leq \dfrac{3}{2} \right)$인 점 P와 원 C 위의 임의의 점 Q에 대하여 $\overrightarrow{QR} = \overrightarrow{PR}$를 만족하는 $\overline{OQ}$ 위의 점 R가 존재한다. $\overrightarrow{OR} \cdot \overrightarrow{PQ}$의 최댓값을 M, 최솟값을 m이라 하자. $4(M+m)$의 값을 구하시오. [4점]

43 평면에서 그림과 같이 두 점 A, B에 대하여 선분 AB의 길이가 $\dfrac{5}{2}$이고, 중심이 B이고 단축이 직선 AB위에 있고 중심이 B인 타원 위에 점 P가 있다. 타원의 장축의 길이는 8, 단축의 길이는 6이다. 두 벡터 $\overrightarrow{AB}=\vec{a}$, $\overrightarrow{BP}=\vec{b}$에 대하여 $\overrightarrow{AQ}=\dfrac{2\vec{a}+\vec{b}}{|2\vec{a}+\vec{b}|}$라 하자. 점 P가 타원 위를 한 바퀴 움직일 때, 점 Q가 나타내는 도형의 길이를 l이라 할 때, $\dfrac{100l}{\pi}$의 값을 구하시오. [4점]

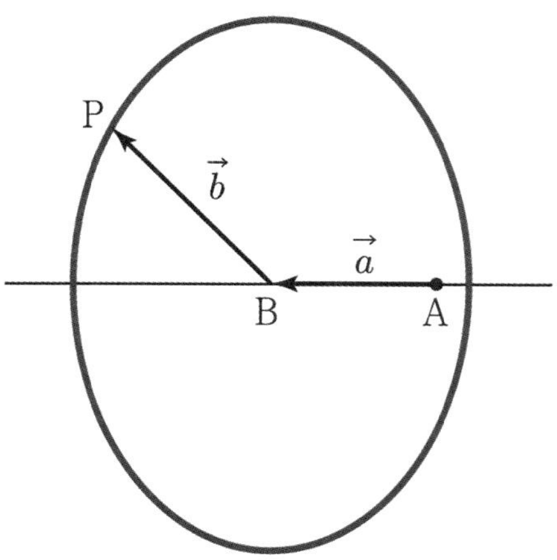

44 좌표평면에서 세 점 $O(0, 0)$, $A(6, 0)$, $B(3, 3\sqrt{3})$을 꼭짓점으로 하는 정삼각형 OAB와 중심이 원점이고 반지름의 길이가 $\sqrt{3}$인 원 O가 있다. 원 O의 원주 위의 점 P와 벡터 $\vec{a} = (\sqrt{3}, 1)$에 대하여 점 Q가 $\dfrac{\overrightarrow{OQ}}{\sqrt{3}} = \dfrac{2}{3}\overrightarrow{OP} + \vec{a}$이다. 이때 점 Q가 나타내는 도형과 정삼각형 OAB의 경계 및 내부가 겹쳐지는 부분의 넓이를 S라 할 때 $S = a\pi + b\sqrt{3}$이다. 자연수 a, b에 대하여 ab를 구하시오. [4점]

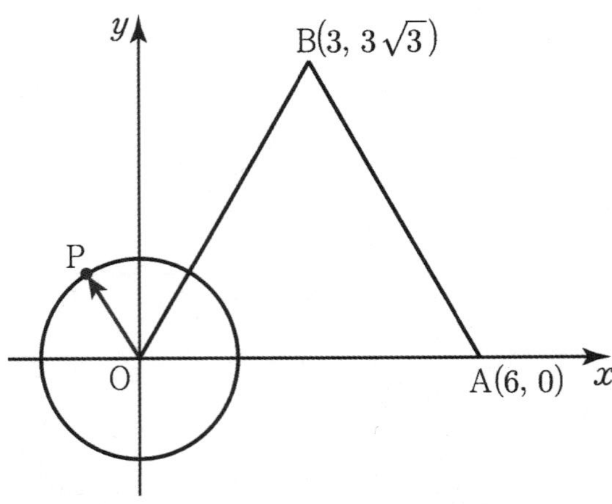

45 좌표평면에서 원 $(x-3)^2+(y-4)^2=1$ 위의 점 P와 그림과 같이 도형 $|x|+|y|=1$ 이 x, y축과 만나는 점을 A, B, C, D라 하자. $\overrightarrow{CB}\cdot\overrightarrow{OP}$ 의 최솟값을 α, $\overrightarrow{CD}\cdot\overrightarrow{OP}$ 의 최댓값을 β라 할 때, $\alpha+\beta$의 값을 구하시오. [4점]

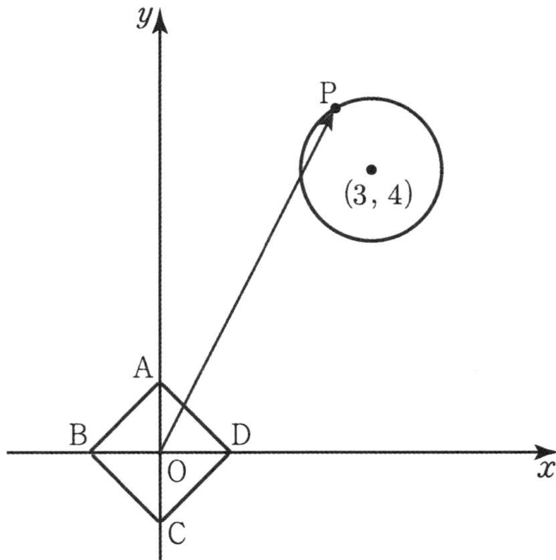

반지름의 길이가 1인 원 위의 서로 다른 세 점 A, B, C에 대하여 $\overrightarrow{AB} \cdot \overrightarrow{AC}$ 의 최솟값은? [4점]

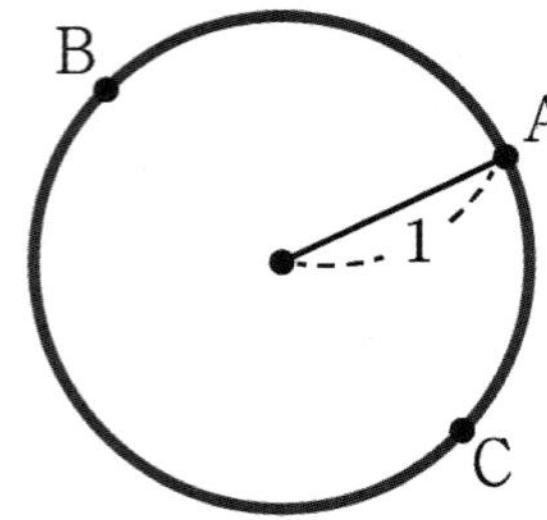

① $-\dfrac{2}{3}$　　② $-\dfrac{1}{2}$　　③ $-\dfrac{1}{4}$　　④ $-\dfrac{1}{6}$　　⑤ $-\dfrac{1}{8}$

47 좌표평면에서 $|\overrightarrow{\mathrm{OP}}| = 3$을 만족하는 한 점 $\mathrm{P}(a, b)$에 대하여

$$\overrightarrow{\mathrm{OP}} \cdot \overrightarrow{\mathrm{OQ}} = 6$$

를 만족시키는 원 $(x-5)^2 + y^2 = 4$ 위의 점 Q가 하나뿐이다. 이때, 점 P와 원 $(x-5)^2 + y^2 = 4$ 위의 점 R에 대하여 $\overrightarrow{\mathrm{OP}} \cdot \overrightarrow{\mathrm{OR}}$의 최댓값을 구하시오. (단, O는 원점이고 $a \neq 0$, $b < 0$이다.) [4점]

그림과 같이 삼각형 ABC 에 대하여 꼭짓점 A에서 선분 BC에 내린 수선의 발을 H라 하자. 삼각형 ABC 가 다음 조건을 만족시킬 때, $\overrightarrow{AB} \cdot \overrightarrow{AH}$ 의 값을 구하시오. [4점]

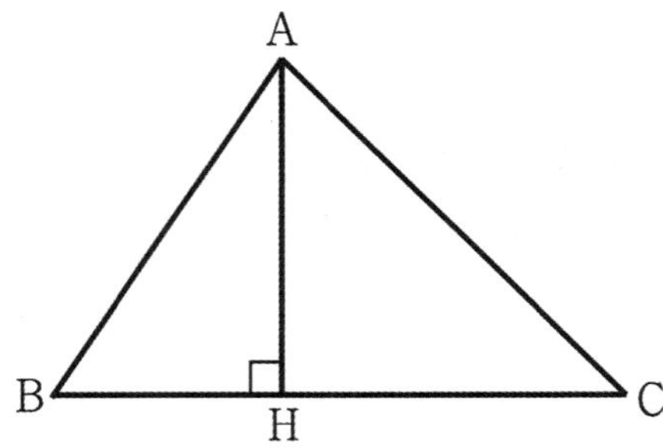

(가) 점 H 가 선분 BC를 3 : 4 으로 내분한다.
(나) $\overrightarrow{BA} \cdot \overrightarrow{BC} = 84$
(다) 삼각형 ABC 의 넓이는 42이다.

49 좌표평면에 두 원

$$C_1 : (x-2)^2 + y^2 = 2$$
$$C_2 : (x - 3\sqrt{2})^2 + (y - 3\sqrt{2})^2 = 4$$

이 있다. 원 C_1 위를 움직이는 점 P에 대하여 $\overrightarrow{OP} \cdot \overrightarrow{OQ}$ 가 최대가 되도록 원 C_2 위에 점 Q를 잡을 때, 점 Q가 나타내는 곡선의 길이는 $a\pi$ 이고 $|\overrightarrow{OQ}|$ 의 최댓값과 최솟값의 합은 $b + c\sqrt{10}$ 이다. abc의 값을 구하시오. (단, O는 원점이고 a, b, c는 유리수이다.) [4점]

50 중심이 O 이고 반지름의 길이가 1 인 원이 있다. 양수 x 에 대하여 원 위의 서로 다른 네 점 A, B, C, D 가 다음 조건을 만족시킨다.

> (가) $x\overrightarrow{OA} + 4\overrightarrow{OB} + 3\overrightarrow{OC} + 2\overrightarrow{OD} = \vec{0}$
>
> (나) $\overrightarrow{OC} \cdot \overrightarrow{OD} = -\dfrac{1}{12}$

$\overrightarrow{OA} \cdot \overrightarrow{OB}$ 의 값이 최대일 때, $\angle BOC = \alpha$, $\angle AOD = \beta$ 라 하면,

$\cos\left(\alpha + \beta + \dfrac{2}{3}\pi\right) = -\dfrac{q}{p}$ 이다. $p+q$의 값을 구하시오. (단, p, q는 서로소인 자연수이다.) [4점]

51   좌표평면에서 곡선 $C : y = \sqrt{4-x^2}\,(\sqrt{3} \le x \le 2)$ 위의 점 P 에 대하여 $\overline{OQ} = 2$,

$\angle POQ = \dfrac{\pi}{3}$ 를 만족시키고 직선 OP 의 윗부분에 있는 점을 Q 라 하자. 점 P 가 곡선 C 위를

움직일 때, 선분 OP 위를 움직이는 점 X 와 선분 OQ 위를 움직이는 점 Y 에 대하여

$$\overrightarrow{OZ} = \overrightarrow{OP} + \overrightarrow{OX} + \overrightarrow{OY}$$

를 만족시키는 점 Z 가 나타내는 영역을 D 라 하자. 영역 D 에 속하는 점 중에서 y축과의 거리가

최소인 점들 중 y좌표가 최대인 점을 R 라 할 때, 영역 D에 속하는 점 Z 에 대하여 $\overrightarrow{OR} \cdot \overrightarrow{OZ}$

의 최댓값과 최솟값의 합이 $a + b\sqrt{3}$ 이다. $a+b$의 값을 구하시오. (단, O 는 원점이고, a와 b는

유리수이다.) [4점]

52 그림과 같이 한 평면 위에 직사각형 ABCD와 정삼각형 CDE 그리고 선분 AB를 지름으로 하는 반원이 있다. $\overline{\mathrm{AB}}=2$, $\overline{\mathrm{BC}}=1$일 때, 호 AB위의 점 P와 정삼각형 CDE에 내접하는 원 위의 점 Q에 대하여 보기 중 옳은 것만을 있는 대로 고른 것은? [4점]

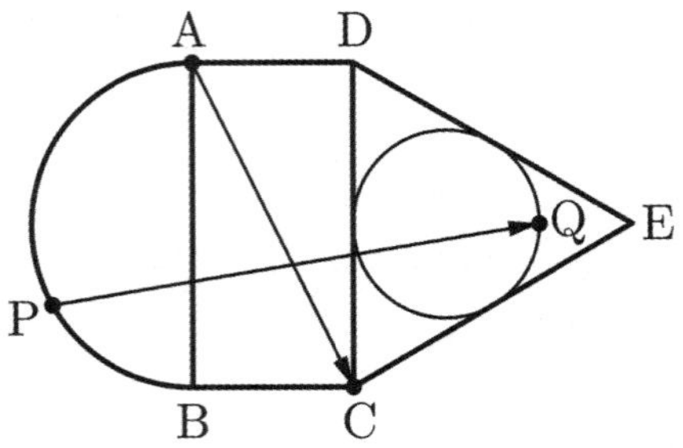

| 보기 |

ㄱ. 선분 AB의 중점을 M이라 하고 정삼각형 CDE에 내접하는 원의 중심을 R이라 하면 $\left|\overrightarrow{\mathrm{MR}}\right| = 1 + \dfrac{\sqrt{3}}{3}$이다.

ㄴ. $\overrightarrow{\mathrm{DA}} \cdot \overrightarrow{\mathrm{DE}} = -\sqrt{15}$

ㄷ. $\overrightarrow{\mathrm{AC}} \cdot \overrightarrow{\mathrm{PQ}}$의 최댓값은 $\left(1+\sqrt{5}\right)\left(1+\dfrac{\sqrt{3}}{3}\right)$이다.

① ㄱ   ② ㄴ   ③ ㄱ, ㄴ   ④ ㄱ, ㄷ   ⑤ ㄱ, ㄴ, ㄷ

53 좌표평면에서 세 직선 l, m, n 위의 임의의 점을 각각 P, Q, R이라 하자. 원점 O를 시점으로 하는 세 점 P, Q, R의 위치벡터 $\vec{p}$, $\vec{q}$, $\vec{r}$은 원점 O를 시점으로 하는 두 위치벡터 $\vec{a}$, $\vec{b}$와 임의의 세 실수 s, t, u에 대하여 다음을 만족시킨다.

$$\vec{p} = (1-s)\vec{a} + s\vec{b}, \quad \vec{q} = t(\vec{a} - 4\vec{b}) + 4\vec{b}, \quad \vec{r} = u(\vec{b} - 3\vec{a}) + (1-u)\vec{b}$$

두 벡터 $\vec{a}$, $\vec{b}$의 종점이 각각 A, B이고 삼각형 OAB의 넓이가 10일 때, 세 직선 l, m, n으로 둘러싸인 도형의 넓이를 S라 하자. $8S$의 값을 구하시오. [4점]

54 좌표평면에서 반지름의 길이가 4인 사분원 OAB에서 선분 OA, OB 위를 움직이는 점을 각각 P, Q라 하고 호 AB위를 움직이는 점을 R이라 할 때,

$$\overrightarrow{OX} = \frac{1}{4}\left(\overrightarrow{OP} + \overrightarrow{OQ}\right) + \frac{1}{2}\overrightarrow{OR}$$

를 만족시키는 점 X가 나타내는 영역의 넓이를 구하시오. [4점]

55 좌표평면에서 원점 O을 중심으로 하고 반지름의 길이가 2인 원이 있다. 원 위의 두 점 P_1, P_2와 점 $A(0,\,4)$에 대하여 원점 O는 삼각형 AP_1P_2의 내부 또는 경계에 있고 점 $B\!\left(4\sqrt{3},\,0\right)$에 대하여 $\overrightarrow{AB}\cdot\overrightarrow{OP_1}=8$ 또는 $\overrightarrow{AB}\cdot\overrightarrow{OP_1}=16$을 만족한다. 직선 BP_2의 방향벡터가 $(10,\,k)$일 때, k의 최댓값을 M, 최솟값을 m이라 하자. $(M+m)^2$의 값을 구하시오.(단, P_1은 y축 위의 점이 아니다.) [4점]

56 그림과 같이 반지름의 길이가 3인 원과 접선 l이 있다. 원의 중심 O, 접점을 H, 점 A에서 직선 l에 내린 수선의 발을 K라 하자. 원 밖의 한 점 A와 원 위의 한 점 B, 그리고 직선 l 위의 한 점 C에 대하여 다음이 성립한다.

(가) $\overrightarrow{AB} = 3\sqrt{3}$ 이고 양수 k에 대하여 $\overrightarrow{AB} = k\overrightarrow{BC}$

(나) $\overrightarrow{AB} \cdot \overrightarrow{OB} = 0$ 이고 $\overline{AC} : \overline{OC} = 2 : 1$

원 위의 점 P와 $\overline{CK}$ 위의 점 Q에 대하여 $\overrightarrow{AP} \cdot \overrightarrow{AQ}$의 최댓값을 M, 최솟값을 m이라 할 때 $M + m = \alpha + \beta\sqrt{3}$ 일 때, $\alpha + \beta$의 값을 구하시오. (단, α, β는 자연수) [4점]

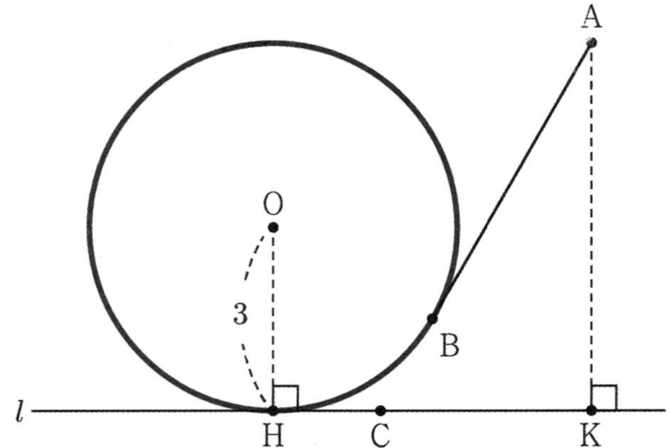

57 좌표평면 위에 두 점 $A(-2, 0)$, $B(0, 2)$과 직선 $x = 3$ 위의 점 $P(3, a)$가 있다. 점 Q가 중심각의 크기가 $\dfrac{\pi}{2}$인 부채꼴 OAB의 호 AB 위를 움직일 때, $|\overrightarrow{OP} + \overrightarrow{OQ}|$의 최솟값을 $f(a)$라 하자. $f(a) = 2$가 되도록 하는 모든 실수 a의 값의 곱을 α라 할 때, α^2의 값을 구하시오. (단, O는 원점이다.) [4점]

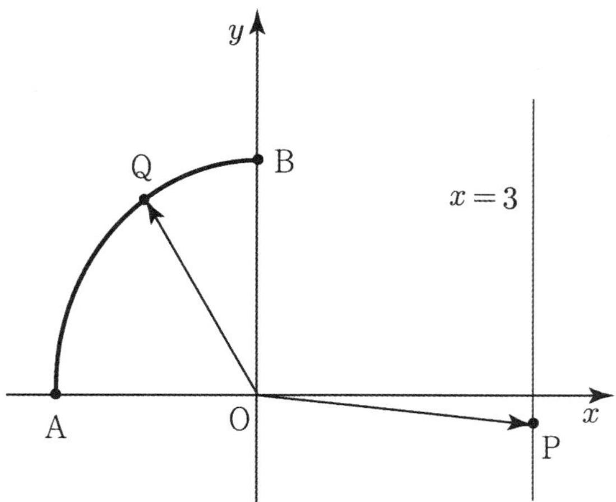

58 좌표평면에서 $\overrightarrow{OA}=2$, $\overrightarrow{OB}=4$이고 $\angle AOB=\dfrac{\pi}{2}$ 직사각형 $OACB$에 대하여 점 P가 다음 조건을 만족시킨다.

(가) $\overrightarrow{AP}=s\overrightarrow{AB}+t\overrightarrow{AC}$ $\left(0\le s\le \dfrac{1}{2},\ 0\le t\le \dfrac{1}{2}\right)$

(나) $3\overrightarrow{OP}\cdot\overrightarrow{BC}+\overrightarrow{AP}\cdot\overrightarrow{AB}=20$

점 O를 중심으로 하고 점 A를 지나는 원 위를 움직이는 점 X에 대하여 $\left|2\overrightarrow{OP}+\overrightarrow{OX}\right|$의 최댓값과 최솟값을 각각 M, m이라 하자. $M+m=a\sqrt{2}+b\sqrt{10}$ 일 때, a^2+b^2의 값을 구하시오. (단, O는 원점이고 a와 b는 정수이다.) [4점]

59 좌표평면에서 점 $A(2, -1)$을 지나고 방향벡터가 $\vec{u}=(a, 2)$인 직선을 l이라 하고, 직선 l 위의 점 P에서 x축에 내린 수선의 발을 Q, y축에 내린 수선의 발을 R이라 하자. 직선 l과 직선 QR이 서로 수직이고 두 벡터 $\overrightarrow{OP}$, $\overrightarrow{OA}$가 서로 수직일 때, 벡터 $\overrightarrow{AP}$의 크기는 $\dfrac{q}{p}\sqrt{5}$이다. $p+q$의 값을 구하시오. (단, $a > 2$, O는 원점이고 p와 q는 서로소인 자연수이다.) [4점]

60 한 변의 길이가 a인 정삼각형 ABC가 있다. 그림과 같이 선분 BC에 접하고 점 A를 지나면서 중심이 선분 AC 위에 있는 반지름의 길이가 1인 원을 C 라 하자. 원 C 위를 움직이는 점 P에 대하여 $\overrightarrow{CB} \cdot \overrightarrow{AP}$의 최댓값은 $m\sqrt{3} + n$이다. $3m + 2n$의 값을 구하시오. (단, m과 n은 유리수이다.) [4점]

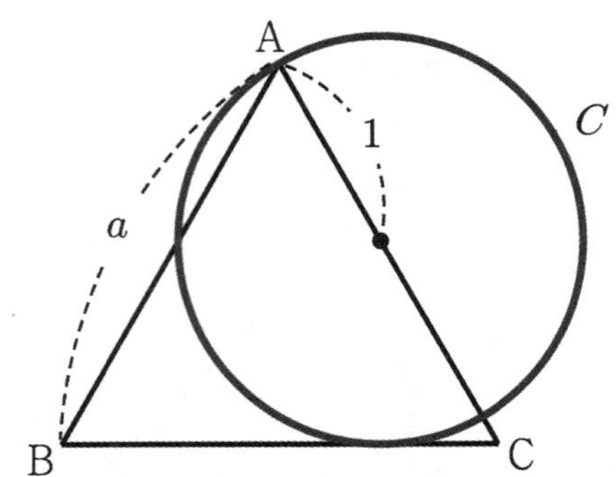

61 좌표공간에 평행한 두 평면 α, β가 있다. 평면 α 위의 점 A를 지나고 α에 수직인 직선이 평면 β와 만나는 점을 B라 하고, 선분 AB를 $2:1$로 내분하는 점을 P라 하자. 점 P의 위치벡터를 $\vec{p}$, 평면 α위의 점 Q의 위치벡터를 $\vec{q}$, 평면 β 위의 점 R의 위치 벡터를 $\vec{r}$라 할 때,

$$|\vec{p}-\vec{q}| = |\vec{p}-\vec{r}| = \sqrt{10}$$

를 만족시키는 점 Q가 나타내는 도형의 넓이는 S_1, 점 R가 나타내는 도형의 넓이는 S_2이다. $S_1 : S_2 = 2 : 3$일 때, 두 평면 α, β사이의 거리를 구하시오. [4점]

62   한 평면 위에 있는 정육각형 $ABCDEF$와 점 P가 다음 조건을 만족시킨다.

> (가) $2\overrightarrow{AB} - 5\overrightarrow{PE} = 5\overrightarrow{ED} - 2\overrightarrow{FA}$
>
> (나) $|\overrightarrow{BA} + \overrightarrow{EA}| = 10$

사각형 $BFPD$의 넓이가 $\dfrac{q}{p}\sqrt{3}$ 일 때, $p+q$의 값을 구하시오. (단, $p,\ q$는 자연수이다.) [4점]

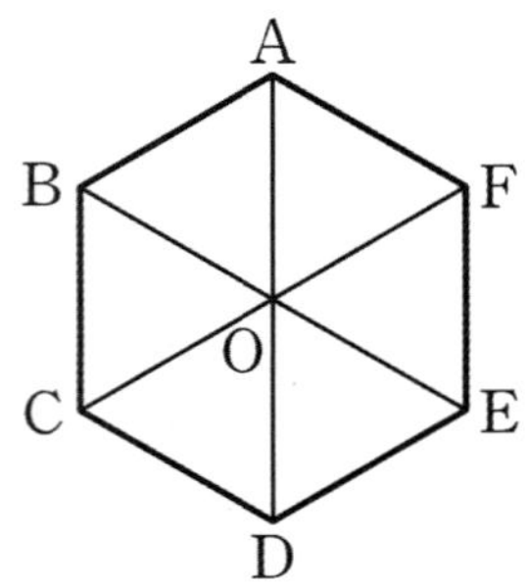

63 그림과 같이 좌표평면에서 한 변의 길이가 2인 정사각형 위의 두 점 P, Q 가 다음 조건을 모두 만족시키면서 움직인다.

> (가) 두 점 P, Q 는 점 $(0, 1)$ 을 동시에 출발하여 1 초에 1의 일정한 속력으로 움직인다.
> (나) 점 P 는 시계 반대 방향으로 움직이고, 점 Q 는 시계 방향으로 움직인다.

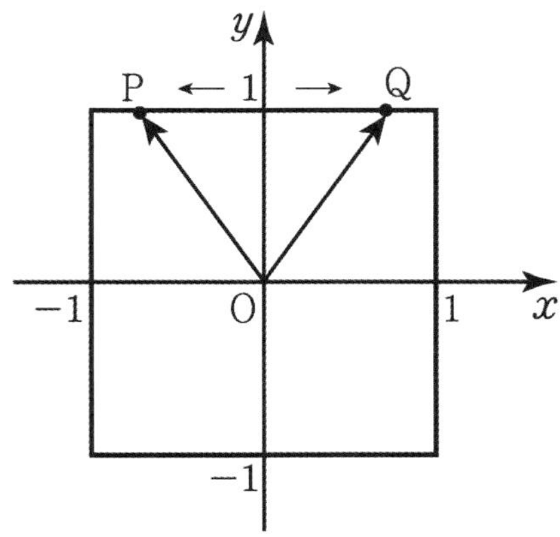

자연수 n 에 대하여 두 점 P, Q 가 출발한 지 n 초가 되는 순간 두 점 P, Q 의 위치를 각각 P_n, Q_n 이라 할 때, 옳은 것만을 보기에서 있는 대로 고른 것은? (단, O 는 원점이다.) [4점]

> | 보기 |
>
> ㄱ. $\left| \sum_{n=1}^{7} \left(\overrightarrow{OP_n} + \overrightarrow{OQ_n} \right) \right| = 2$
>
> ㄴ. $\left| \sum_{n=1}^{100} \left(\overrightarrow{OP_n} - \overrightarrow{OQ_n} \right) \right| = 6$
>
> ㄷ. $\sum_{n=1}^{150} \left(\overrightarrow{OP_n} \cdot \overrightarrow{OQ_n} \right) = 0$

① ㄱ ② ㄴ ③ ㄱ, ㄴ
④ ㄱ, ㄷ ⑤ ㄱ, ㄴ, ㄷ

64 그림과 같이 $\overline{AB}=4$, $\overline{AC}=6$, $\overline{BC}=8$인 삼각형 ABC 가 있다. 점 B 에서 선분 AC 의 연장선에 내린 수선의 발을 Q, 점 C 에서 선분 AB 의 연장선에 내린 수선의 발을 P 라 하고 두 직선 BQ와 CP 가 만나는 점을 R 라 하자. $\overrightarrow{AR}=m\overrightarrow{AB}+n\overrightarrow{AC}$ 일 때, $\dfrac{21n}{m}$ 의 값을 구하시오. (단, m, n은 상수이다.) [4점]

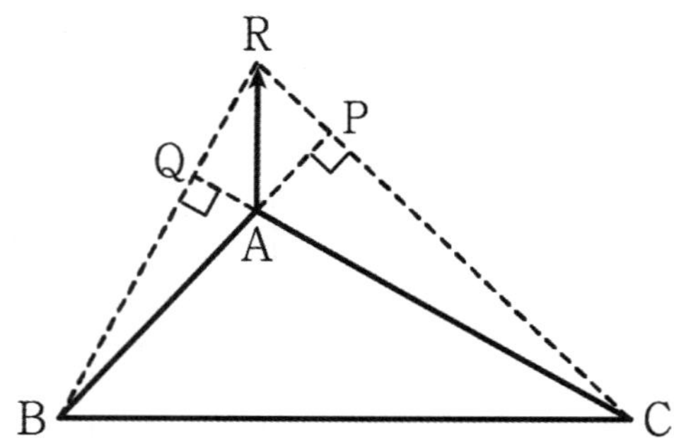

65 평면 위에 반지름의 길이가 2인 원 C가 있다. 원 C 위의 두 점 A, B에 대하여 $\overline{AB} = 2$이고 평면 위의 점 P가 다음 조건을 만족시킨다.

> (가) $|\overrightarrow{AP}| = 5$
>
> (나) $\overrightarrow{AB} \cdot \overrightarrow{AP}$의 값이 5가 아닌 자연수이다.

원 C 위의 점 Q에 대하여 $\overrightarrow{AP} \cdot \overrightarrow{AQ}$의 최댓값이 $p + q\sqrt{r}$일 때 $p + q + r$의 값을 구하시오. (단, $\sqrt{3} ≒ 1.732$, $\sqrt{7} ≒ 2.645$) [4점]

랑데뷰
N 제

하루 중 90%는 겸손하게 10%는 자신있게...

공간도형

66 그림과 같이 두 점 A, B를 포함하는 평면을 α라 하고 평면 α와 이루는 예각이 $60°$인 평면을 β, β와 반대편 쪽으로 α와 $45°$의 각을 이루는 평면을 γ라 하자. 두 점 A, B에서 평면 β에 내린 수선의 발을 각각 A_1, B_1이라 하고 평면 γ에 내린 수선의 발을 각각 A_2, B_2라 할 때, 평면 α, β, γ와 그 평면 위의 점들은 다음을 만족시킨다.

$$\overline{AB} = 6,\ \overline{AA_1} = 3\sqrt{3},\ \overline{BB_1} = 5\sqrt{3},\ \overline{AA_2} = 3,\ \overline{BB_2} = 6$$

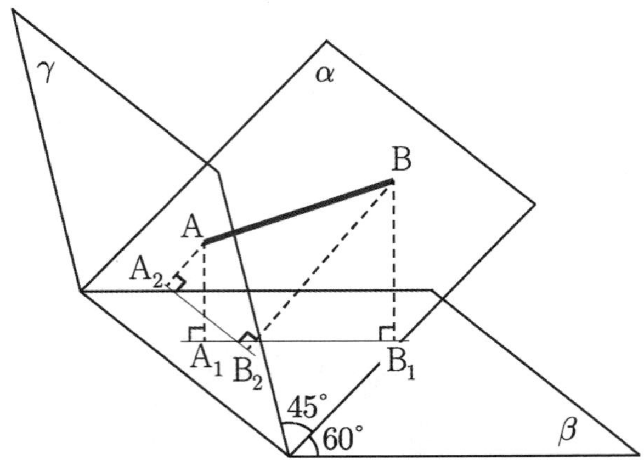

이때, 평면 AA_1B_1B와 α가 이루는 각을 θ_1, 평면 AA_2B_2B와 α가 이루는 각을 θ_2라 하면 $\sin\theta_1 \sin\theta_2 = \dfrac{q}{p}$이다. $p+q$의 값을 구하시오. (단, p, q는 서로소인 자연수이다.) [4점]

67 좌표공간에 네 점 $O(0, 0, 0)$, $A(2, 0, 0)$, $B(0, 2, 0)$, $C(0, 0, a)$를 꼭짓점으로 하는 사면체 OABC가 있다. 모서리 AC, OA의 중점을 각각 M, N이라 하자. 모서리 AB 위의 두 점 D, E에 대하여 $\overline{BN} \perp \overline{OD}$, $\overline{CE} \perp \overline{AB}$이다. 선분 BM이 두 선분 CD, CE와 만나는 점을 각각 H, I라 할 때, $\overline{HI} = \dfrac{1}{3}$이다. a^2의 값을 구하시오. (단, $a > 0$) [4점]

68 두 평면 α, β와 평면 α 위에 수직으로 만나는 두 직선 l, m이 있다. 두 직선 l, m이 평면 β와 이루는 각의 크기를 각각 a, b라고 하면 $\sin a = \dfrac{1}{\sqrt{7}}$, $\sin b = \dfrac{1}{3}$이다. 두 평면 α, β가 이루는 예각의 크기를 θ라 할 때, $63\cos^2\theta$의 값을 구하시오. [4점]

69 좌표공간에 점 $P\left(0,\ \sqrt{11},\ 0\right)$와 중심이 $C\left(2,\ 2\sqrt{11},\ 2\right)$이고 반지름의 길이가 $3\sqrt{2}$인 구 S가 있다. 구 S가 평면 OPC와 만나서 생기는 원 위를 움직이는 점 Q, 구 S 위를 움직이는 점 R에 대하여 두 점 Q, R의 xz평면 위로의 정사영을 각각 Q_1, R_1이라 하자. 삼각형 OQ_1R_1의 넓이가 최대가 되도록 하는 두 점 Q, R에 대하여 삼각형 OQ_1R_1의 평면 PQR 위로의 정사영의 넓이를 S라 하자. $8S$의 값을 구하시오. (단, O는 원점이고 세 점 O, Q_1, R_1은 한 직선 위에 있지 않다.) [4점]

70 그림과 같이 한 변의 길이가 $4\sqrt{3}$인 정삼각형 ABC에 선분 AB의 중점 M에 대하여 두 선분 BM, AC를 각각 지름으로 하는 두 반원이 붙어 있는 모양의 종이가 있다. 반원의 호 BM을 이등분하는 점을 P라 하고, 반원의 호 AC를 이등분하는 점을 Q라 하자. 이 종이에서 두 선분 AB와 AC를 접는 선으로 하여 두 반원을 접어 올렸을 때 두 점 P, Q에서 평면 ABC에 내린 수선의 발을 각각 G, H라 하면 두 점 G, H는 정삼각형 ABC의 내부에 놓여 있고 $\overline{PG}=\sqrt{2}$, $\overline{QH}=2\sqrt{2}$이다. 두 평면 PCQ와 ABC가 이루는 각의 크기가 θ일 때, $60\times\cos^2\theta$의 값을 구하시오. (단, 종이의 두께는 고려하지 않는다.) [4점]

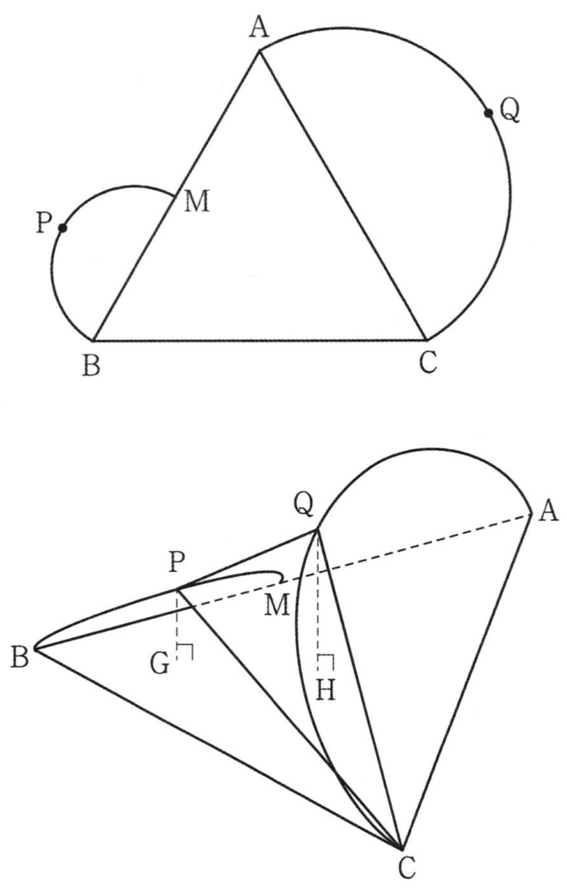

71 그림과 같이 한 모서리의 길이가 6인 정사각뿔 $\mathrm{A-BCDE}$에서 네 옆면 삼각형 ABC, ACD, ADE, AEB에 내접하는 원을 각각 C_1, C_2, C_3, C_4이라 하고, 네 원 C_1, C_2, C_3, C_4 위의 점 중에서 꼭짓점 A에 가장 가까운 점을 각각 P_1, P_2, P_3, P_4이라 하자. 사각형 $\mathrm{P}_1\mathrm{P}_2\mathrm{P}_3\mathrm{P}_4$의 평면 ABC 위로의 정사영을 P 이라 하고 도형 P 의 평면 BCDE 위로의 정사영의 넓이는 $\dfrac{q}{p}$이다. $p+q$의 값을 구하시오. (단, p, q는 서로소인 자연수이다.) [4점]

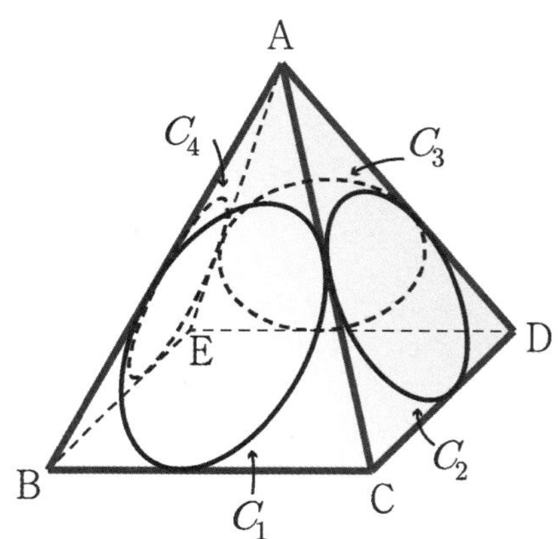

72 좌표공간에 있는 구 $S : (x-a)^2 + (y-b)^2 + (z-c)^2 = r^2$와 xy평면, yz평면, zx평면이 만나서 생기는 원을 각각 C_1, C_2, C_3이라 할 때, 세 원 C_1, C_2, C_3은 다음 조건을 만족시킨다.

(가) 두 원 C_1, C_2은 한 점에서만 만나고 두 원의 넓이의 합은 10π이다.

(나) 원 C_3의 반지름의 길이는 2이다.

$a^2 + b^2 + c^2 + r^2$의 값을 구하시오. [4점]

73 좌표공간에서 점 $A(10,\ 2\sqrt{5},\ 7)$와 구 $S : x^2 + y^2 + z^2 = 25$에 접하는 평면 α 위의 점 P에 대하여 직선 AP는 구 S와 점 Q에서 접한다. $\dfrac{\overline{AQ}}{\overline{PQ}} = k$ 일 때, 점 P가 나타내는 도형의 둘레 길이는 $a\pi$이다. a의 값을 구하시오. (단, k는 상수이다.) [4점]

그림과 같이 평면 α 위에 있는 반구 S와 세 구 S_1, S_2, S_3가 다음 조건을 만족시킨다.

(가) 세 구의 반지름의 길이와 반구의 반지름의 길이는 모두 2이다.
(나) 세 구는 모두 α에 접하고 반구 S의 밑면은 α에 포함된다.
(다) S_1은 S_2, S_3와 접하며 반구 S는 S_2, S_3와 접하고 S_2, S_3의 중심사이 거리는 $4\sqrt{2}$이다.

S, S_1, S_2, S_3의 중심을 각각 O, O_1, O_2, O_3이라 하자. 세 점 O, O_2, O_3을 지나는 평면을 β라 하자. 구 S_1의 평면 β 위로의 정사영을 P, P의 α위로의 정사영을 Q라 하자. 도형 P, Q의 넓이를 각각 m, n이라 할 때, $m+n$의 값은? [4점]

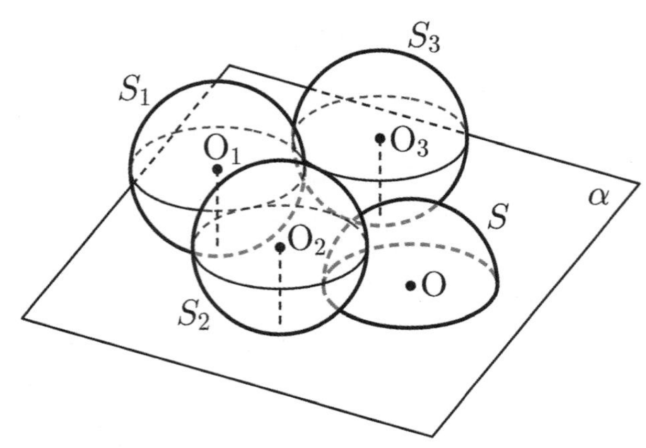

① 4π
② $(4+\sqrt{2})\pi$
③ $(9+\sqrt{2})\pi$
④ $(4+2\sqrt{2})\pi$
⑤ $(4+3\sqrt{2})\pi$

75 그림과 같이 평면 α 위에 밑면이 정삼각형 ABC인 삼각기둥이 있다. 삼각기둥 ABC $-$ A′B′C′의 높이 $\overline{AA'}$, $\overline{BB'}$, $\overline{CC'}$는 길이가 4이고 모두 평면 α에 수직이다. 선분 C′C의 중점을 M이라 할 때 삼각형 A′MB와 평면 α가 이루는 각을 θ라 하자. $\tan\theta = \dfrac{2}{3}$ 일 때, 정삼각형 ABC의 넓이를 S라 하자. S^2의 값을 구하시오. [4점]

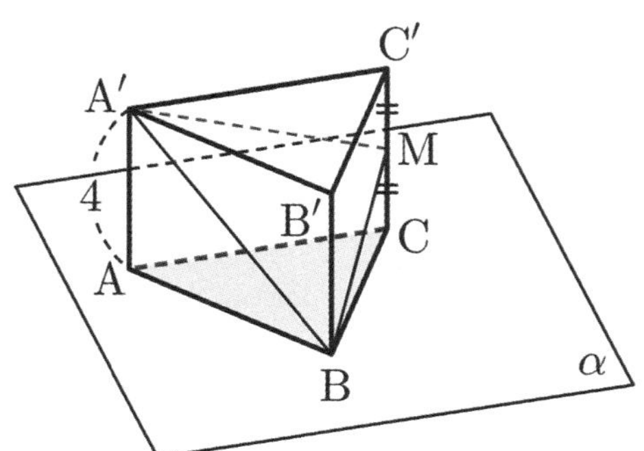

그림과 같이 삼각뿔 A $-$ BCD 는 다음 조건을 만족한다.

> (가) $\overline{BC} = 8$, $\overline{CD} = 6$, $\overline{BD} = 10$
> (나) $\overline{AN} = \overline{CN} = 5$, $\overline{AB} = \overline{AD}$
> (다) $\angle ANC = \dfrac{\pi}{2}$

모서리 BC의 중점을 M이라 하고, 모서리 AC 위의 점 P 에 대하여 두 선분 PM, PD의 평면 BCD 위로의 정사영의 길이를 각각 a, b라 하자, $a+b$의 값이 최소일 때, 두 선분 PM 과 PD 가 이루는 각의 크기를 θ라 하자. $\dfrac{1}{38\cos^2\theta}$ 의 값을 구하시오. $\left(\text{단, } \dfrac{\pi}{2} < \theta < \pi\right)$ [4점]

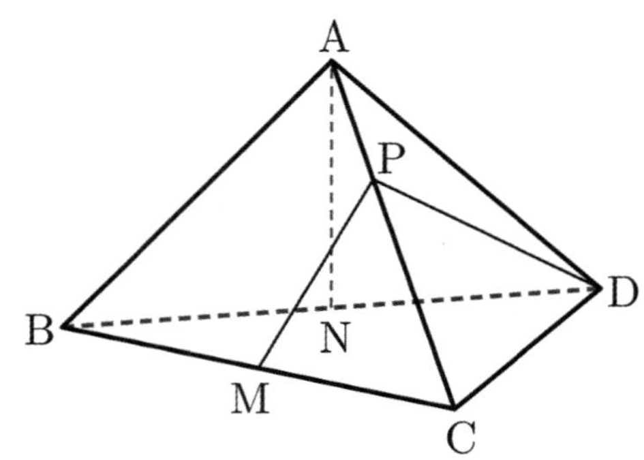

77 그림과 같이 평면 α와 평면 위에 있지 않은 점 A가 있다. 점 A에서 평면 α에 내린 수선의 발을 O 라 할 때, $\overline{AO} = 3$이고 점 O를 중심으로 하고 반지름의 길이가 4인 원이 평면 α위에 있다. 원의 중심 O를 지나는 한 직선이 원과 만나는 점을 B, C라 하고 원 위의 점 D에 대하여 $\overline{BD} = 4$이다. $\overline{AC}$의 중점을 점 M이라 할 때, 삼각형 ABD와 평면 α가 이루는 각의 크기를 θ_1, 삼각형 MBD와 평면 α가 이루는 각의 크기를 θ_2라 하자. $\sin^2\theta_1 \times \cos^2\theta_2 = \dfrac{q}{p}$일 때, $p+q$의 값을 구하시오. (단, p, q는 서로소인 자연수이다.) [4점]

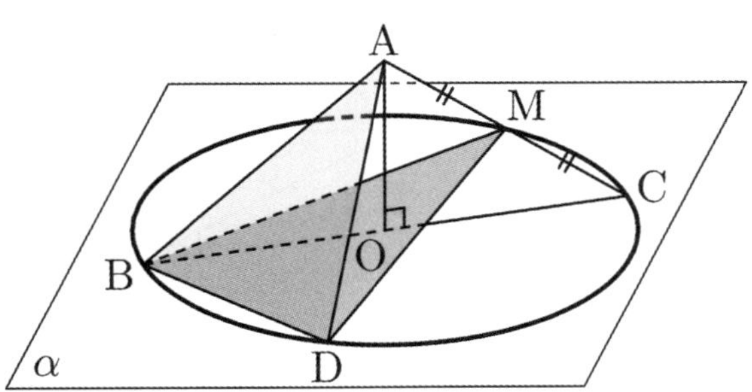

그림과 같이 한 모서리의 길이가 2인 정육면체 ABCD $-$ EFGH와 모든 모서리의 길이가 2인
정사각뿔 P $-$ ABCD가 있다. 선분 BF와 CG의 중점을 각각 M, N이라 할 때, 삼각형
PAD의 평면 AMND 위로의 정사영의 넓이를 a, 삼각형 PAB의 평면 AMND 위로의
정사영의 넓이를 b, 삼각형 PBC의 평면 AMND 위로의 정사영의 넓이를 c라 하자.
$a+b+c$의 값은? [4점]

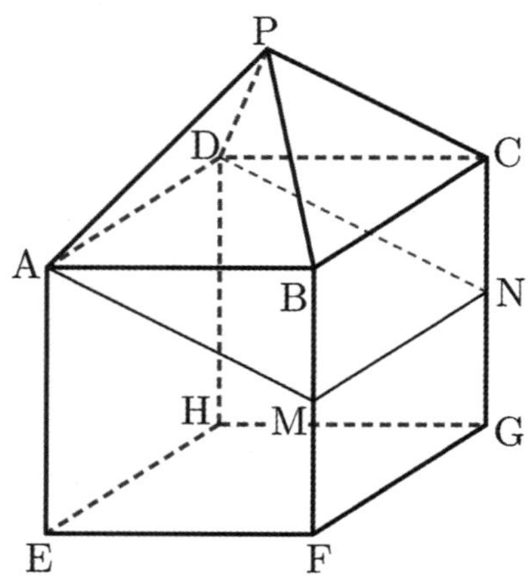

① $\dfrac{6}{\sqrt{5}}$

② $\dfrac{5+\sqrt{2}}{\sqrt{5}}$

③ $\dfrac{5+\sqrt{3}}{\sqrt{5}}$

④ $\dfrac{7}{\sqrt{5}}$

⑤ $\dfrac{5+2\sqrt{2}}{\sqrt{5}}$

79 평면 α 위의 점 A, B에 대하여 $\overline{\text{AB}} = 2\sqrt{3}$ 이다. 점 A, B에서 평면 β에 내린 수선의 발을 각각 C, D라 할 때, 삼각형 ABD는 정삼각형이다. $\overline{\text{CD}}$ 의 평면 α 위로의 정사영의 길이가 $2\sqrt{2}$ 일 때, 삼각형 ABD의 평면 α 위로의 정사영의 넓이를 S라 할 때, S^2의 값을 구하시오. [4점]

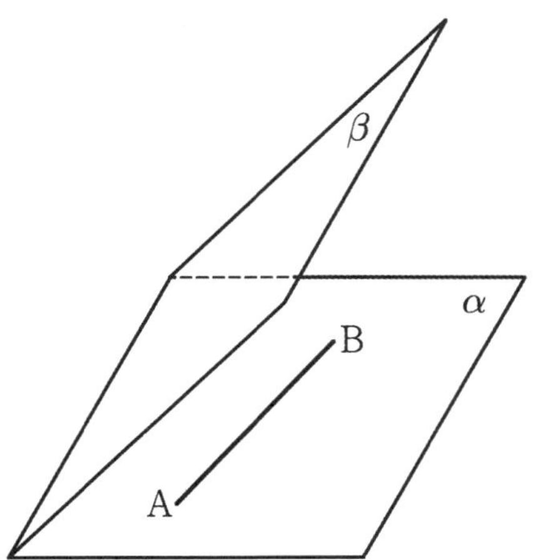

80 그림과 같이 한 모서리의 길이가 $2\sqrt{2}$ 인 정육면체 $ABCD-EFGH$ 에서 세 모서리 AB, BC, AD 의 중점을 각각 P, Q, R 라 할 때, 삼각형 PQR 의 평면 $ABGH$ 위로의 정사영의 둘레의 길이는? [4점]

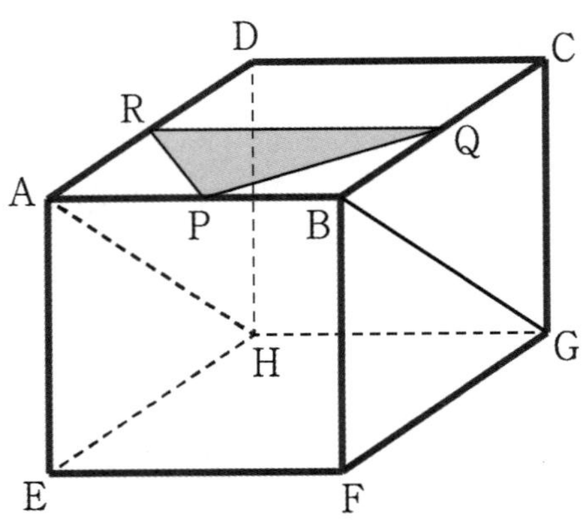

① $3\sqrt{2}$

② $2\sqrt{2}+\sqrt{2}$

③ $2+2\sqrt{2}$

④ $2(\sqrt{2}+\sqrt{3})$

⑤ $2\sqrt{2}+\sqrt{10}$

81 좌표공간에 반지름의 길이가 같고 서로 외접하는 두 구 $S : x^2 + y^2 + z^2 = 25$와

$T : x^2 + (y-10)^2 + z^2 = 25$가 있다. 구 S 위에 있는 점 $P(0, 4, 3)$를 지나는 평면을 α라 하자. 다음 조건을 만족시키는 모든 원 C와 D에 대하여 원 C의 xy평면 위로의 정사영의 넓이가 최대일 때 원 D의 xy평면 위로의 정사영의 넓이는 $\dfrac{q}{p}\sqrt{2}\,\pi$이다. $p+q$의 값을 구하시오. (단, p와 q는 서로소인 자연수이다.) [4점]

> (가) 원 C는 평면 α와 구 S가 만나서 생기고 지름의 길이는 $\sqrt{2}$이다.
> (나) 원 D는 평면 α와 구 T가 만나서 생긴다.

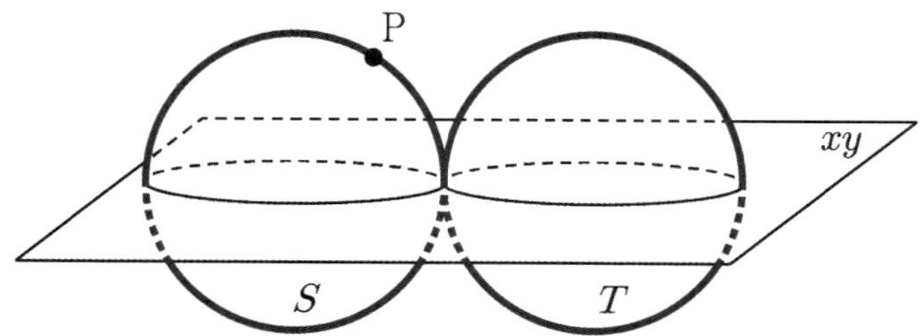

82 반지름의 길이가 1인 다섯 개의 구 S_1, S_2, S_3, S_4, S_5가 그림과 같이 한 평면 α위에 있다. S_1, S_2, S_3, S_4는 한 구가 두 개의 구와 외접하도록 정사각형 모양으로 놓여 있다. 그리고 S_5은 두 구 S_3, S_4와 외접하도록 정삼각형 모양으로 놓여 있다. 반지름의 길이가 1인 구 S가 네 구 S_1, S_2, S_3, S_4와 모두 외접할 때의 구 S의 중심과 S_3, S_4, S_5와 외접할 때의 구 S의 중심 사이의 거리를 d라 하자. 정수 p, q에 대하여 $d^2 = p + q\sqrt{3}$ 이다. 이때, $p + q$의 값을 구하시오. (단, 구 S는 평면 α보다 높은 곳에 위치해 있다.) [4점]

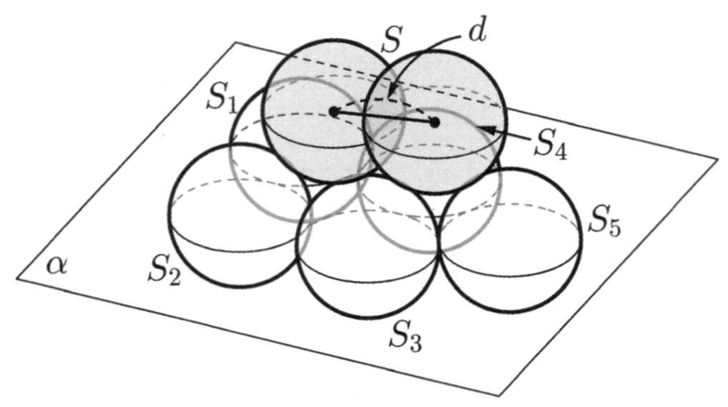

83 자연수 n에 대하여 좌표 공간 위의 두 점 A_n, B_n의 좌표가 각각

$$A_n\left(\frac{1}{2}\cos\frac{n}{4}\pi,\ \sqrt{2}\cos\frac{n}{4}\pi\sin\frac{n}{2}\pi,\ \sin\frac{n}{2}\pi\right)$$

$$B_n\left(\cos\frac{n}{2}\pi,\ \sqrt{2}\sin\frac{n}{4}\pi\cos\frac{n}{2}\pi,\ \frac{1}{2}\sin\frac{n}{4}\pi\right)$$

이다. 두 점 A_n과 B_n 사이의 거리를 d_n이라 할 때, 보기에서 옳은 것만을 있는 대로 고른 것은? [4점]

│ 보기 │

ㄱ. $d_4 = \dfrac{3}{2}$

ㄴ. $d_n = d_{n+8}$을 만족한다.

ㄷ. $\displaystyle\sum_{n=1}^{100}\left(d_n\right)^2 = 37$

① ㄱ   ② ㄴ   ③ ㄱ, ㄴ   ④ ㄴ, ㄷ   ⑤ ㄱ, ㄴ, ㄷ

84 그림과 같이 반지름의 길이가 2인 구 S와 서로 다른 두 직선 l, m이 있다. 구 S와 직선 l이 만나는 서로 다른 두 점을 각각 A, B, 구 S와 직선 m이 만나는 서로 다른 두 점을 각각 C, D라 할 때 다음 조건을 만족한다.

(가) 직선 AB는 구 S의 중심을 지난다.
(나) $\overline{AD} = 2$, $\overline{BC} = 1$, $\overline{CD} = \sqrt{11}$
(다) 네 점 A, B, C, D는 한 평면 위에 있지 않다.

평면 ABD와 평면 ABC가 이루는 예각의 크기를 θ라 할 때, $\cos^2\theta = \dfrac{q}{p}$이다. $p+q$의 값을 구하시오. (단, p, q는 서로소인 자연수이다.) [4점]

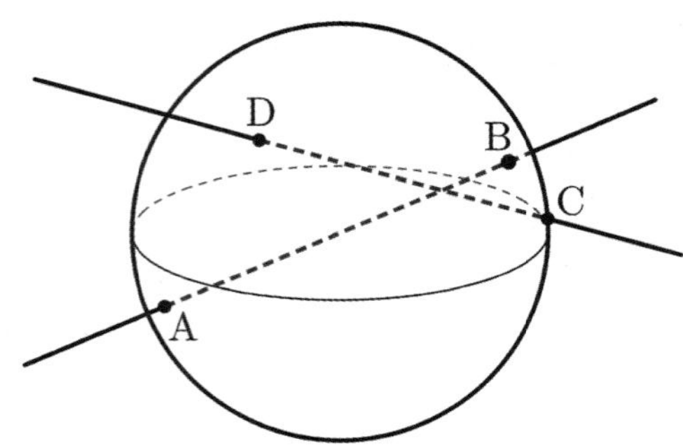

그림과 같이 평면 α 위에 $\angle A = \dfrac{\pi}{2}$, $\overline{AB} = \sqrt{5}$, $\overline{AC} = 4\sqrt{2}$ 인 삼각형 ABC가 있다. 중심이 점 O이고 반지름의 길이가 2인 구가 평면 α와 점 A에서 접한다. 세 직선 OA, OB, OC와 구의 교점 중 평면 α까지의 거리가 2보다 큰 점을 각각 D, E, F라 하자. 삼각형 DEF의 평면 α 위로의 정사영의 넓이를 S라 할 때, $S^2 = \dfrac{q}{p}$ 이다. $p+q$의 값을 구하시오. (단, p, q는 서로소인 자연수이다.) [4점]

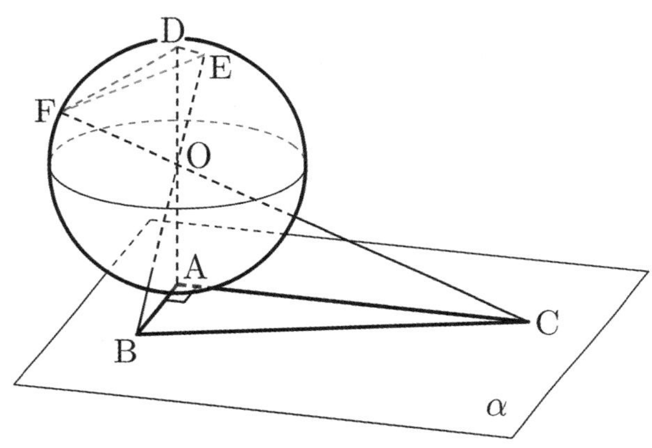

86 평면 π에 수직인 직선 l을 경계로 하는 세 반평면 α, β, γ가 있다. α, β가 이루는 각의 크기는 $120\,°$이고 α, γ가 이루는 각의 크기는 $150\,°$이다. 그림과 같이 반지름의 길이가 3인 구가 π, α, β에 동시에 접하고, 반지름의 길이가 2인 구가 π, α, γ에 동시에 접한다.

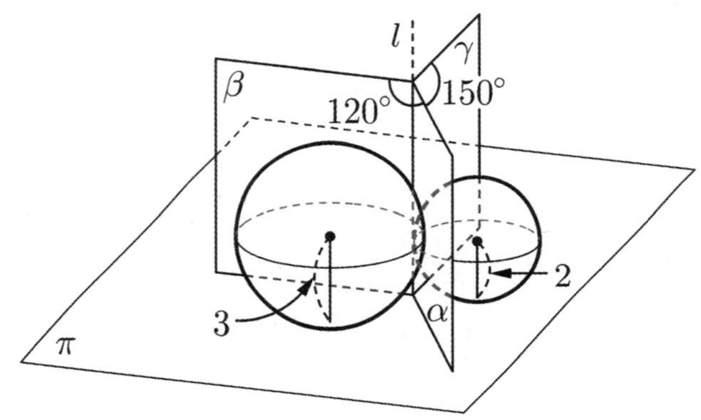

두 구의 중심 사이의 거리를 d라 할 때, 서로 다른 두 정수 p, q에 대하여 $d^2 = p + q\sqrt{3}$ 이다. $p+q$의 값을 구하시오. (단, 두 구는 평면 π의 같은 쪽에 있다.) [4점]

87 그림과 같이 $\overline{AB}=4$, $\overline{BC}=3$, $\overline{AE}=12$인 직육면체 ABCD−EFGH가 있다. 꼭짓점 G를 지나는 직선이 꼭짓점 A를 중심으로 하고 반지름의 길이가 1인 구와 한 점 P에서만 만난다. 사각형 EFGH를 포함하는 평면을 α라 할 때, 세 점 G, A, P를 지나는 원의 평면 α 위로의 정사영의 넓이의 최댓값은 $\dfrac{q}{p}\pi$이다. $p+q$의 값을 구하시오. (단, p와 q는 서로소인 자연수이다.) [4점]

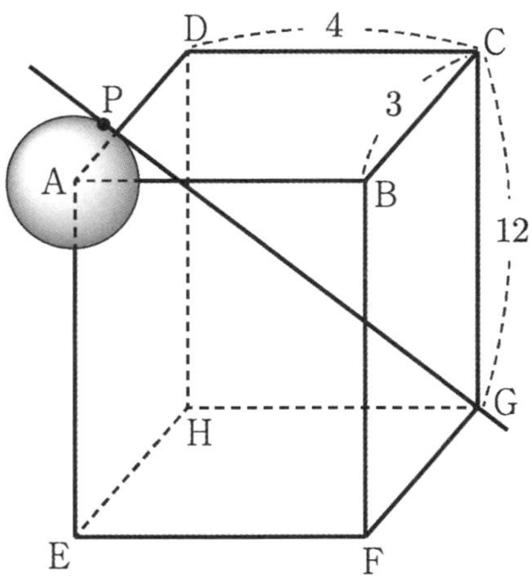

88 한 변의 길이가 20인 정삼각형 BCD를 한 면으로 하는 사면체 ABCD의 꼭짓점 A에서 평면 BCD에 내린 수선의 발을 H라 할 때, 점 H는 삼각형 BCD의 내부에 놓여 있다. 삼각형 CDH의 넓이는 삼각형 BCH의 넓이의 4배, 삼각형 DBH의 넓이는 삼각형 BCH의 넓이의 3배이고 $\overline{AH} = 8$이다. 선분 BD의 중점을 M, 점 A에서 선분 CM에 내린 수선의 발을 Q라 할 때, 삼각형 AHQ의 넓이를 구하시오. [4점]

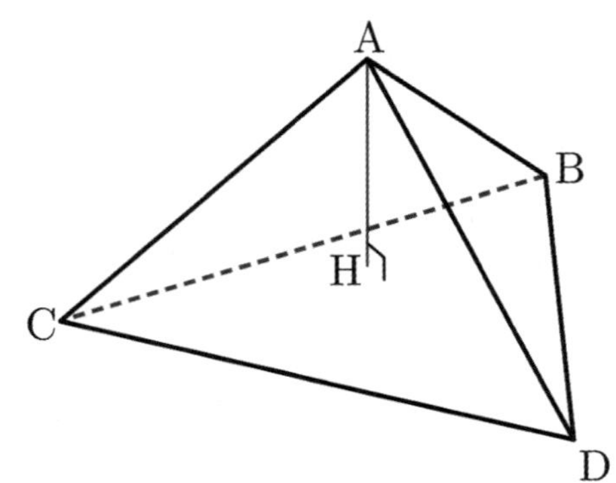

89 그림과 같이 중심 O 이고, 반지름의 길이가 1인 구가 평면 α와 한 점 A 에서만 만난다. 평면 α 위의 점 A 가 아닌 점 B 를 지나고 평면 α와 이루는 각의 크기가 $\dfrac{\pi}{6}$ 인 직선이 구와 서로 다른 두 점 P, Q 에서 만난다. 직선 OP 는 평면 α와 평행한 평면 β에 포함되고 $\overline{AB}=\sqrt{6}$ 일 때, 삼각형 APQ 의 평면 β 위로의 정사영의 넓이는? [4점]

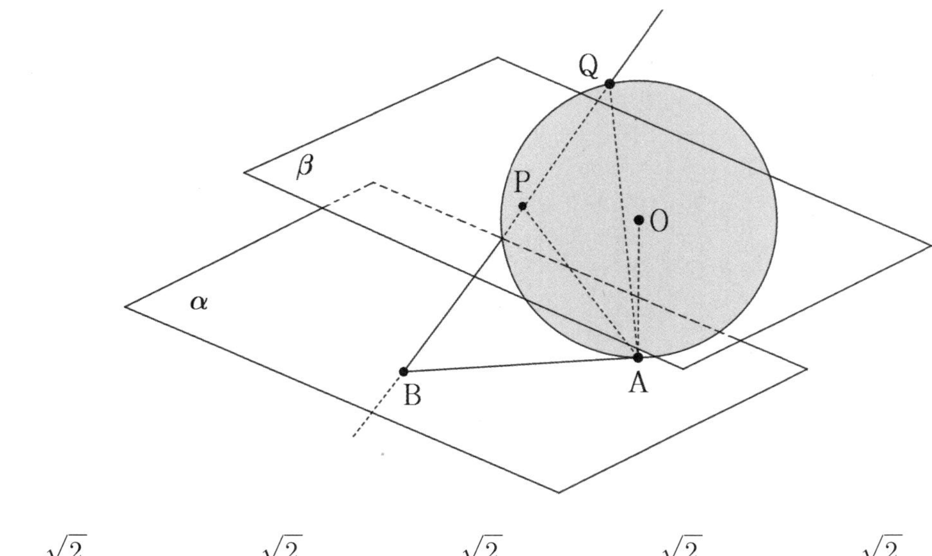

① $\dfrac{\sqrt{2}}{6}$ ② $\dfrac{\sqrt{2}}{5}$ ③ $\dfrac{\sqrt{2}}{4}$ ④ $\dfrac{\sqrt{2}}{3}$ ⑤ $\dfrac{\sqrt{2}}{2}$

90 반지름의 길이가 $\dfrac{4}{3}$ 인 구의 중심 O 를 지나는 평면을 α 라 하고, 평면 α 와 이루는 각이 $30\,^\circ$ 인 평면을 β 라 하자. 평면 α 와 구가 만나서 생기는 원을 C_1, 평면 β 와 구가 만나서 생기는 원을 C_2 라 하자. 원 C_2 의 중심 A 와 평면 α 사이의 거리가 1일 때, 그림과 같이 다음 조건을 만족하도록 원 C_1 위에 점 P, 원 C_2 위에 두 점 Q, R 를 잡는다.

(가) $\angle\,\mathrm{QAR} = 90\,^\circ$

(나) 직선 OP 와 직선 AQ 는 서로 평행이다.

평면 PQR 와 평면 AQPO 가 이루는 각을 θ 라 할 때, $\cos^2\theta = \dfrac{q}{p}$ 이다. $p+q$ 의 값을 구하시오. (단, p 와 q 는 서로소인 자연수이다.) [4점]

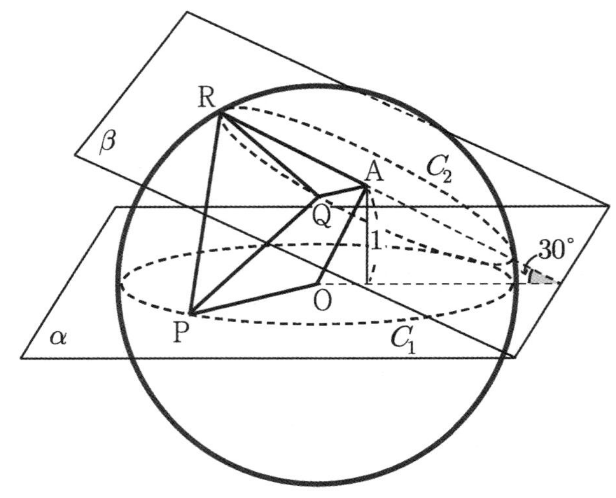

91 그림과 같이 좌표공간에서 정사면체 $\mathrm{A-BCD}$와 구 S는 xy평면 위에 있다. 삼각형 ABC 의 무게중심을 G라 할 때, 구 S 는 정사면체 $\mathrm{A-BCD}$의 면 ABC 와 점 G에서 접한다. 두 점 $\mathrm{A, B}$ 의 좌표는 각각 $\left(3,\ \sqrt{3},\ 2\sqrt{6}\right)$, $\left(3,\ 3\sqrt{3},\ 0\right)$ 이고 점 C 의 x좌표가 양수일 때, 구 S의 중심 E 의 좌표는 $(a,\ b,\ c)$이다. $\dfrac{abc}{\sqrt{2}}$ 의 값을 구하시오. (단, 삼각형 BCD 가 xy평면에 포함되고 점 E 는 정사면체 $\mathrm{A-BCD}$ 의 외부에 있다.) [4점]

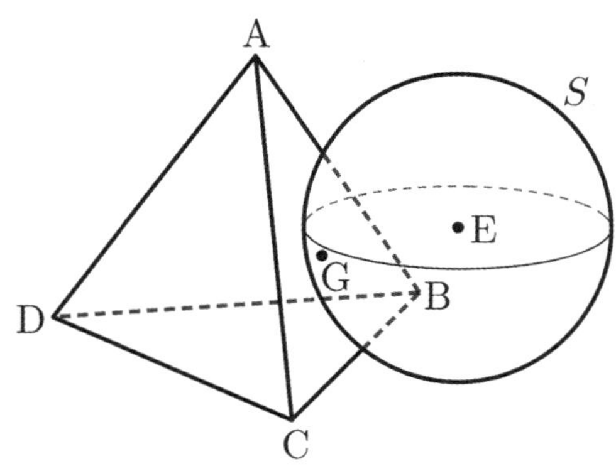

92 그림과 같이 밑면의 반지름의 길이가 각각 2, 1이고 밑면의 지름의 길이와 높이의 길이가 같은 두 원기둥 F_1, F_2가 서로 접하면서 두 원기둥의 밑면이 평면 α 위에 놓여 있다. F_1, F_2의 밑면이 만나는 점을 O 라 하고, 점 P는 F_1의 평면 α위에 있지 않은 밑면인 원의 둘레 위의 점이고, 점 Q는 F_2의 평면 α위에 있지 않은 밑면인 원의 둘레 위의 점이다. $\overline{OP} = 2\sqrt{5}$이고 선분 OP, OQ 의 평면 α 위로의 정사영을 각각 선분 OP', OQ'이라 할 때, 두 직선 OP', OQ'이 이루는 각의 크기는 $\dfrac{\pi}{6}$이다. 이때, 사각형 $PP'Q'Q$의 넓이는? [4점]

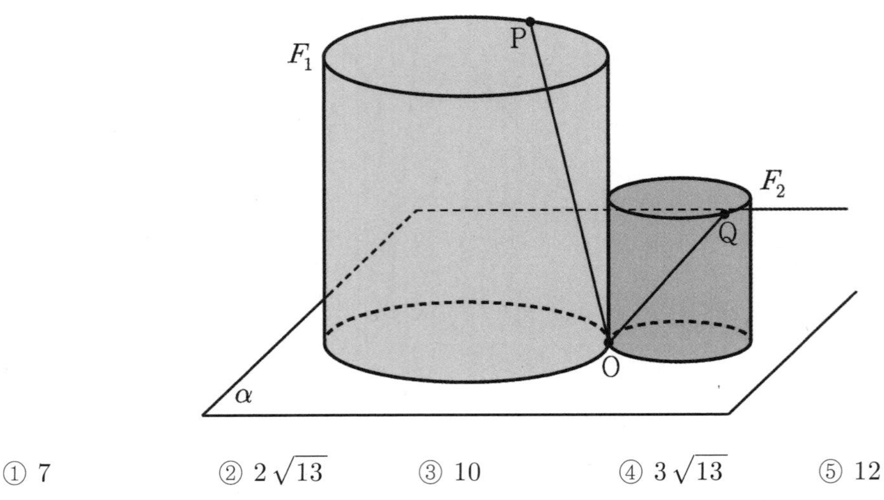

① 7　　② $2\sqrt{13}$　　③ 10　　④ $3\sqrt{13}$　　⑤ 12

그림과 같이 평면 α 위의 $\overline{AB}=4$, $\overline{BC}=3$, $\angle ABC = 90°$ 인 삼각형 ABC와 평면 α 밖의 점 P가 다음 조건을 만족시킨다.

> (가) $\overline{PC}=4$, $\angle ACP = 60°$
> (나) $\overline{AB} \perp \overline{PC}$

삼각형 ACP의 평면 BCP 위로의 정사영의 넓이가 S일 때, S^2의 값을 구하시오. [4점]

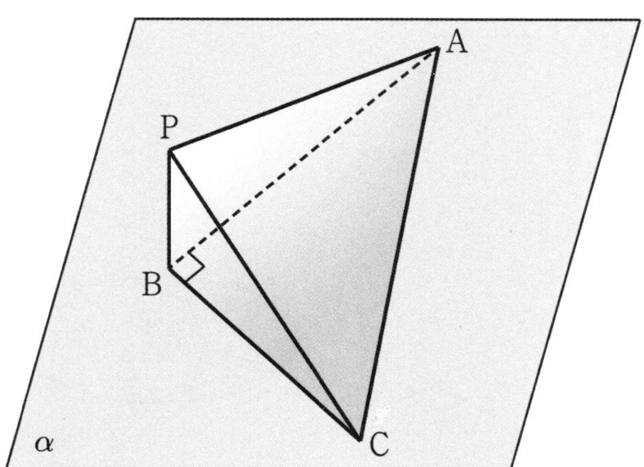

94 평면 α 위에 중심이 O이고 반지름의 길이가 2인 원 C가 있다. 밑면이 원 C이고 모선의 길이가 4인 원뿔의 꼭짓점을 A라 하자. 원 C의 점 H에 대하여 직선 AH를 포함하는 평면을 β라 하고, 두 평면 α, β의 교선을 l이라 하면 $\overline{\text{AH}} \perp l$이다. 원 C 위의 점 P에 대하여 직선 OP와 직선 l이 평행할 때, 직선 AP와 평면 β가 이루는 예각의 크기를 θ라 하면 $\sin^2\theta = \dfrac{q}{p}$이다. $p+q$의 값을 구하시오. (단, p와 q는 서로소인 자연수이다.) [4점]

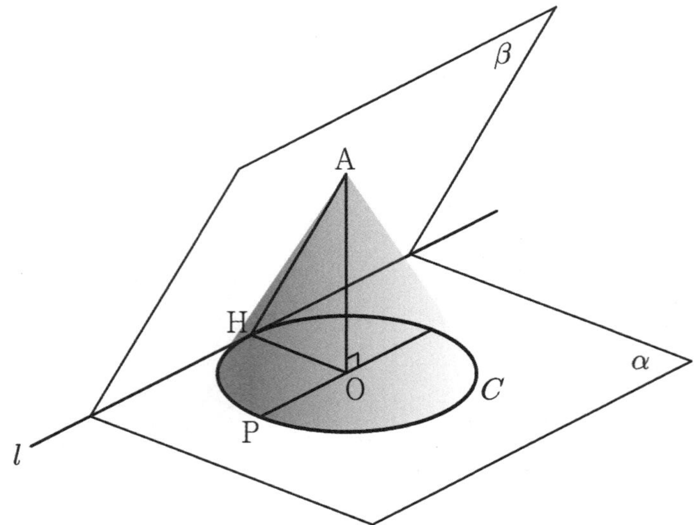

95 좌표공간에 구 $S : x^2 + y^2 + (z-2)^2 = 4$ 과 xy 평면 위의 원 $C : x^2 + y^2 = 16$가 있다. 구 S 와 점 P 에서 접하고 원 C 위의 두 점 Q , R 를 포함하는 평면이 xy 평면과 이루는 예각의 크기가 $\dfrac{\pi}{3}$ 일 때, 선분 QR 의 길이의 최댓값을 M, 최솟값을 m이라 하자. $\left(\dfrac{3M}{m}\right)^2$ 의 값을 구하시오.
[4점]

96 이면각의 크기가 $45°$ 인 두 평면 α, β의 교선을 직선 l이라 한다. 평면 α위의 점 A와 평면 β위의 점 B가 $\overline{AB} = 3$를 만족시키면서 움직인다. 점 A에서 평면 β와 직선 l에 내린 수선의 발을 각각 C, D라 하자. 사면체 ABCD의 부피의 최댓값은? [4점]

① $\sqrt{3}$ ② 2   ③ $\sqrt{5}$ ④ 3   ⑤ $2\sqrt{3}$

97 정사각뿔 $O-ABCD$ 에서

$$\overline{OA} = \overline{OB} = \overline{OC} = \overline{OD} = 2\sqrt{6}, \quad \overline{AB} = \overline{BC} = \overline{CD} = \overline{DA} = 4$$

가 성립한다. 정사각뿔 $O-ABCD$ 의 8개의 변 모두에 접하고 중심을 정사각뿔 내부에 갖는 구의 반지름을 r, 구의 중심 S에서 정사각뿔 밑면까지의 거리를 l이라 하자. 이때 $r \times l$의 값은 $p\sqrt{2}+q\sqrt{3}$이다. $p+q$의 값을 구하시오. (단, p와 q는 정수이다.) [4점]

98 좌표공간에서 xy평면 위의 원 $C_1 : (x-2)^2 + \left(y - 2\sqrt{3}\right)^2 = 4$와 yz평면 위의

원 $D_1 : \left(y - 3\sqrt{3}\right)^2 + (z-t)^2 = 3 \ (t>0)$이 있다. 원 C_1 위의 점 P와 원 D_1 위의 두 점

Q, R이 다음 조건을 만족시킨다.

(가) $\overline{\mathrm{OP}} = 2 \times \overline{\mathrm{QR}} = 6$

(나) $\angle \mathrm{OPQ} = \angle \mathrm{PQR} = 90^\circ$

---

t의 값을 구하시오. [4점]

99 좌표공간에서 밑면이 $x^2 + (y-4)^2 = 16$ 이고 꼭짓점의 좌표가 $\mathrm{A}\left(0, 4, 4\sqrt{3}\right)$ 인 직원뿔이 있다. x축을 포함하고 xy 평면과 이루는 각의 크기가 $\dfrac{\pi}{6}$ 인 평면을 α 라 하자. 평면 α 가 원뿔과 만나서 생기는 도형의 xy 평면 위로의 정사영의 넓이를 S라 할 때, $S^2 = k\pi^2$ 이다. k를 구하시오. [4점]

100 좌표공간에 중심이 $A(a, 2, a)$이고 xz평면에 접하는 구 S_2에 대하여 다음 조건을 만족시키는 점 P가 나타내는 도형을 L이라 하자.

반지름의 길이가 3이고 중심의 y좌표가 음수인 구 S_1이 xz평면과 점 P에서 접해 있고, 두 구 S_1, S_2의 중심 사이의 거리는 13이다.

$x \geq 0$, $z \geq 0$을 만족시키는 도형 L의 길이가 12π일 때, a^2의 값을 구하시오. (단, $a > 0$) [4점]

랑데뷰 N제.

smart is sexy

Orbi.kr

랑데뷰
N 제

킬러극킬
기 하

하루 중 90%는 겸손하게 10%는 자신있게...

빠른 정답

1	48	2	259	3	②	4	②	5	②
6	288	7	20	8	③	9	4	10	2

11	②	12	45	13	36	14	2	15	③
16	15	17	3	18	48	19	③	20	36

21	④	22	6	23	54	24	64	25	13
26	⑤	27	③	28	100	29	21		

30	85	31	64	32	10	33	42	34	14
35	13	36	64	37	9	38	②	39	28

40	22	41	44	42	11	43	50	44	6
45	8	46	②	47	18	48	36	49	16

50	13	51	20	52	④	53	60	54	5
55	3	56	48	57	21	58	20	59	8

60	2	61	3	62	109	63	③	64	11
65	22								

66	3	67	5	68	47	69	100	70	20
71	5	72	26	73	15	74	④	75	243

76	77	77	127	78	①	79	15	80	④
81	45	82	4	83	③	84	46	85	241

86	45	87	69	88	15	89	③	90	10
91	36	92	④	93	11	94	19	95	33

96	①	97	2	98	3	99	72	100	72

하루 중 90%는 겸손하게 10%는 자신있게...

상세 해설

01 정답 48

[그림 : 최성훈T]

$x=2p$와 x축의 교점을 점 S라 하자.

직선 PQ이 x축과 평행하고 삼각형 PQR이 정삼각형이므로

삼각형 TFS는 $\angle \mathrm{TFS}=\dfrac{\pi}{3}$인 직각삼각형이다.

$\overline{\mathrm{FS}}:\overline{\mathrm{TS}}=1:\sqrt{3}$이고 $\overline{\mathrm{TS}}=9$이므로 $\overline{\mathrm{FS}}=3\sqrt{3}$이다.

$\mathrm{F}(-p,0)$, $\mathrm{S}(2p,0)$이므로 $\overline{\mathrm{FS}}=3p$

따라서 $p=\sqrt{3}$이다.

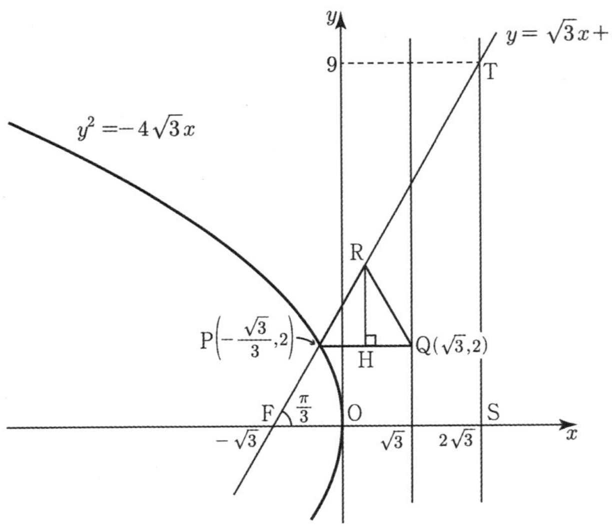

포물선의 방정식은 $y^2=-4\sqrt{3}\,x$이고 직선 FT은 기울기가

$\tan\dfrac{\pi}{3}=\sqrt{3}$이고 $\mathrm{F}(-\sqrt{3},0)$을 지나므로

$y=\sqrt{3}(x+\sqrt{3})=\sqrt{3}\,x+3$이다.

포물선과 직선 FT의 교점을 구해 보자.

$(\sqrt{3}\,x+3)^2=-4\sqrt{3}\,x$

$3x^2+10\sqrt{3}\,x+9=0$

$x=\dfrac{-5\sqrt{3}\pm4\sqrt{3}}{3}\ \Rightarrow\ x=-3\sqrt{3},\ -\dfrac{\sqrt{3}}{3}$

$-\sqrt{3}<\mathrm{P}$의 x좌표 <0이므로

점 P의 x좌표는 $-\dfrac{\sqrt{3}}{3}$이다.

따라서 $\mathrm{P}\left(-\dfrac{\sqrt{3}}{3},\,2\right)$

점 Q의 x좌표는 $\sqrt{3}$이고 직선 PQ가 x축과 평행하므로

$\mathrm{Q}(\sqrt{3},\,2)$이다.

따라서 정삼각형 PQR의 한 변의 길이는

$\sqrt{3}-\left(-\dfrac{\sqrt{3}}{3}\right)=\dfrac{4}{3}\sqrt{3}$이다.

점 R에서 $\overline{\mathrm{PQ}}$에 내린 수선의 발을 H라 하면

점 H는 선분 PQ의 중점이므로 $\mathrm{H}\left(\dfrac{\sqrt{3}}{3},\,2\right)$이고

$\overline{\mathrm{RH}}=\dfrac{\sqrt{3}}{2}\times\dfrac{4}{3}\sqrt{3}=2$에서 점 R의 좌표는 $\left(\dfrac{\sqrt{3}}{3},\,4\right)$이다.

$a=\dfrac{\sqrt{3}}{3},\ b=4$

$\dfrac{b^2}{a^2}=\dfrac{16}{\dfrac{1}{3}}=48$

02 정답 259

[그림 : 이정배T]

$16x^2-96x+9y^2=0$

$16x^2-96x+144+9y^2=144$

$16(x^2-6x+9)+9y^2=144$

$16(x-3)^2+9y^2=144$

$\dfrac{(x-3)^2}{9}+\dfrac{y^2}{16}=1$

의 네 꼭짓점과 중심에서 선택한 3개의 점으로 그릴 수 있는
원은 타원을 평행이동한 상태에서 찾은 네 꼭짓점과 중심에서
3개의 점을 선택한 원과 같다.

따라서

타원 $\dfrac{x^2}{9}+\dfrac{y^2}{16}=1$의 네 꼭짓점 $(3,0)$, $(0,4)$, $(-3,0)$,

$(0,-4)$와 중심 $(0,0)$에서 3개의 점을 선택하자.

(i) $(0,0)$과 두 점을 선택하는 경우 (중심이 $(0,0$인 경우 제외)
나머지 2점을 선택해서 원이 되려면 일직선 위에 존재하지 않은
원이고 그 원들은 모두 반지름의 길이가 같은 원이다. 따라서
$(0,0)$, $(3,0)$, $(0,4)$를 선택한 경우에 대해 생각해 보자.

원점을 제외한 두 점이 x축과 y축 위의 점이므로 3개의 점은
직각삼각형을 이루고 직각삼각형의 외심은 빗변의 중점에

위치하고 지름의 길이가 $\sqrt{3^2+4^2}=5$이므로 반지름의 길이는

$\dfrac{5}{2}$이다.

(ii) $(-3,0)$, $(3,0)$, $(0,4)$ 또는 $(-3,0)$, $(3,0)$, $(0,-4)$을
선택하는 경우

원의 중심은 y축 위에 있으므로 중심의 좌표를 $(0,t)$라 하고
$(-3,0)$, $(3,0)$, $(0,4)$을 선택한 경우 반지름의 길이를
비교하면

$\sqrt{9+t^2}=4-t$가 성립한다.

$9+t^2=16-8t+t^2$

$8t=7$

$t=\dfrac{7}{8}$

따라서 이때 만들어지는 원의 반지름의 길이는

$4-\dfrac{7}{8}=\dfrac{25}{8}$이다.

(iii) $(0,-4)$, $(0,4)$, $(3,0)$ 또는 $(0,-4)$, $(0,4)$, $(-3,0)$
을 선택하는 경우

원의 중심은 x축 위에 있으므로 중심의 좌표를 $(s,0)$라 하고

$(0, -4)$, $(0, 4)$, $(-3, 0)$을 선택한 경우 반지름의 길이를 비교하면

$\sqrt{s^2+16}=s-(-3)$가 성립한다.

$$s^2+16=s^2+6s+9$$
$$6s=7$$
$$s=\frac{7}{6}$$

따라서 이때 만들어지는 원의 반지름의 길이는

$\dfrac{7}{6}+3=\dfrac{25}{6}$ 이다.

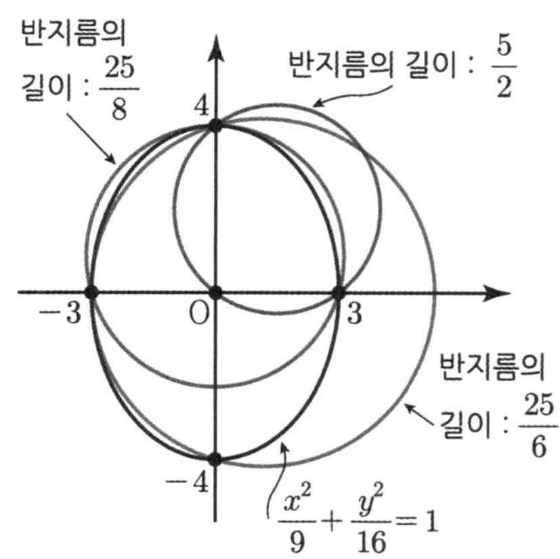

(i), (ii), (iii)에서

원의 반지름의 길이로 가능한 모든 값의 합은

$$\frac{5}{2}+\frac{25}{8}+\frac{25}{6}=\frac{60+75+100}{24}$$
$$=\frac{235}{24}$$

따라서 $p=24$, $q=235$

$p+q=259$

03 정답 ②

[그림 : 최성훈T]

원이 y축과 만나는 O가 아닌 점을 R이라 하자.

$\angle POQ=\theta$라 하면 원에 내접하는 사각형 RPOQ에서

$\angle PRQ=\pi-\theta$이다.

따라서 $\cos\theta=-\dfrac{1}{8}$이므로

$$\cos(\angle PRQ)=\cos(\pi-\theta)=-\cos\theta=\frac{1}{8}$$

원의 대칭성에 의해 $\overline{PR}=\overline{QR}$ 이다.

따라서 $\overline{PR}=\overline{QR}=x$라 하고 삼각형 PRQ에서

$\overline{PQ}=\sqrt{7}$이므로 코사인법칙을 적용하면

$$7=x^2+x^2-2x^2\times\frac{1}{8}$$
$$7=\frac{7}{4}x^2$$
$$\therefore \overline{PR}=\overline{QR}=2$$

선분 PQ의 중점을 M이라 하면 직각삼각형 PRM에서

$\overline{PM}=\dfrac{\sqrt{7}}{2}$이므로

$$\overline{MR}=\sqrt{4-\frac{7}{4}}=\sqrt{\frac{9}{4}}=\frac{3}{2}$$

직각삼각형 PFM에서 $\overline{PF}=x$라 두고 피타고라스정리를 적용하면

$$x^2=\left(\frac{3}{2}-x\right)^2+\left(\frac{\sqrt{7}}{2}\right)^2$$
$$x^2=\frac{9}{4}-3x+x^2+\frac{7}{4}$$
$$3x=4$$
$$\therefore x=\frac{4}{3}$$

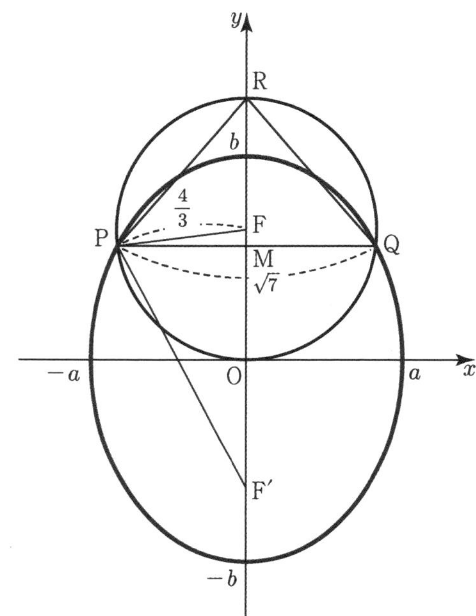

즉, 원의 반지름의 길이가 $\dfrac{4}{3}$ 이다.

따라서 타원의 초점 $F\left(0, \dfrac{4}{3}\right)$이다.

타원의 다른 초점을 $F'\left(0, -\dfrac{4}{3}\right)$이라 하자.

원주각과 중심각 관계에서 $\angle PFO=\angle PRQ$이므로

$\cos(\angle PFO)=\dfrac{1}{8}$이다.

삼각형 FPF$'$에서 $\overline{PF}=\dfrac{4}{3}$, $\overline{FF'}=\dfrac{8}{3}$,

$\cos(\angle PFF')=\dfrac{1}{8}$이므로

$$\overline{PF'}^2=\left(\frac{4}{3}\right)^2+\left(\frac{8}{3}\right)^2-2\times\frac{4}{3}\times\frac{8}{3}\times\frac{1}{8}$$
$$=\frac{16}{9}+\frac{64}{9}-\frac{8}{9}=8$$

따라서 $\overline{PF'}=2\sqrt{2}$

장축의 길이 $2b=\overline{PF'}+\overline{PF}=2\sqrt{2}+\dfrac{4}{3}$ 이다.

따라서 $b=\sqrt{2}+\dfrac{2}{3}$

[그림 : 최성훈T]

$y = \tan\left(\dfrac{\pi}{2}x\right)$는 주기가 $\dfrac{\pi}{\frac{\pi}{2}} = 2$이므로 $0 < x < 10$에서

점근선은 $x = 1$, $x = 3$, $x = 5$, $x = 7$, $x = 9$로 5개이다.

따라서 $p_1 = 1$, $p_2 = 3$, $p_3 = 5$, $p_4 = 7$, $p_5 = 9$이다.

직선 $x = p_3 = 5$이 타원 C와 만나는 두 점 P, Q사이의 거리

선분 PQ가 최댓값 6을 갖고 $n = 2$일 때와 $n = 4$일 때의 선분

PQ의 길이가 같으므로 타원 C는 직선 $x = 5$위에 중심이 있고

단축의 길이가 3인 타원이다.

따라서 타원 C의 방정식은 $\dfrac{(x-5)^2}{a^2} + \dfrac{y^2}{9} = 1$이다.

$x = p_1 = 1$이 타원의 한 초점을 지나므로 초점의 좌표는

$(1, 0)$이다.

타원 C의 중심에서 초점까지 거리가 4이므로 $a^2 - 9 = 4^2$에서

$a^2 = 25$이다.

따라서 타원 C의 방정식은 $\dfrac{(x-5)^2}{25} + \dfrac{y^2}{9} = 1$이다.

$x = p_5 = 9$가 타원 C와 만나는 두 점을 $\mathrm{P}(9, y_1)$, $\mathrm{Q}(9, y_2)$라

하면

점 P에서의 접선의 방정식은 $\dfrac{(9-5)(x-5)}{25} + \dfrac{y_1 y}{9} = 1$이고

점 Q에서의 접선의 방정식은 $\dfrac{(9-5)(x-5)}{25} + \dfrac{y_2 y}{9} = 1$이다.

두 점 P, Q가 x축 대칭이므로 두 접선이 만나는 점은 x축 위에

있다.

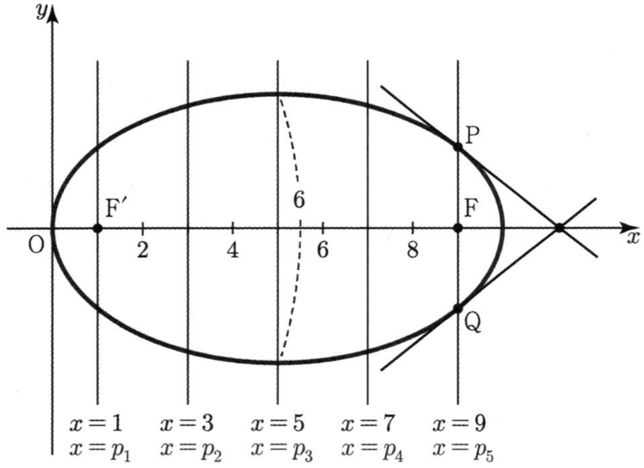

$y = 0$을 대입하면 $\dfrac{4}{25}(x-5) = 1$

$x - 5 = \dfrac{25}{4}$

$x = \dfrac{25}{4} + 5 = \dfrac{45}{4}$

---

05 정답 ②

[그림 : 이정배T]

$\dfrac{x^2}{a^2} - \dfrac{y^2}{b^2} = 1$에 접하는 기울기가 5인 직선의 방정식은

$y = 5x - \sqrt{25a^2 - b^2}$ 이다.

이 접선이 x축과 만나는 점 Q의 좌표는 $\left(\dfrac{\sqrt{25a^2 - b^2}}{2}, 0\right)$

이 접선이 y축과 만나는 점 R의 좌표는

$\left(0, -\sqrt{25a^2 - b^2}\right)$이다.

이 접선이 점 $\mathrm{P}(x_1, y_1)$를 지나므로

$y_1 = 5x_1 - \sqrt{25a^2 - b^2} \cdots \text{㉠}$

(삼각형 POQ의 넓이) : (삼각형 QOR의 넓이)$= 1 : 4$이므로

점 P의 y좌표가 y_1이면 점 R의 y좌표는 $-4y_1$이다. $\cdots \text{㉡}$

따라서 $-4y_1 = -\sqrt{25a^2 - b^2}$

$\sqrt{25a^2 - b^2} = 4y_1$

㉠에 대입하면

$y_1 = 5x_1 - 4y_1$

$\therefore x_1 = y_1$

따라서 $\dfrac{y_1}{x_1} = 1$

[랑데뷰팁]—㉡설명

(삼각형 POQ의 넓이) : (삼각형 QOR의

넓이)$= 1 : 4$이므로 $\overline{PQ} : \overline{RQ} = 1 : 4$이고 점 P에서 x축에

내린 수선의 발을 H라 하면 $\triangle PQH \backsim \triangle RQO$이고

두 삼각형의 닮음비가 $\overline{PQ} : \overline{RQ} = 1 : 4$이다.

따라서 $\overline{PH} : \overline{RO} = 1 : 4 = y_1 : (-4y_1)$

---

06 정답 288

[그림 : 배용제T]

포물선 $(y-a)^2 = 4(x-a)$은 x축의 방향으로 $-a$만큼, y축의

방향으로 $-a$만큼 평행이동시키면 $y^2 = 4x$와 일치한다. 직선

$y = x - 1$을 x축의 방향으로 $-a$만큼, y축의 방향으로 $-a$만큼

평행이동시키면 $y + a = x + a - 1$에서 $y = x - 1$이다.

즉, 포물선 $y^2 = 4x$와 $y = x - 1$이 만나는 점 중 A가 아닌 점을

D라 할 때, $\overline{DA} = \overline{AB} = \overline{BC}$이다. 점 D의 x좌표를 x_1, 점 A의

x좌표를 x_2, 점 B의 x좌표를 x_3, 점 C의 x좌표를 x_4라 하면

네 점 D, A, B, C는 한직선 위에 있고 $\overline{DA} = \overline{AB} = \overline{BC}$이므로

$x_2 - x_1 = x_3 - x_2 = x_4 - x_3$을 만족한다.

따라서 x_1, x_2, x_3, x_4는 이 순서대로 등차수열을 이룬다.

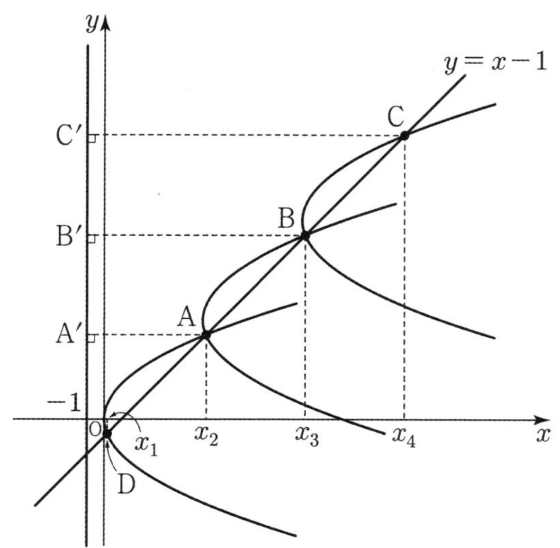

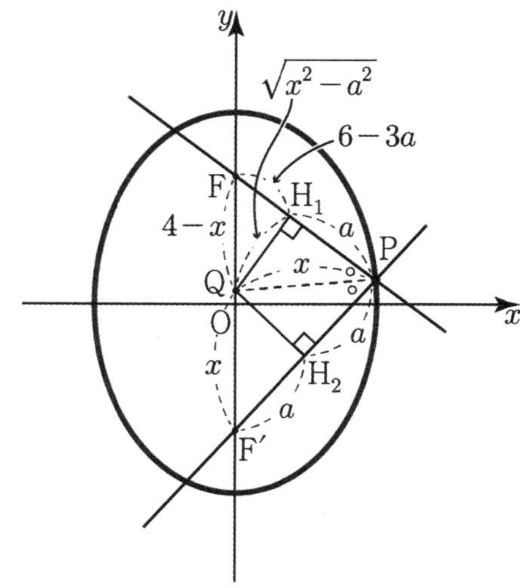

한편 $y^2 = 4x$와 $y = x - 1$의 교점의 x좌표가 x_1, x_2이므로
$$(x-1)^2 = 4x$$
$$x^2 - 6x + 1 = 0$$
의 두 근이 x_1, x_2 $(x_1 < x_2)$이다.
$x_1 + x_2 = 6$, $x_1 \times x_2 = 1$이므로
$$(x_2 - x_1)^2 = (x_1 + x_2)^2 - 4x_1 x_2 = 36 - 4 = 32$$
$$\therefore \ x_2 - x_1 = 4\sqrt{2}$$
$\overline{AA'} = 1 + x_2$, $\overline{CC'} = 1 + x_4$이고
포물선 $y^2 = 4x$에서 $\overline{AD} = 1 + x_2 + 1 + x_1 = 2 + x_1 + x_2$이다.
따라서
$$\overline{AA'} + \overline{CC'} - \overline{BC}$$
$$= \overline{AA'} + \overline{CC'} - \overline{AD}$$
$$= (1 + x_2 + 1 + x_4) - (2 + x_1 + x_2)$$
$$= x_4 - x_1$$
$$= 3(x_2 - x_1)$$
$$= 12\sqrt{2}$$
$k = 12\sqrt{2}$이므로 $k^2 = 288$이다.

07 정답 20

[그림 : 최성훈T]

$F(0, 2)$, $F'(0, -2)$이므로 $\overline{FF'} = 4$이다. 삼각형 PQH_1과 삼각형 PQH_2에서 $\overline{PQ}$가 공통이고 $\overline{QH_1} = \overline{QH_2}$,

$\angle PH_1 Q = \angle PQH_2 = \dfrac{\pi}{2}$이므로 $\triangle PH_1 Q \equiv \triangle PH_2 Q$이다.

따라서 $\overline{PH_1} = \overline{PH_2}$, $\angle QPH_1 = \angle QPH_2$이다.

(나)에서 $\overline{PH_1} = \overline{H_2 F'}$이므로 $\overline{PH_2} = \overline{H_2 F'}$

따라서 $\triangle PH_2 Q \equiv \triangle F' H_2 Q$이다.

그러므로 $\overline{PQ} = \overline{QF'}$

$\overline{PH_1} = a$라 두면 $\overline{PF'} = 2a$이고 $\overline{PF} = 6 - 2a$이다.

$\overline{PQ} = \overline{QF'} = x$라 하면 $\overline{FQ} = 4 - x$이다.

삼각형 FPQ에서 직선 PQ는 $\angle FPF'$의 이등분선이므로 $\overline{PF} : \overline{PF'} = \overline{QF} : \overline{QF'}$가 성립한다.

따라서
$$6 - 2a : 2a = 4 - x : x$$
$$6x - 2ax = 8a - 2ax$$
$$a = \frac{3}{4} x$$

직각삼각형 $H_1 FQ$에서
$\overline{FH} = 6 - 3a$, $\overline{QH_1} = \sqrt{x^2 - a^2}$, $\overline{FQ} = 4 - x$이므로
$$(6 - 3a)^2 + (x^2 - a^2) = (4 - x)^2$$
$$36 - 36a + 9a^2 + x^2 - a^2 = 16 - 8x + x^2$$
$$8a^2 - 36a + 20 + 8x = 0$$
$$8\left(\frac{9}{16} x^2\right) - 36\left(\frac{3}{4} x\right) + 20 + 8x = 0$$
$$\frac{9}{2} x^2 - 19x + 20 = 0$$
$$9x^2 - 38x + 40 = 0$$
$$(x - 2)(9x - 20) = 0$$
$$x = 2 \ \text{또는} \ x = \frac{20}{9}$$

점 P가 제1사분면 위의 점이므로 $\overline{PF} < \overline{PF'}$이다.

따라서 $\overline{QF} < \overline{QF'}$이므로 $x > 2$이다.

그러므로 $\overline{PQ} = \dfrac{20}{9}$

$x = \dfrac{20}{9}$이므로 $9x = 20$

08 정답 ③

[그림 : 최성훈T]

점 P의 좌표를 (x_1, y_1)이라 하면 포물선 $y^2 = -2x$ 위의 점 P에서의 접선의 방정식은 $y_1 y = -(x + x_1)$이므로 점 Q의 좌표는 $(-x_1, 0)$이다.

삼각형의 외접원은 세 변의 수직이등분선의 교점이다.

따라서 선분 PQ가 세 점 P, Q, R를 지나는 원의 현이므로 원의 중심은 선분 PQ의 수직이등분선 위에 있다.

선분 PQ의 중점의 x좌표가 $\dfrac{x_1+(-x_1)}{2}=0$이므로 선분 PQ의 중점은 y축 위에 있다. 이때 원의 중심이 y축 위에 있으므로 선분 PQ의 중점이 원의 중심이다.

즉, 선분 PQ가 세 점 P, 원의 중심, Q를 지나는 원의 지름이다.

(나)에서 지름의 길이가 $2\sqrt{5}$이므로

$$\overline{PQ}^2=20$$
$$\{x_1-(-x_1)\}^2+(y_1-0)^2=20$$
$$4x_1^2+y_1^2=20$$

이때 $y_1^2=-2x_1$이므로 $y_1^4=4x_1^2$이다.

따라서

$$y_1^4+y_1^2-20=0$$
$$(y_1^2-4)(y_1^2+5)=0$$
$$y_1^2=4에서$$
$$y_1=2\ (\because y_1>0)$$

원의 중심은 $\left(\dfrac{x_1+(-x_1)}{2},\ \dfrac{y_1}{2}\right)=(0,\ 1)$이다.

따라서 $x^2+(y-1)^2=5$

포물선의 준선의 방정식은 $x=\dfrac{1}{2}$이므로

$$\dfrac{1}{4}+(y-1)^2=5$$
$$(y-1)^2=\dfrac{19}{4}$$
$$y-1=\pm\dfrac{\sqrt{19}}{2}$$
$$y=1\pm\dfrac{\sqrt{19}}{2}$$

따라서 $R\left(\dfrac{1}{2},\ 1+\dfrac{\sqrt{19}}{2}\right)$, $S\left(\dfrac{1}{2},\ 1-\dfrac{\sqrt{19}}{2}\right)$

그러므로 점 R와 점 S의 y좌표의 곱은

$$\left(1+\dfrac{\sqrt{19}}{2}\right)\times\left(1-\dfrac{\sqrt{19}}{2}\right)=1-\dfrac{19}{4}=-\dfrac{15}{4}$$

09 정답 4

쌍곡선의 정의에 의해 $\overline{PF'}-\overline{PF}=8$이므로 $\overline{PF'}=\overline{PF}+8$

따라서

$$\overline{PQ}+\overline{PF'}=\overline{PQ}+\overline{PF}+8\geq\overline{QF}+8=20$$
$$\therefore\ \overline{QF}=12$$

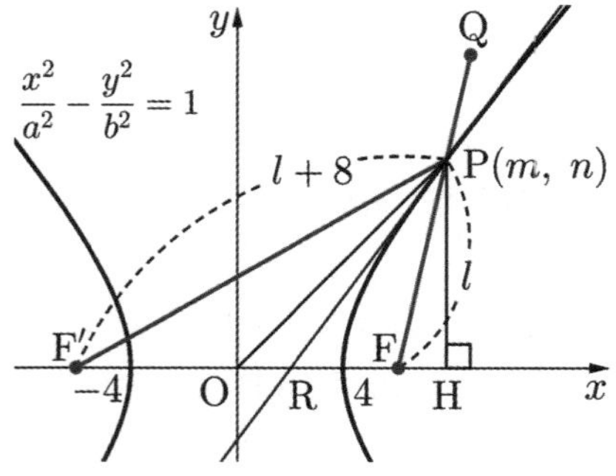

그림과 같이 $\overline{PF}=l$이라 하면 $\overline{PF'}=l+8$

$\overline{QF}=12$일 때의 점 $P(m,\ n)$이라 하면 접선의 방정식은 $\dfrac{mx}{16}-\dfrac{ny}{b^2}=1$이다.

접선의 x절편이 $R\left(\dfrac{c}{3},\ 0\right)$이므로 대입하면 $\dfrac{m}{16}\times\dfrac{c}{3}=1$에서 $m=\dfrac{48}{c}$이다.

한편, 삼각형 $PF'F$에서

$$(l+8)^2+l^2=2\left(\overline{OP}^2+c^2\right)\cdots\ominus\ (\text{by 중선 정리})$$

직각삼각형 POH에서 $\overline{OP}^2=m^2+n^2\ \cdots\bigcirc$

직각삼각형 PFH에서 $l^2=(c-m)^2+n^2\ \cdots\boxdot$

$\bigcirc-\boxdot$을 하면 $\overline{OP}^2-l^2=-c^2+2cm$이고 $m=\dfrac{48}{c}$이므로

$\overline{OP}^2=l^2-c^2+96$이다. $\ominus$에 대입하면

$$(l+8)^2+l^2=2(l^2+96)$$
$$16l+64=192$$
$$\therefore\ l=8$$
$$\therefore\ \overline{PF}=8$$
$$\therefore\ \overline{PQ}=\overline{QF}-\overline{PF}=12-8=4$$

따라서 $\overline{PQ}=4$

[다른 풀이]

쌍곡선의 정의에 의해 $\overline{PF'}-\overline{PF}=8$이므로

$\overline{PF'}=\overline{PF}+8$

따라서

$$\overline{PQ}+\overline{PF'}=\overline{PQ}+\overline{PF}+8\geq\overline{QF}+8=20$$
$$\therefore\ \overline{QF}=12$$

한편, 쌍곡선 위의 점에서의 접선은 접점과 두 초점

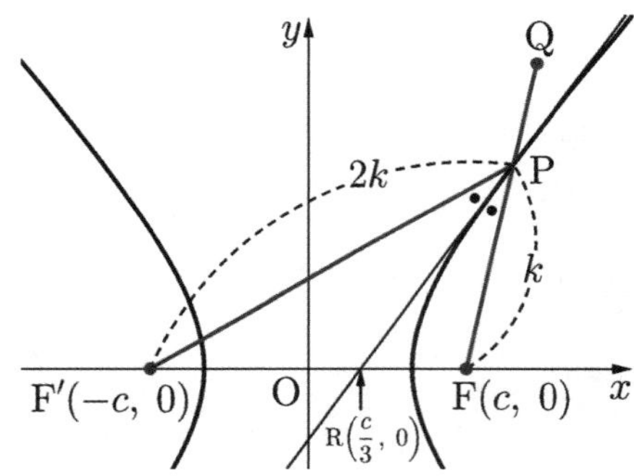

을 연결한 두 선분 사이의 각을 이등분하므로

$\overline{PF'}:\overline{PF}=\overline{F'R}:\overline{FR}$ 이 성립한다. **[랑데뷰세미나(232) 참고]**

따라서 $\overline{FF'}=2c$, $\overline{FR}=\dfrac{2}{3}c$이므로 $\overline{F'R}=\dfrac{4}{3}c$이다.

따라서 $\overline{PF'}:\overline{PF}=2:1$

$\overline{PF}=k$라 하면 $\overline{PF'}-\overline{PF}=2k-k=8$에서 $k=8$

$$\therefore\ \overline{PF}=8$$
$$\therefore\ \overline{PQ}=\overline{QF}-\overline{PF}=12-8=4$$

따라서 $\overline{PQ}=4$

10 정답 2

점 P $(a,\,b)$는 $y^2=4x$ 위의 점이므로 $b^2=4a$
원 C는 준선에 접하므로 반지름의 길이는 $a+1$이다.

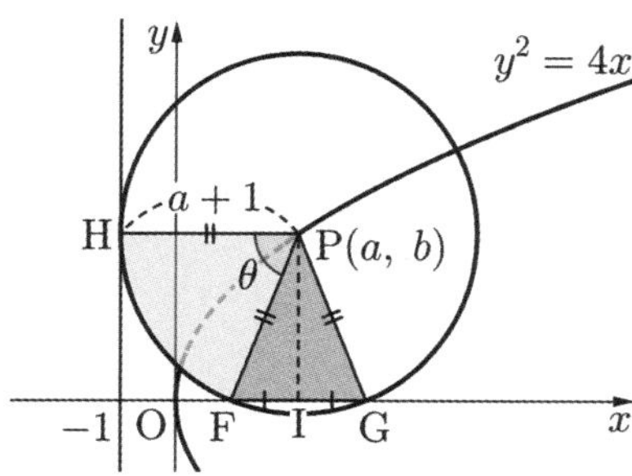

H $(-1,\,b)$, F $(1,\,0)$이고 $a\to\infty$일 때 (호 HF의 길이) $\fallingdotseq \overline{\text{HF}}$
이므로 $(a+1)\theta \fallingdotseq \sqrt{4+b^2}$ (by 랑데뷰팁)

$$\therefore\ \theta=\frac{\sqrt{4a+4}}{a+1}\ \left(\because b^2=4a\right)$$

따라서

$$S(a)=\frac{1}{2}\times(a+1)^2\times\frac{\sqrt{4a+4}}{a+1}=(a+1)\sqrt{a+1}$$

삼각형 PFG는 $\overline{\text{PF}}=\overline{\text{PG}}$인 이등변삼각형이므로 $\overline{\text{FG}}$의 중점을
I라 하면

$$\angle\text{PIF}=\frac{\pi}{2},\ \overline{\text{PI}}=b=2\sqrt{a}$$

따라서 $\overline{\text{FI}}=\sqrt{(a+1)^2-b^2}=a-1$

$$\therefore\ \overline{\text{FG}}=2(a-1)$$

따라서 $T(a)=\dfrac{1}{2}\times\overline{\text{FG}}\times\overline{\text{PI}}=2(a-1)\sqrt{a}$

$$\lim_{a\to\infty}\frac{T(a)}{S(a)}=\lim_{a\to\infty}\frac{2(a-1)\sqrt{a}}{(a+1)\sqrt{a+1}}=2$$

[랑데뷰팁]

$\angle\text{HPF}=\angle\text{PFI}$에서 $\tan\theta=\dfrac{\overline{\text{PI}}}{\overline{\text{FI}}}=\dfrac{b}{a-1}=\dfrac{2\sqrt{a}}{a-1}$

$\lim_{a\to\infty}\tan\theta=\lim_{a\to\infty}\dfrac{2\sqrt{a}}{a-1}=0$

따라서 $\theta\to0$이므로 $a\to\infty$일 때 호 $\text{HF}\fallingdotseq\overline{\text{HF}}$

[다른 풀이]–김진성T

P에서 x축에 내린 수선의 발을 점 M이라 하자.
삼각형 PFG의 넓이는

$$\frac{1}{2}\overline{\text{FG}}\times\overline{\text{PM}}=\frac{1}{2}(2a-2)(\sqrt{4a})=(a-1)\sqrt{4a}$$

부채꼴 PHF의 넓이는 $\dfrac{1}{2}(a+1)^2\theta$ 이고 $\sin\theta=\dfrac{\sqrt{4a}}{a+1}$이며

$a\to\infty$이면 $\sin\theta\to0$가 된다.

$$\lim_{a\to\infty}\frac{T(a)}{S(a)}=\lim_{a\to\infty}\frac{2(a-1)\sqrt{4a}}{(a+1)^2\theta}$$

$$=\lim_{a\to\infty}\left\{\frac{2(a-1)\sqrt{4a}}{(a+1)^2}\times\frac{\sin\theta}{\theta}\times\frac{1}{\sin\theta}\right\}$$

$\sin\theta=\dfrac{\sqrt{4a}}{a+1}$를 대입해서 정리하면)

$$=\lim_{a\to\infty}\left\{\frac{2(a-1)}{(a+1)}\times\frac{\sin\theta}{\theta}\right\}$$

$$=\lim_{a\to\infty}\frac{2(a-1)}{(a+1)}\times\lim_{\theta\to0}\frac{\sin\theta}{\theta}=2$$

---

11 정답 ②

(나)에서 $\angle\text{AFO}=60°$이므로 $\angle\text{OAF}=60°$이다.
따라서 삼각형 OAF는 한 변의 길이가 2인 정삼각형이다.

$$\therefore\ \overline{\text{AF}}=2$$

삼각형 AF$'$F에서 파푸스 중선정리를 적용하면

$$\overline{\text{AF}'}^2+\overline{\text{AF}}^2=2\left(\overline{\text{AO}}^2+\overline{\text{OF}}^2\right)\Rightarrow\overline{\text{AF}'}^2+4=2(4+4)$$

따라서 $\overline{\text{AF}'}=2\sqrt{3}$
따라서 삼각형 AF$'$F는 직각삼각형이다.
다음 그림과 같다.

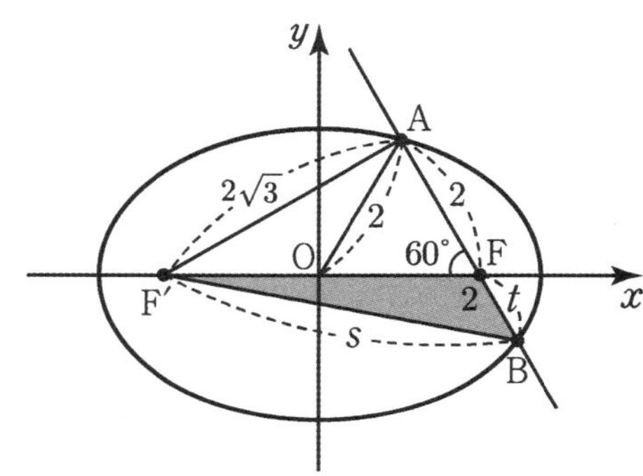

$\overline{\text{BF}}=t$, $\overline{\text{BF}'}=s$라 두면 $t+s=2\sqrt{3}+2\cdots$㉠
직각삼각형 AF$'$B에 피타고라스 정리를 적용하면
$\left(2\sqrt{3}\right)^2+(2+t)^2=s^2\cdots$㉡이다.
㉠, ㉡을 연립하여 t를 구하면

$$12+(2+t)^2=\left(2\sqrt{3}+2-t\right)^2$$

$$16+4t+t^2=12+4+t^2+8\sqrt{3}-4t-4\sqrt{3}\,t$$

$t=4\sqrt{3}-6$이다.
따라서 $\angle A=90°$이므로 삼각형 FBF$'$의 넓이는

$$\frac{1}{2}\times\left(4\sqrt{3}-6\right)\times2\sqrt{3}=12-6\sqrt{3}$$

[다른 풀이]

$\angle\text{BFF}'=120°$이고
$\overline{\text{F}'\text{F}}=4$, $\overline{\text{FB}}=4\sqrt{3}-6$이므로 삼각형 FBF$'$의 넓이는

$$\frac{1}{2}\times4\times\left(4\sqrt{3}-6\right)\times\frac{\sqrt{3}}{2}=12-6\sqrt{3}$$

12 정답 45

쌍곡선의 접선의 방정식이 $ax-by=1\cdots\bigcirc$이고 포물선

$y^2=4ax$의 준선은 $x=-a$이므로

$\bigcirc$의 식에 $x=-a$를 대입하면 $y=-\dfrac{a^2+1}{b}$

따라서 $A\left(-a,\,-\dfrac{a^2+1}{b}\right)$

또한 점근선의 방정식이 $y=x$이므로 $\bigcirc$의 식에 $y=x$를

대입하면 $x=\dfrac{1}{a-b}$

따라서 $B\left(\dfrac{1}{a-b},\,\dfrac{1}{a-b}\right)$

점 B에서 준선 $x=-a$에 내린 수선의 발 C의 좌표는

$\left(-a,\,\dfrac{1}{a-b}\right)$이다.

한편, $P(a,\,b)$가 쌍곡선 위의 점이므로 $a^2-b^2=1$에서

$b^2=a^2-1$

$\therefore b=\sqrt{a^2-1}\ (\because b>0)$

따라서 $A\left(-a,\,-\dfrac{a^2+1}{\sqrt{a^2-1}}\right)$,

$B\left(\dfrac{1}{a-\sqrt{a^2-1}},\,\dfrac{1}{a-\sqrt{a^2-1}}\right)$

$=B\left(a+\sqrt{a^2-1},\,a+\sqrt{a^2-1}\right)$

$C\left(-a,\,\dfrac{1}{a-\sqrt{a^2-1}}\right)=C\left(-a,\,a+\sqrt{a^2-1}\right)$

따라서

$\overline{BC}=2a+\sqrt{a^2-1}$,

$\overline{AC}=a+\sqrt{a^2-1}+\dfrac{a^2+1}{\sqrt{a^2-1}}=a+\dfrac{2a^2}{\sqrt{a^2-1}}$

$S(a)=\dfrac{1}{2}\times\left(2a+\sqrt{a^2-1}\right)\times\left(a+\dfrac{2a^2}{\sqrt{a^2-1}}\right)$

$\quad=\dfrac{1}{2}\left(2a^2+\dfrac{4a^3}{\sqrt{a^2-1}}+a\sqrt{a^2-1}+2a^2\right)$

$\quad=\dfrac{1}{2}\left(4a^2+\dfrac{5a^3-a}{\sqrt{a^2-1}}\right)$

$\quad=2a^2+\dfrac{5a^3-a}{2\sqrt{a^2-1}}$

$\lim\limits_{a\to\infty}\dfrac{S(a)}{a^2}=\lim\limits_{a\to\infty}\left(2+\dfrac{5a^3-a}{2a^2\sqrt{a^2-1}}\right)=2+\dfrac{5}{2}=\dfrac{9}{2}$

$k=\dfrac{9}{2}$이므로 $10k=45$

---

13 정답 36

초점 $F(5,\,0)$, $F'(-5,\,0)$에서 점 P의 좌표를 $P(x_1,\,y_1)$라

하면 접선의 방정식은 $\dfrac{x_1x}{9}-\dfrac{y_1y}{16}=1$

접선의 x절편은 $\dfrac{9}{x_1}\Rightarrow Q\left(\dfrac{9}{x_1},\,0\right)$

$P(x_1,\,y_1)$에서 접선에 수직인 직선의 방정식은

$y-y_1=-\dfrac{9y_1}{16x_1}(x-x_1)$

접선에 수직인 직선의 x절편은

$\dfrac{25}{9}x_1\Rightarrow R\left(\dfrac{25}{9}x_1,\,0\right)$

세 삼각형의 높이는 모두 같으므로 세 삼각형의 밑변의 길이가

등차수열을 이룬다.

$\overline{QF}=5-\dfrac{9}{x_1}$, $\overline{RF}=\dfrac{25}{9}x_1-5$, $\overline{QF'}=\dfrac{9}{x_1}+5$

$2\left(\dfrac{25}{9}x_1-5\right)=\left(5-\dfrac{9}{x_1}\right)+\left(\dfrac{9}{x_1}+5\right)$

$\dfrac{25}{9}x_1-5=5$

$x_1=10\times\dfrac{9}{25}=\dfrac{18}{5}$

따라서 $10x_1=36$

---

14 정답 2

그림과 같이 포물선의 준선을 l이라 하고, 점 C에서 l에 내린

수선의 발을 H, 직선 l과 x축과의 교점을 P라 하자.

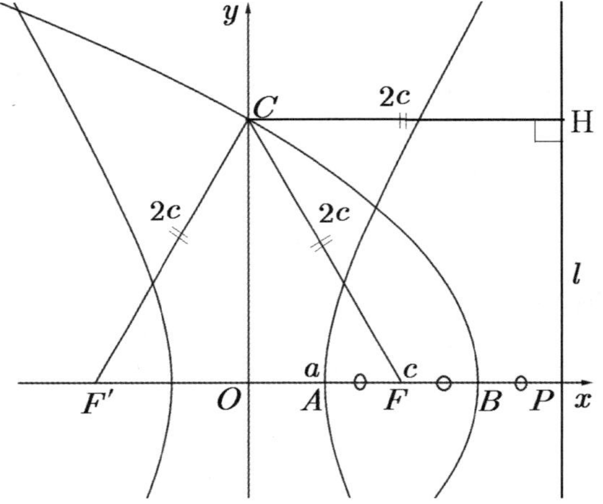

삼각형 $CF'F$은 정삼각형이고 포물선의 정의에 의해

$\overline{CF}=\overline{CH}$이므로 $\overline{CF}=\overline{CH}=\overline{FF'}=2c$

또한 $\overline{OF}=c$, $\overline{OA}=a$이므로 $\overline{AF}=c-a$이다.

따라서 $\overline{AF}=\overline{BF}=\overline{PB}=c-a$

$\overline{OP}=\overline{CH}\Rightarrow a+3(c-a)=2c$

$\therefore c=2a$

쌍곡선 $\dfrac{x^2}{a^2}-\dfrac{y^2}{12}=1$에서 $a^2+12=c^2$이므로

$a^2+12=4a^2\Rightarrow 3a^2=12$

따라서 $a=2$

15 정답 ③

$\overline{PF'} = a$, $\overline{PF} = b$라 하면 쌍곡선 $\dfrac{x^2}{9} - \dfrac{y^2}{30} = 1$의 꼭짓점이

$(-3, 0)$, $(3, 0)$이므로 주축의 길이가 6이다.

$a - b = 6 \cdots \bigcirc$이다.

$F'(-\sqrt{39}, 0)$, $F(\sqrt{39}, 0)$이므로 $\overline{F'F} = 2\sqrt{39}$이다.

따라서 원의 지름의 길이가 $2\sqrt{39}$

$\overline{QF'}^2 + \overline{QF}^2 = (2\sqrt{39})^2$에서 $\overline{QF'} = a + 2$,

$\overline{QF} = \sqrt{b^2 - 2^2}$이므로

$(a+2)^2 + \left(\sqrt{b^2 - 4}\right)^2 = 156$

$a^2 + 4a + b^2 = 156$

$\bigcirc$에서

$a^2 + 4a + (a-6)^2 - 156 = 0$

$2a^2 - 8a - 120 = 0$

$a^2 - 4a - 60 = 0$

따라서 $a = 10$

$\therefore a = 10$, $b = 4$

삼각형 FQF'의 넓이는

$$\frac{1}{2} \times \overline{QF'} \times \overline{QF} = \frac{1}{2} \times (a+2) \times \sqrt{b^2 - 4}$$
$$= \frac{1}{2} \times 12 \times 2\sqrt{3} = 12\sqrt{3}$$

16 정답 15

우선 직선 l을 구하자.

$-2x = 4 \times \dfrac{y+1}{2} \rightarrow y = -x - 1$

(가)에서 $a = 2b$이다.

따라서 $C : \dfrac{x^2}{4b^2} + \dfrac{y^2}{b^2} = 1$

타원 C 위의 임의의 점을 (p, q)라고 하면

$\dfrac{p^2}{4b^2} + \dfrac{q^2}{b^2} = 1$에서 $p^2 + 4q^2 = 4b^2 \cdots \bigcirc$이고

점 (p, q)에서의 접선의 방정식 $\dfrac{px}{4b^2} + \dfrac{qy}{b^2} = 1$이므로 기울기가

$-\dfrac{p}{4q}$이다.

(나)에서 $-\dfrac{p}{4q} = 1$

$\therefore p = -4q$

$\bigcirc$에 대입하면 $16q^2 + 4q^2 = 4b^2$

$\therefore q^2 = \dfrac{b^2}{5}$

$\therefore q = \pm \dfrac{b}{\sqrt{5}}$

따라서 $Q_1\left(\dfrac{4b}{\sqrt{5}}, -\dfrac{b}{\sqrt{5}}\right)$, $Q_2\left(-\dfrac{4b}{\sqrt{5}}, \dfrac{b}{\sqrt{5}}\right)$라 할 수 있다.

$\triangle PQ_1Q_2$의 넓이를 S라 할 때 사선공식에서

$$S = \frac{1}{2} \begin{vmatrix} -2 & \dfrac{4b}{\sqrt{5}} & -\dfrac{4b}{\sqrt{5}} & -2 \\ 1 & -\dfrac{b}{\sqrt{5}} & \dfrac{b}{\sqrt{5}} & 1 \end{vmatrix} = 2\sqrt{5}$$

에서 $a = 10$, $b = 5$

따라서 $a + b = 15$

17 정답 3

원 D의 반지름의 길이를 r이라 하고 점 A의 좌표를 (a, b)라

하면 원 D의 방정식은

$D : (x-a)^2 + (y-b)^2 = r^2$이다.

(i) 점 B가 원 D 내부 또는 경계에 있으려면

$(1-a)^2 + b^2 \le r^2$이 성립한다.

(ii) 원 D가 원 C의 내부에 있으려면 (경계가 겹치며)

두 원의 중심사이 거리가 두 원의 반지름의 길이의 차 보다

작거나 같아야 한다.

따라서 $\sqrt{a^2 + b^2} \le |2 - r|$

(i), (ii)에서

$\sqrt{(1-a)^2 + b^2} \le r \le 2 - \sqrt{a^2 + b^2} \cdots \bigcirc$이 성립한다.

즉, $\sqrt{a^2 + b^2} + \sqrt{(a-1)^2 + b^2} \le 2$

이 식은 (a, b)에서 $(0, 0)$과 $(1, 0)$에 이르는 거리의 합이 2보다

작거나 같다는 것을 의미한다.

(a, b)에서 $(0, 0)$과 $(1, 0)$에 이르는 거리의 합이 2일 때는

(a, b)는 $(0, 0)$과 $(1, 0)$을 두 초점으로 하고 장축의 길이가 2인

타원을 의미한다.

중심이 $\left(\dfrac{1}{2}, 0\right)$이고 중심에서 두 초점 사이의 거리가 $\dfrac{1}{2}$이므로

점 (a, b)는 타원 $\dfrac{\left(x - \dfrac{1}{2}\right)^2}{1} + \dfrac{y^2}{\dfrac{3}{4}} = 1$ 내부 및 경계의 점이다.

따라서 $x = a$와 타원이 만날 때 두 점 사이 거리의 최댓값은

타원의 단축의 길이이다.

$\left(x - \dfrac{1}{2}\right)^2 + \dfrac{y^2}{\dfrac{3}{4}} = 1$의 단축의 길이는 $2\sqrt{\dfrac{3}{4}} = \sqrt{3}$이다.

따라서 $M = \sqrt{3}$

$\therefore M^2 = 3$이다.

[다른 풀이]

$\bigcirc$에서 $\sqrt{(1-a)^2 + b^2} \le 2 - \sqrt{a^2 + b^2}$ 양변 제곱하면

$a^2 - 2a + 1 + b^2 \le 4 - 4\sqrt{a^2 + b^2} + a^2 + b^2$

$4\sqrt{a^2 + b^2} \le 3 + 2a \rightarrow \sqrt{a^2 + b^2} \le \dfrac{3}{4} + \dfrac{1}{2}a$

$a^2 + b^2 \le \dfrac{9}{16} + \dfrac{3}{4}a + \dfrac{1}{4}a^2 \rightarrow \dfrac{3}{4}a^2 - \dfrac{3}{4}a + b^2 \le \dfrac{9}{16}$

$\dfrac{3}{4}\left(a - \dfrac{1}{2}\right)^2 + b^2 \le \dfrac{3}{4} \rightarrow \dfrac{\left(a - \dfrac{1}{2}\right)^2}{1} + \dfrac{b^2}{\dfrac{3}{4}} \le 1$

따라서 (a, b)는 타원 $\left(x - \dfrac{1}{2}\right)^2 + \dfrac{y^2}{\dfrac{3}{4}} = 1$ 내부 및 경계의

점이다.

18 정답 48

다음 그림과 같이 타원 위의 임의의 점을 $(4\cos\alpha, 2\sin\alpha)$라
하고 그 점에서 접하는 접선을 l이라 하자.

$$l : \frac{\cos\alpha\, x}{4} + \frac{\sin\alpha\, y}{2} = 1$$

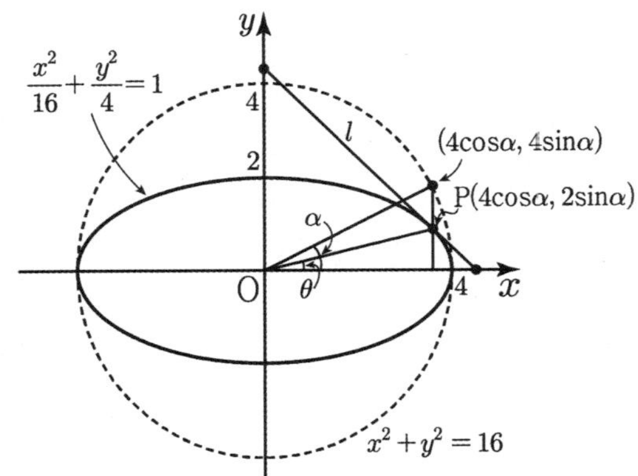

접선 l의 x, y절편이 각각 $\dfrac{4}{\cos\alpha}$, $\dfrac{2}{\sin\alpha}$이므로 접선 l의

제1사분면의 부분의 길이는 $\sqrt{\left(\dfrac{4}{\cos\alpha}\right)^2 + \left(\dfrac{2}{\sin\alpha}\right)^2}$이다.

$$\sqrt{\left(\frac{4}{\cos\alpha}\right)^2 + \left(\frac{2}{\sin\alpha}\right)^2}$$
$$= \sqrt{\left\{\left(\frac{4}{\cos\alpha}\right)^2 + \left(\frac{2}{\sin\alpha}\right)^2\right\}(\cos^2\alpha + \sin^2\alpha)}$$
$$\geq \sqrt{(4+2)^2} = 6 \ (by \ \text{코시 부등식})$$
$$\therefore \ m = 6$$

등호는 $\dfrac{\dfrac{\cos\alpha}{4}}{\cos\alpha} = \dfrac{\dfrac{\sin\alpha}{2}}{\sin\alpha} \rightarrow \tan^2\alpha = \dfrac{1}{2}$

즉 $\tan\alpha = \dfrac{\sqrt{2}}{2}$일 때다.

한편, $\tan\theta = \dfrac{2\sin\alpha}{4\cos\alpha} = \dfrac{2}{4}\tan\alpha = \dfrac{\sqrt{2}}{4}$

$$\therefore \ k = \frac{\sqrt{2}}{4}$$

따라서 $\dfrac{m}{k^2} = \dfrac{6}{\dfrac{1}{8}} = 48$

[랑데뷰팁]

$\dfrac{x^2}{a^2} + \dfrac{y^2}{b^2} = 1 \ (a > 0, b > 0)$ 위의 점 P에서의 접선의

x, y절편의 좌표를 각각 A, B라 하고 $\overline{OP}$와 x축이 이루는

각을 θ라 할 때

① $\overline{AB} \geq a + b$

② $\triangle OAB \geq ab$

③ $\tan\theta = \left(\dfrac{b}{a}\right)^{\frac{3}{2}}$

[다른 풀이]

접점 P의 좌표를 (x_1, y_1)이라 하면

접선의 방정식 $\dfrac{x_1 x}{16} + \dfrac{y_1 y}{4} = 1$에서 x절편 $\left(\dfrac{16}{x_1}, 0\right)$,

y절편 $\left(0, \dfrac{4}{y_1}\right)$이므로

$$\sqrt{\left(\frac{16}{x_1}\right)^2 + \left(\frac{4}{y_1}\right)^2} = \sqrt{\left\{\left(\frac{16}{x_1}\right)^2 + \left(\frac{4}{y_1}\right)^2\right\} \times 1}$$
$$= \sqrt{\left\{\left(\frac{16}{x_1}\right)^2 + \left(\frac{4}{y_1}\right)^2\right\}\left\{\left(\frac{x_1}{4}\right)^2 + \left(\frac{y_1}{2}\right)^2\right\}} \geq \sqrt{(4+2)^2}$$

(by 코시 부등식)

따라서 $m = 6$

한편 등호는 $\dfrac{\dfrac{x_1}{4}}{\dfrac{16}{x_1}} = \dfrac{\dfrac{y_1}{2}}{\dfrac{4}{y_1}}$일 때 성립하므로

$$\tan\theta = \frac{y_1}{x_1} = \frac{1}{2\sqrt{2}} = \frac{\sqrt{2}}{4}$$

19 정답 ③

양수 t, s에 대해 C(t, s), D$(t, -s)$라 하고 직선 AC와
BD의 교점 P(x, y)라 두자.

$$\frac{t^2}{a^2} + \frac{s^2}{b^2} = 1 \quad \cdots ①$$

직선 AC의 방정식은 $y = \dfrac{s}{t-a}(x-a)$에서

$$(t-a)y = s(x-a) \quad \cdots ②$$

직선 BD의 방정식은 $y = \dfrac{-s}{t+a}(x+a)$

$$(t+a)y = -s(x+a) \quad \cdots ③$$

②, ③의 양변을 변변 나누면 (③÷②)

$$\frac{t+a}{t-a} = -\frac{x+a}{x-a} \rightarrow 1 + \frac{2a}{t-a} = -\frac{x+a}{x-a} \rightarrow$$
$$\frac{2a}{t-a} = \frac{-2x}{x-a} \rightarrow \frac{t-a}{2a} = -\frac{1}{2} + \frac{a}{2x}$$
$$\rightarrow t-a = -a + \frac{a^2}{x}$$
$$\therefore \ t = \frac{a^2}{x}$$

이것을 ③에 대입하면

$$\left(\frac{a^2}{x} + a\right)y = -s(x+a) \rightarrow (x+a)\left(\frac{ay}{x}\right) = -s(x+a)$$
$$\therefore \ s = -\frac{ay}{x}$$

$t = \dfrac{a^2}{x}$, $s = -\dfrac{ay}{x}$ 을 ①에 대입하면

$$\dfrac{\dfrac{a^4}{x^2}}{a^2} + \dfrac{\dfrac{a^2 y^2}{x^2}}{b^2} = 1 \to \dfrac{a^2}{x^2} + \dfrac{a^2 y^2}{b^2 x^2} = 1 \to a^2 b^2 + a^2 y^2 = b^2 x^2 \to$$

$$b^2 x^2 - a^2 y^2 = a^2 b^2$$

$$\therefore \ \dfrac{x^2}{a^2} - \dfrac{y^2}{b^2} = 1 \ (단, (a, 0), (-a, 0)은 제외)$$

따라서 쌍곡선의 주축의 길이는 $2a$이다.

20 정답 36

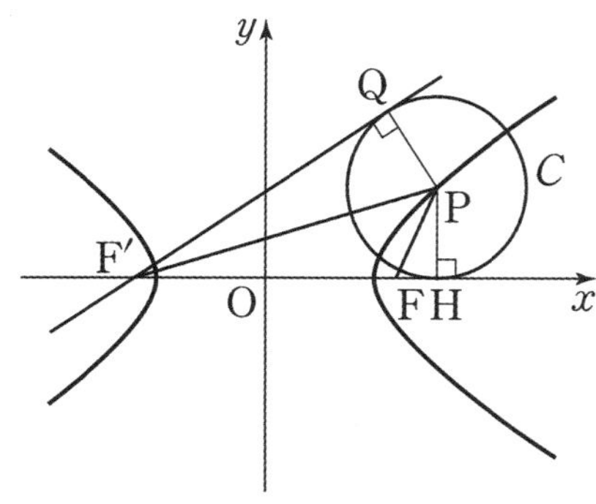

원 C와 x축의 교점을 H라 하면 선분 PH와 x축은 서로 수직이다.

두 직각삼각형 PQF'과 PHF'은 서로 합동이고 $\overline{QF'} = 9$이므로 $\overline{F'H} = \overline{QF'} = 9$이고 $\overline{F'F} = 8$이므로 $\overline{FH} = 1$이다.

$\overline{PF'} = m$, $\overline{PF} = n$이라 하면

직각삼각형 $PF'Q$에서

$$\overline{PQ} = \sqrt{m^2 - 81}$$

직각삼각형 PFH에서

$$\overline{PH} = \sqrt{n^2 - 1}$$

$$\overline{PQ} = \overline{PH}$$

$$\sqrt{m^2 - 81} = \sqrt{n^2 - 1}$$

$$m^2 - n^2 = 80 \ \cdots \ ㉠$$

삼각형 $PF'F$의 둘레의 길이가 24이므로

$m + n + 8 = 28$에서

$$m + n = 20 \ \cdots\cdots \ ㉡$$

㉠, ㉡에서

$$m^2 - n^2 = (m+n)(m-n)$$
$$= 20 \times (m - n)$$
$$= 80$$

$$m - n = 4$$

이때 $m - n$은 쌍곡선의 주축의 길이이므로 $\dfrac{x^2}{a^2} - \dfrac{y^2}{b^2} = 1$에서

$2a = 4$, $a^2 = 4$

$a^2 + b^2 = 16$, $b^2 = 12$

그러므로 쌍곡선의 방정식은

$$\dfrac{x^2}{4} - \dfrac{y^2}{12} = 1 \text{이다.}$$

따라서 $x = 4$, $y = \alpha$을 대입하면

$$4 - \dfrac{\alpha^2}{12} = 1$$

$$\alpha^2 = 36$$

21 정답 ④

[그림 : 이정배T]

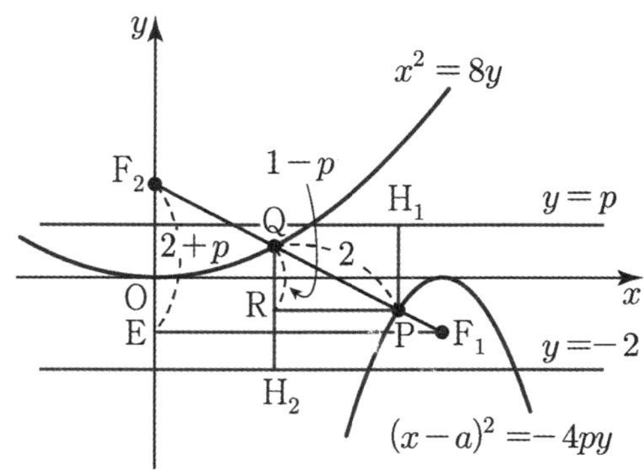

주어진 두 포물선의 방정식으로부터 $F_1(a, -p)$, $F_2(0, 2)$이다. 문제 조건에서 두 초점 사이의 거리가 5이므로

$$a^2 + (2 + p)^2 = 5^2$$

$$a^2 + p^2 = 21 - 4p \cdots ㉠$$

포물선 $(x-a)^2 = -4py$의 준선은 $y = p$이고 포물선 $x^2 = 8y$의 준선은 $y = -2$이다.

점 P에서 직선 $y = p$에 내린 수선의 발을 H_1라 하고 점 Q에서 직선 $y = -2$에 내린 수선의 발을 H_2라 하자.

$\overline{F_1 P} + \overline{F_2 Q} = 5 - 2 = 3$이므로 $\overline{PH_1} + \overline{QH_2} = 3$

점 P에서 직선 QH_2에 내린 수선의 발을 R라 하면

$$\overline{QR} = \overline{H_1 P} + \overline{H_2 Q} - (p + 2) = 3 - (p + 2) = 1 - p$$

한편, F_1에서 y축에 내린 수선의 발을 E라 하면 $\overline{F_2 E} = 2 + p$이고 삼각형 $F_2 EF_1$과 삼각형 QRP은 닮은 관계이고 닮음비가 $5 : 2$이다.

따라서 $\overline{QR} = \dfrac{2}{5}\overline{F_2 E} = \dfrac{2}{5}(2 + p)$

그러므로

$$1 - p = \dfrac{2}{5}(2 + p)$$

$$5 - 5p = 4 + 2p$$

$$7p = 1$$

$$\therefore \ p = \dfrac{1}{7}$$

㉠에서 $a^2 + p^2 = 21 - \dfrac{4}{7} = \dfrac{143}{7}$

점 P의 좌표를 (p, q)라 하고 P에서 접선의 방정식을 구해보자.

$$\frac{px}{a^2} - \frac{qy}{b^2} = 1$$

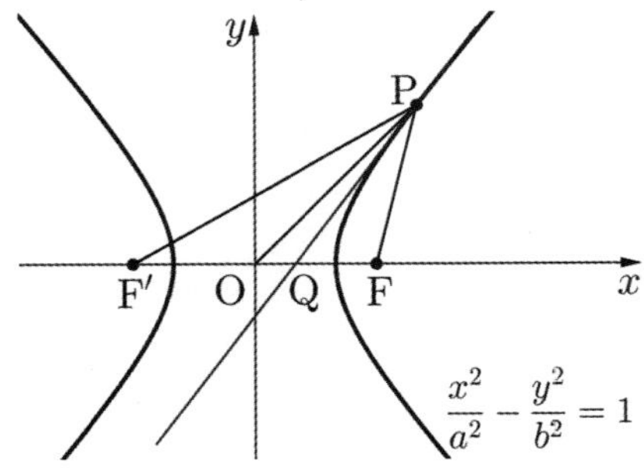

접선의 x절편은 $x = \dfrac{a^2}{p}$이다.

$p = a^2$이므로 접선과 x축과의 교점은 $Q(1, 0)$이다.

따라서 $\overline{F'Q} = 4$, $\overline{FQ} = 2$

접선 PQ는 $\angle F'PF$의 각을 이등분 하므로

$\overline{PF'} : \overline{PF} = \overline{F'Q} : \overline{FQ} = 2 : 1$이다.

따라서 $\overline{PF} = k$이면 $\overline{PF'} = 2k$이다.

삼각형 PF'F에서 원점O는 선분 F'F의 중점이므로

중선 정리에서

$$\overline{PF'}^2 + \overline{PF}^2 = 2\left(\overline{PO}^2 + \overline{OF}^2\right)$$

$$(2k)^2 + (k)^2 = 2(12 - k^2 + 3^2)$$

$$5k^2 = -2k^2 + 42$$

$$k^2 = 6$$

[랑데뷰팁]

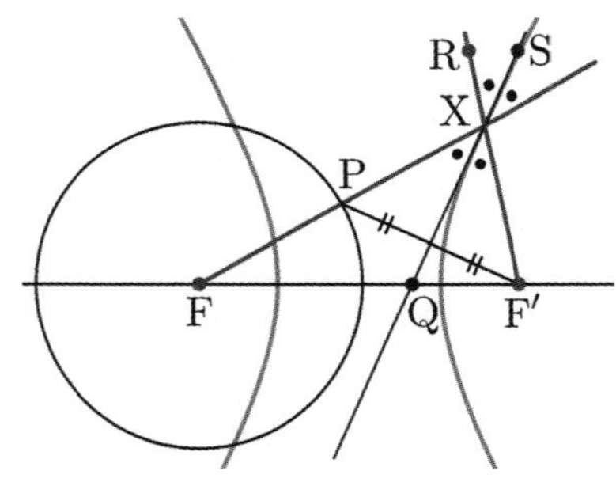

쌍곡선의 접선은 접점과 두 초점을 이은 선분이 이루는 각을 이등분한다.

➡ 그림에서 직선 XQ는 쌍곡선의 접선이다.

$\triangle XPQ \equiv \triangle XF'Q$에서 $\angle FXQ = \angle F'XQ \cdots \bigcirc$

➡ 따라서 $\overline{XF} : \overline{XF'} = \overline{FQ} : \overline{F'Q}$가 성립한다.

[출제자 : 서태욱T]

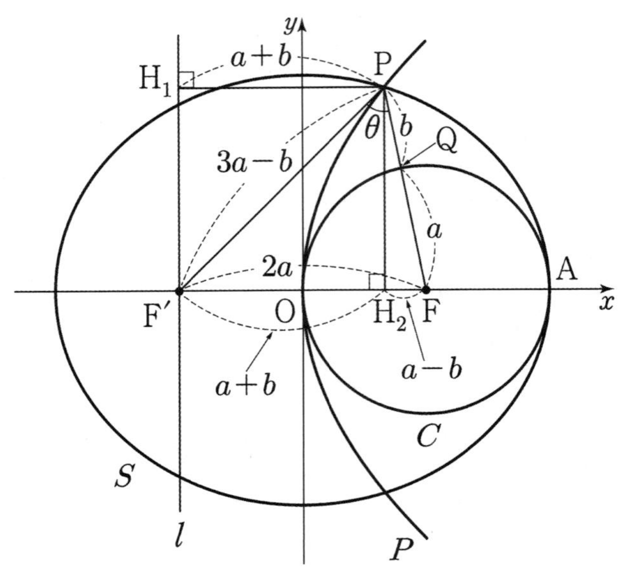

$\overline{FQ} = a$, $\overline{PQ} = b$라 하자.

포물선 P의 준선을 l이라 하고 점 P에서 직선 l에 내린 수선의 발을 H_1이라 하면 포물선의 정의에 의하여

$$\overline{PH_1} = \overline{PF} = a + b$$

이다.

또, 점 P에서 x축에 내린 수선의 발을 H_2라 하면

$$\overline{FH_2} = \overline{FF'} - \overline{PH_1} = 2a - (a + b) = a - b$$

이다.

한편 타원 S의 장축의 길이는 $4a$이므로 $\overline{PF'} + \overline{PF} = 4a$에서

$$\overline{PF'} = 4a - (a + b) = 3a - b$$

이다.

피타고라스 정리에 의하여

$$\overline{PF}^2 + \overline{FH_2}^2 = \overline{PF'}^2 + \overline{F'H_2}^2$$

이므로

$$(a + b)^2 - (a - b)^2 = (3a - b)^2 - (a + b)^2$$

$$\Rightarrow 4ab = 8a^2 - 8ab$$

$$\Rightarrow 2a - 3b = 0$$

$$\Rightarrow a : b = 3 : 2$$

$$\Rightarrow a = 3k, \ b = 2k \ (단, \ k는 \ 실수)$$

라 할 수 있다.

따라서 삼각형 PF'F에서 각 변의 길이를 k로 나타내면 다음과 같다.

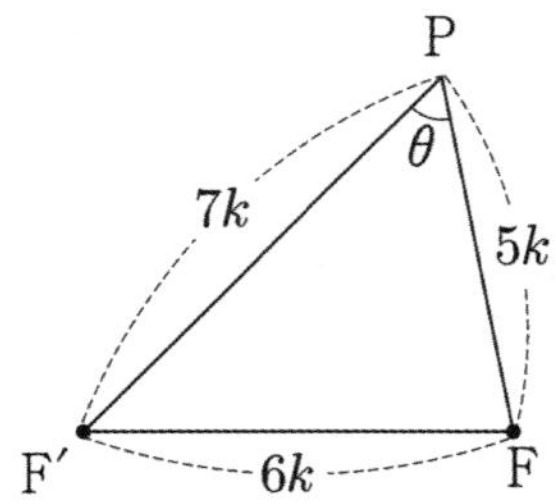

코사인법칙을 적용하면

$$\cos\theta = \frac{49k^2 + 25k^2 - 36k^2}{2 \times 7k \times 5k} = \frac{19}{35}$$

이다.

$p = 35$, $q = 19$이므로 $p + q = 54$이다.

24 정답 64

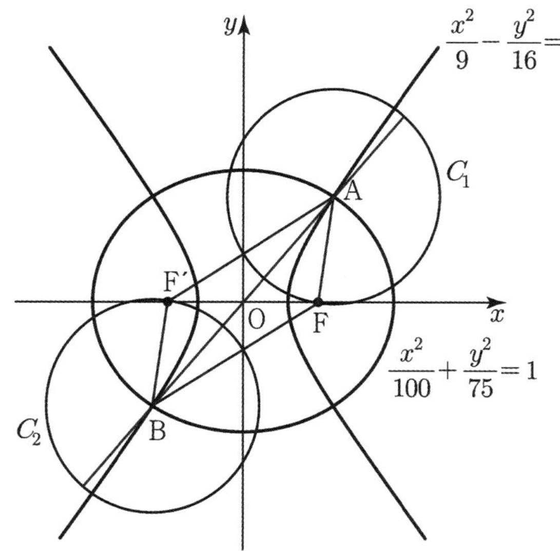

쌍곡선 $\dfrac{x^2}{9} - \dfrac{y^2}{16} = 1$의 꼭짓점은 $(-3,\ 0)$, $(3,\ 0)$이고 초점의

좌표는 $\mathrm{F}(5,\ 0)$, $\mathrm{F}'(-5,\ 0)$이다. 또한 $\overline{\mathrm{AF}'} - \overline{\mathrm{AF}} = 6$

$$\cdots \ \text{㉠}$$

타원 $\dfrac{x^2}{100} + \dfrac{y^2}{75} = 1$의 장축의 길이는 20이므로 $\overline{\mathrm{AF}'} + \overline{\mathrm{AF}} = 20$

$$\cdots \ \text{㉡}$$

㉠, ㉡을 연립하면 $\overline{\mathrm{AF}'} = 13$, $\overline{\mathrm{AF}} = 7$

따라서 두 원 C_1, C_2의 반지름의 길이는 7이다.

중선정리에 의해

$\overline{\mathrm{AF}'}^2 + \overline{\mathrm{AF}}^2 = 2\left(\overline{\mathrm{AO}}^2 + \overline{\mathrm{FO}}^2\right)$이므로

$13^2 + 7^2 = 2\left(\overline{\mathrm{AO}}^2 + 5^2\right)$, $109 = \overline{\mathrm{AO}}^2 + 25$

따라서 $\overline{\mathrm{AO}} = 2\sqrt{21}$이고 $\overline{\mathrm{AB}} = 4\sqrt{21}$

원 C_1 위의 점 P와 원 C_2 위의 점 Q에 대하여 선분 PQ의

최댓값은 $4\sqrt{21} + 14$, 최솟값은 $4\sqrt{21} - 14$이므로 최댓값과

최솟값의 합은 $l = 8\sqrt{21}$

$$\therefore \ \frac{l^2}{21} = 64$$

25 정답 13

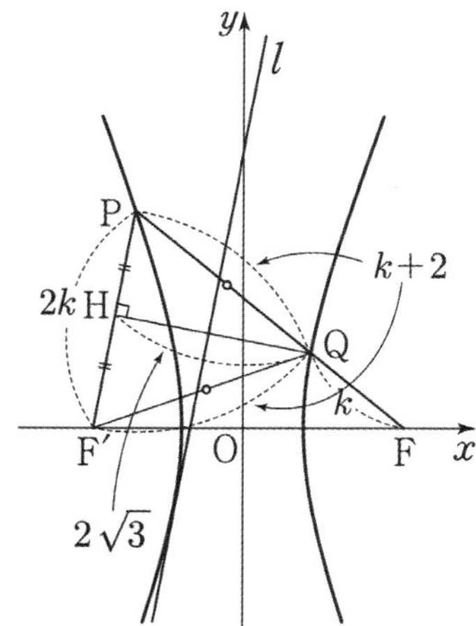

$\overline{\mathrm{QF}} = k$라 하면 조건 (가)에 의하여 $\overline{\mathrm{PF}'} = 2k$이다.

주축의 길이가 2이므로

$$\overline{\mathrm{PF}} - \overline{\mathrm{PF}'} = 2, \ \left(\overline{\mathrm{PQ}} + k\right) - 2k = 2$$

따라서 $\overline{\mathrm{PQ}} = k + 2$이다.

또, $\overline{\mathrm{QF}'} - \overline{\mathrm{QF}} = 2$이므로 $\overline{\mathrm{QF}'} = k + 2$이다.

이때 삼각형 PQF'는 이등변삼각형이므로 점 Q에서 직선

PF'에 내린 수선의 발 H는 선분 PF'의 중점이다.

즉, $\overline{\mathrm{PH}} = k$이므로 삼각형 PHQ에서 피타고라스 정리에 의해

$k = 2$이므로 $\angle \mathrm{QPH} = 60°$이다.

삼각형 PFF'에서 코사인법칙에 의하여

$$\overline{\mathrm{FF}'}^2 = 4^2 + 6^2 - 2 \times 4 \times 6 \times \cos 60° = 28$$

이므로 $\overline{\mathrm{FF}'} = 2\sqrt{7}$이다.

삼각형 PFF'에서 코사인법칙에 의하여

$$\cos\left(\angle \mathrm{PF}'\mathrm{F}\right) = \frac{4^2 + \left(2\sqrt{7}\right)^2 - 6^2}{2 \times 4 \times 2\sqrt{7}} = \frac{1}{2\sqrt{7}}$$

이므로 $\tan\left(\angle \mathrm{PF}'\mathrm{F}\right) = 3\sqrt{3}$이다.

한편 $\mathrm{F}\left(\sqrt{7},\ 0\right)$이므로 $1 + a^2 = \left(\sqrt{7}\right)^2$에서 $a^2 = 6$이다.

즉, 직선 PF'의 기울기는 $3\sqrt{3}$이므로 직선 l의 기울기도

$3\sqrt{3}$이다. 따라서 직선 l의 방정식은

$$l : y = 3\sqrt{3}\,x + \sqrt{1^2 \times \left(3\sqrt{3}\right)^2 - 6}$$

이다.

따라서 $l : y = 3\sqrt{3}\,x + \sqrt{21}$이므로 직선 l의 y절편은 $\sqrt{21}$,

x절편은 $-\dfrac{\sqrt{7}}{3}$이다.

구하는 넓이는 $\dfrac{1}{2} \times \dfrac{\sqrt{7}}{3} \times \sqrt{21} = \dfrac{7}{6}\sqrt{3}$이므로

$p + q = 6 + 7 = 13$이다.

26 정답 ⑤

점 P가 점 A에 위치할 때 R을 R_1이라 하면 $\overline{FA}=\overline{AR_1}$에서

R_1은 다음 그림과 같이 준선 $y=-\dfrac{9}{4}$ 위에 있다.

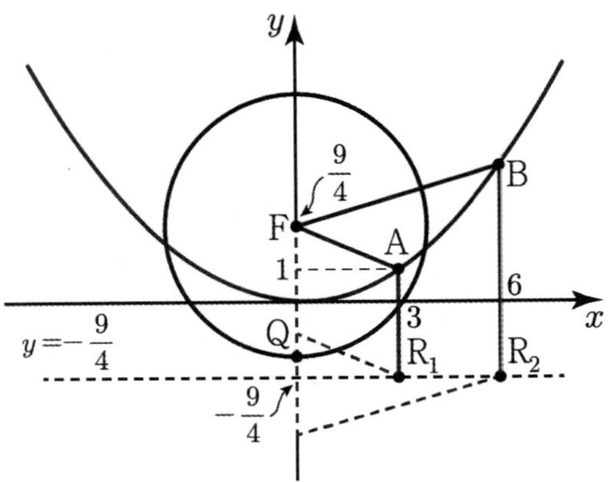

점 A의 x좌표가 3이므로 $R_1\left(3,\,-\dfrac{9}{4}\right)$이다.

점 P가 B에 도착할 때의 R의 위치를 R_2라 하면 R_2도 준선

위의 점이고 $\overline{R_1R_2}=3$이므로

$R_2\left(6,\,-\dfrac{9}{4}\right)$이다.

따라서 점 B의 x좌표는 6이다.

$\therefore\ B(6,\,4)$

$\therefore\ a=6,\,b=4$

따라서 $a\times b=24$

27 정답 ③

$\overline{PA}+\overline{PB}=k$라 하면 k값이 일정할 때, 점 P는 타원위의

점이다.

P의 좌표가 $P_1(0,\,2)$일 때,

$k=\sqrt{(-2)^2+2^2}+\sqrt{2^2+2^2}=4\sqrt{2}$

P의 좌표가 $P_2(-2,\,3)$일 때,

$k=\sqrt{0^2+3^2}+\sqrt{(-4)^2+3^2}=8$

이므로 점 P는 중심이 원점 O이고 두 초점의 좌표가

$A(-2,\,0)$, $B(2,\,0)$인 타원 중

장축의 길이가 $4\sqrt{2}\,(k=4\sqrt{2})$인 타원과 장축의 길이가

$8\,(k=8)$인 타원 사이에 있는 직사각형 위의 점이 된다.

x축에 두 초점이 있으므로 타원의 방정식

$\dfrac{x^2}{a^2}+\dfrac{y^2}{b^2}=1$에서 장축의 길이는 $2a$이다.

$2a=4\sqrt{2}$이면 $a=2\sqrt{2}$, $a^2-b^2=4$에서 $b^2=4$이다.

$\rightarrow\ \dfrac{x^2}{8}+\dfrac{y^2}{4}=1\ \leftarrow P_1(0,\,2)\cdots\bigcirc$

$2a=8$이면 $a=4$, $a^2-b^2=4$에서 $b^2=12$이다.

$\rightarrow\ \dfrac{x^2}{16}+\dfrac{y^2}{12}=1\ \leftarrow P_2(-2,\,3)$

즉, 그림[1]과 같이 점 P는 $\dfrac{x^2}{8}+\dfrac{y^2}{4}\geq 1$,

$\dfrac{x^2}{16}+\dfrac{y^2}{12}\leq 1$ 의 영역에 포함되는 직사각형 위를 움직인다.

$\bigcirc$에서 $\dfrac{x^2}{8}+\dfrac{y^2}{4}=1$위의 점 $P_1(0,\,2)$가 타원의 꼭짓점이므로

접선의 방정식은 $y=2$이다.

따라서 타원 $\dfrac{x^2}{16}+\dfrac{y^2}{12}=1$ 위의 점 $P_2(-2,\,3)$를 지나며 직선

$y=2$와 평행한 직선인 $y=3$이 타원 $\dfrac{x^2}{16}+\dfrac{y^2}{12}=1$와 만나는

점 $P_3(2,\,3)$이 직사각형 S의 넓이가 최대일 때의 꼭짓점이 된다.

(P_1은 직사각형 변 위에 있고 P_2, P_3는 직사각형 꼭짓점이다.)

따라서 $\alpha=4\times 1=4$

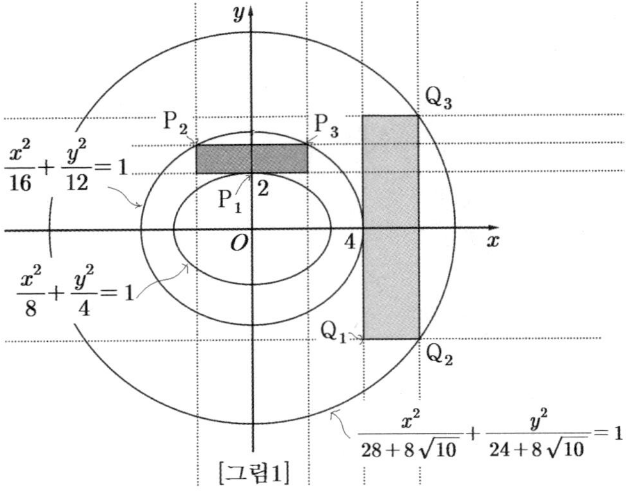

$\overline{QA}+\overline{QB}=k$라 하면 k값이 일정할 때, 점 Q는 타원위의

점이다.

Q의 좌표가 $Q_1(4,\,0)$일 때, $k=\sqrt{(6)^2}+\sqrt{2^2}=8$

Q의 좌표가 $Q_2(6,\,-4)$일 때,

$k=\sqrt{8^2+(-4)^2}+\sqrt{4^2+4^2}=4\sqrt{5}+4\sqrt{2}$

이므로 점 Q는 중심이 원점 O이고 두 초점의 좌표가

$A(-2,\,0)$, $B(2,\,0)$인 타원 중

장축의 길이가 $8\,(k=8)$인 타원과 장축의 길이가

$4\sqrt{5}+4\sqrt{2}\,(k=4\sqrt{5}+4\sqrt{2})$인 타원 사이에 있는 직사각형

위의 점이 된다.

x축에 두 초점이 있으므로 타원의 방정식 $\dfrac{x^2}{a^2}+\dfrac{y^2}{b^2}=1$에서

장축의 길이는 $2a$이다.

$2a=8$이면 $a=4$, $a^2-b^2=4$에서 $b^2=12$이다.

$\rightarrow\ \dfrac{x^2}{16}+\dfrac{y^2}{12}=1\ \leftarrow Q_1(4,\,0)\cdots\bigcirc$

$2a=4\sqrt{5}+4\sqrt{2}$이면 $a=2\sqrt{5}+2\sqrt{2}$, $a^2-b^2=4$이다.

$a^2=28+8\sqrt{10}$이므로 $b^2=a^2-4$에서 $b^2=24+8\sqrt{10}$이다.

$\rightarrow\ \dfrac{x^2}{28+8\sqrt{10}}+\dfrac{y^2}{24+8\sqrt{10}}=1\ \leftarrow Q_2(6,\,-4)$

즉, 그림[1]과 같이 점 Q는 $\dfrac{x^2}{16}+\dfrac{y^2}{12}\geq 1$,

$\dfrac{x^2}{28+8\sqrt{10}}+\dfrac{y^2}{24+8\sqrt{10}}\leq 1$ 의 영역에 포함되는 직사각형 위를 움직인다.

ⓛ에서 $\dfrac{x^2}{16}+\dfrac{y^2}{12}=1$위의 점 $Q_1(4,\,0)$가 타원의 꼭짓점이므로 접선의 방정식은 $x=4$이다.

따라서 타원 $\dfrac{x^2}{28+8\sqrt{10}}+\dfrac{y^2}{24+8\sqrt{10}}=1$ 위의 점 $Q_2(6,\,-4)$를 지나며 직선 $x=4$와 평행한 직선인 $x=6$이 타원 $\dfrac{x^2}{28+8\sqrt{10}}+\dfrac{y^2}{24+8\sqrt{10}}=1$와 만나는 점 $Q_3(6,\,4)$이 직사각형 T의 넓이가 최대일 때의 꼭짓점이 된다. (Q_1은 직사각형 변 위에 있고 Q_2, Q_3는 직사각형 꼭짓점이다.)

따라서 $\beta=2\times 8=16$

$\alpha+\beta=20$

28 정답 100

타원 $\dfrac{(x-1)^2}{4}+\dfrac{y^2}{3}=1$의 초점은 $(0,\,0)$과 $A(2,\,0)$이다.

쌍곡선 $\dfrac{(x-4)^2}{4}-\dfrac{y^2}{12}=1$의 초점은 $(0,\,0)$과 $B(8,\,0)$이다.

타원의 정의에서 $\overline{OP}+\overline{AP}=4 \rightarrow \overline{AP}=4-\overline{OP}$

쌍곡선의 정의에서 $\overline{OQ}-\overline{BQ}=4 \rightarrow \overline{BQ}=\overline{OQ}-4$

따라서 $\overline{AP}:\overline{BQ}=4-\overline{OP}:\overline{OQ}-4$

또한 $\overline{PR}=\overline{OR}-\overline{OP}$, $\overline{RQ}=\overline{OQ}-\overline{OR}$

$\overline{AP}:\overline{BQ}=\overline{PR}:\overline{RQ} \Rightarrow$

$4-\overline{OP}:\overline{OQ}-4=\overline{OR}-\overline{OP}:\overline{OQ}-\overline{OR}$

따라서 $\overline{OR}=4$

$0\leq\theta\leq\dfrac{\pi}{4}$이므로 점 R가 그리는 곡선은 반지름의 길이가 4이고 중심각의 크기가 $\dfrac{\pi}{4}$인 부채꼴이다.

따라서 곡선의 길이는 따라서 곡선의 길이는

$4\times\dfrac{\pi}{4}=\pi$

따라서 $k=1$

$100k=100$이다.

29 정답 21

[출제자 : 김종렬T]

쌍곡선의 초점의 좌표에서 $c^2=a^2+b^2$

쌍곡선의 점근선에서 $\dfrac{b^2}{a^2}=(2\sqrt{6})^2$, $b^2=24a^2$, $c^2=25a^2$

$\overline{PF}=m$, $\overline{PF'}=n\,(m>n)$이라 하면 쌍곡선의 정의에서

$m-n=2a \cdots$ ㉠

원 $x^2+y^2=c^2$은 선분 FF'이 지름이므로 $\angle FPF'=90^\circ$에서 $m^2+n^2=4c^2=100a^2 \cdots$ ㉡

또 $\triangle PFF'=2\triangle POF=2\times 12=24$ 에서

$\dfrac{1}{2}mn=24,\ mn=48 \cdots$ ㉢

$m^2+n^2=(m-n)^2+2mn$이므로

㉠, ㉡, ㉢에서 $a=1,\ m=8,\ n=6,\ c=5$

이때 삼각형 $QF'F$ 에서 $\overline{FQ}=\overline{FF'}=2c=10$이고 쌍곡선의 정의에서

$\overline{QF'}=\overline{FQ}+2a=12$

선분 QF'의 중점을 M이라 하면 이등변삼각형 $QF'F$ 에서

$\overline{FM}\perp\overline{QF'}$이고 $\overline{F'M}=\overline{MQ}=\dfrac{1}{2}\overline{QF'}=6$

그런데 $\overline{PF'}\perp\overline{PF}$ 이고 $\overline{PF'}=n=6$이므로 점 P는 점 M 과 일치한다.

$\therefore \overline{PQ}=\overline{MQ}=6$

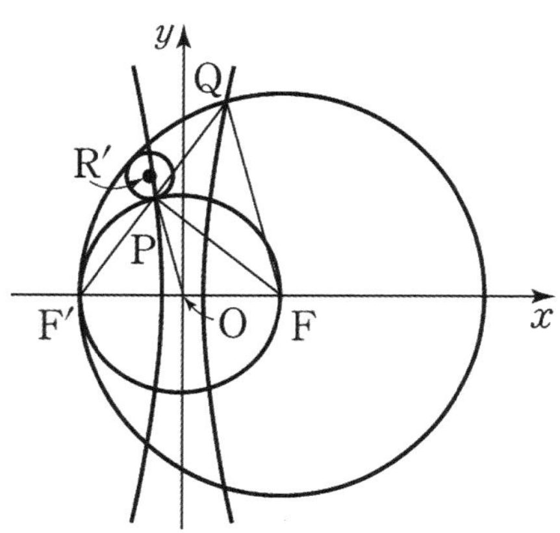

한편 중심이 R인 원 C의 반지름의 길이를 r이라 하면 원 $C_1:x^2+y^2=c^2$과 외접하므로

$\overline{OR}=c+r$

또 원 $C_2:(x-c)^2+y^2=4c^2$ 과 내접하므로 $\overline{FR}=2c-r$

$\therefore \overline{FR}+\overline{OR}=(c+r)+(2c-r)=3c=15 \cdots (\ast)$

따라서 $\overline{PQ}+\overline{FR}+\overline{OR}=6+15=21$

[랑데뷰팁]

두 원 $x^2+y^2=c^2$, $(x-c)^2+y^2=4c^2$에 동시에 접하는 원의 중심 (예를 들면 R)이 나타내는 도형은 두 점 O, F 를 초점으로 하고 장축의 길이가 15인 타원이다. $(\ast)$

30 정답 85

[그림 : 이정배T]

$\overrightarrow{OA}=\vec{a}$, $\overrightarrow{OB}=\vec{b}$라 하면

$$\vec{a}\cdot\vec{b}=|\vec{a}||\vec{b}|\cos 60°=3\times 2\times\frac{1}{2}=3$$

삼각형 OAB에서 코사인법칙에 의해

$$\overrightarrow{AB}^2=\overrightarrow{OA}^2+\overrightarrow{OB}^2-2\times\overrightarrow{OA}\times\overrightarrow{OB}\times\cos 60°$$

$$=3^2+2^2-2\times 3\times 2\times\frac{1}{2}=7$$

$\overrightarrow{AB}>0$이므로 $\overrightarrow{AB}=\sqrt{7}$

이때 점 P는 선분 AB를 $1:k$으로 내분하는 점이므로

$$\overrightarrow{AP}=\frac{1}{k+1}\overrightarrow{AB}=\frac{\sqrt{7}}{k+1}$$

점 Q는 선분 AB를 $k:1$으로 내분하는 점이므로

$$\overrightarrow{BQ}=\frac{1}{k+1}\overrightarrow{AB}=\frac{\sqrt{7}}{k+1}$$

따라서

$$\overrightarrow{PQ}=\overrightarrow{AB}-(\overrightarrow{AP}+\overrightarrow{BQ})$$

$$\frac{\sqrt{7}}{7}=\sqrt{7}-\left(\frac{\sqrt{7}}{k+1}+\frac{\sqrt{7}}{k+1}\right)$$

$$\frac{2\sqrt{7}}{k+1}=\frac{6\sqrt{7}}{7},\ 3(k+1)=7$$

$$k=\frac{4}{3}$$

이므로

$$\overrightarrow{OP}=\frac{4}{7}\vec{a}+\frac{3}{7}\vec{b},\ \overrightarrow{OQ}=\frac{3}{7}\vec{a}+\frac{4}{7}\vec{b}$$이고

$|\vec{a}|=3$, $|\vec{b}|=2$, $\vec{a}\cdot\vec{b}=3$이므로

$$|\overrightarrow{OP}|^2=\frac{16}{49}\times 3^2+\frac{24}{49}\times 3+\frac{9}{49}\times 2^2=\frac{144+72+36}{49}=\frac{36}{7}$$

$$|\overrightarrow{OQ}|^2=\frac{9}{49}\times 3^2+\frac{24}{49}\times 3+\frac{16}{49}\times 2^2=\frac{81+72+64}{49}=\frac{27}{7}$$

이다.

따라서 삼각형 OPQ에서 $\overrightarrow{OP}=\frac{6}{\sqrt{7}}$, $\overrightarrow{OQ}=\frac{3\sqrt{3}}{\sqrt{7}}$,

$\overrightarrow{PQ}=\frac{\sqrt{7}}{7}$이므로 코사인법칙을 적용하면

$$\cos\theta=\frac{\frac{36}{7}+\frac{27}{7}-\frac{1}{7}}{2\times\frac{6}{\sqrt{7}}\times\frac{3\sqrt{3}}{\sqrt{7}}}=\frac{62}{36\sqrt{3}}=\frac{31}{18\sqrt{3}}=\frac{31}{54}\sqrt{3}$$

$p=54$, $q=31$이므로

$p+q=85$

31 정답 64

[그림 : 이정배T]

$-\overrightarrow{OA}$가 나타내는 점 A가 그리는 자취를 나타내면 다음 그림과 같다.

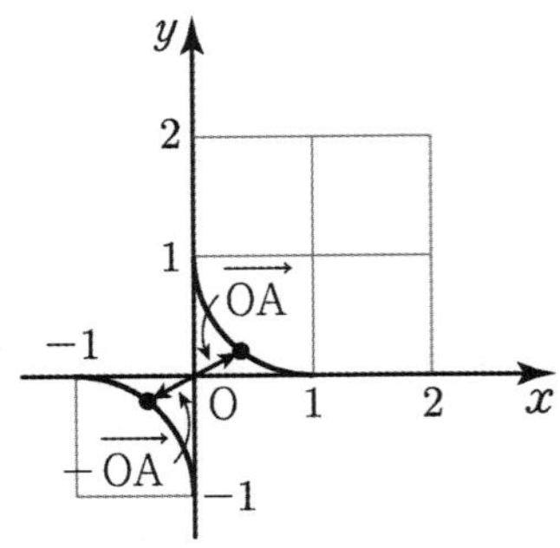

$B(1,2)$일 때 $\overrightarrow{OB}-\overrightarrow{OA}$가 나타내는 도형은 다음 그림과 같다.

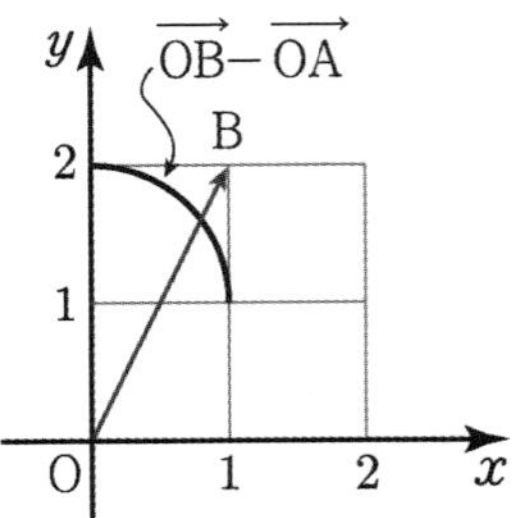

$B(2,1)$일 때 $\overrightarrow{OB}-\overrightarrow{OA}$가 나타내는 도형은 다음 그림과 같다.

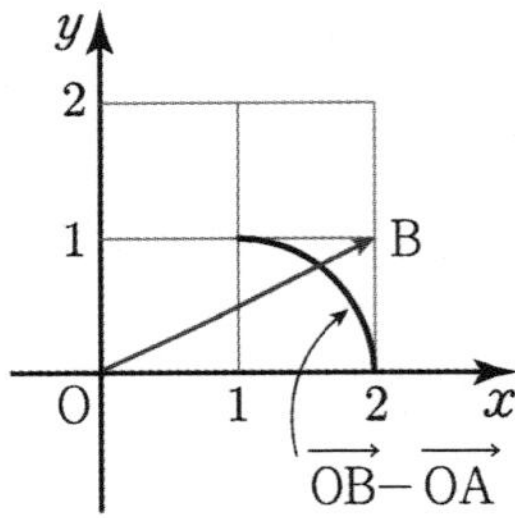

$B(b_1, b_2)$ $(1<b_1<2, 1<b_2<2)$ 일 때 $\overrightarrow{OB}-\overrightarrow{OA}$가 나타내는 도형은 다음 그림과 같다.

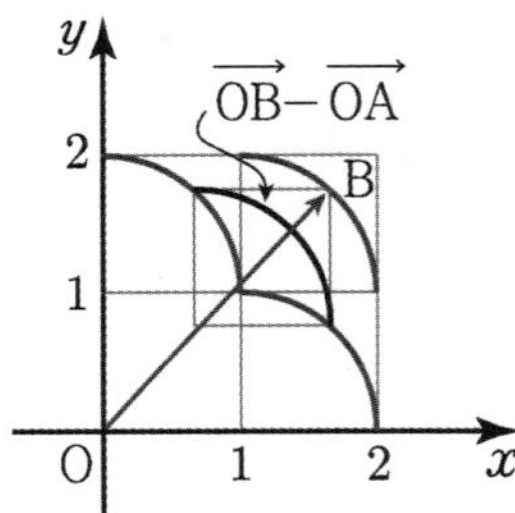

따라서 점 P가 나타내는 도형은 다음 그림과 같다.

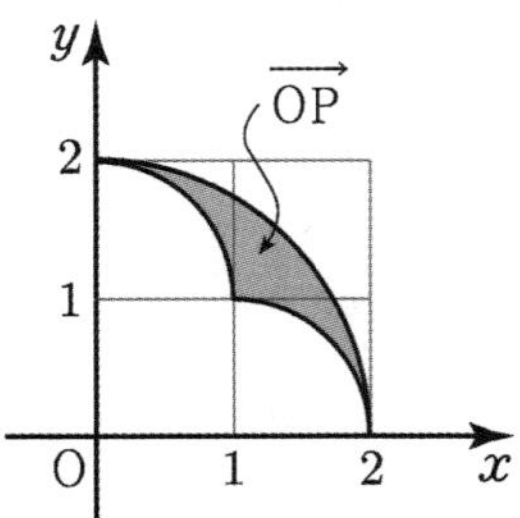

같은 방법으로 점 Q가 나타내는 도형은 다음 그림과 같다.

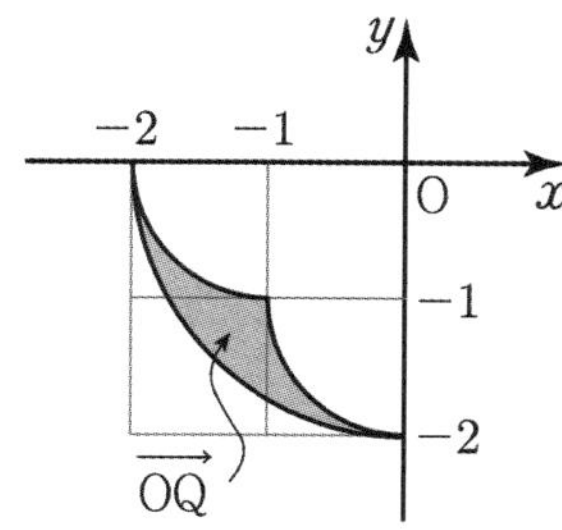

한편, $\overrightarrow{PQ} \cdot \overrightarrow{OR} = 0$이므로 $\overrightarrow{PQ} \perp \overrightarrow{OR}$ 이다.

좌표평면에서 두 점 O, R을 지나는 직선은 $y=-x$이므로 두 점 P, Q는 기울기가 1인 직선 위에 존재한다.

따라서 다음 그림과 같다.

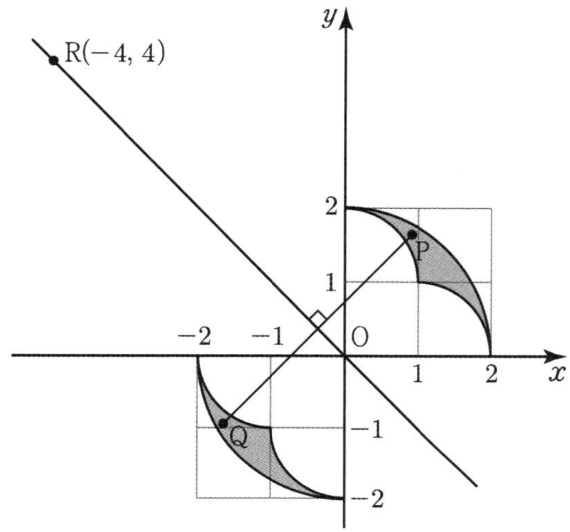

선분 PQ의 중점을 M이라 할 때

$\overrightarrow{RP} \cdot \overrightarrow{RQ}$

$= (\overrightarrow{RM}+\overrightarrow{MP}) \cdot (\overrightarrow{RM}+\overrightarrow{MQ})$

$= (\overrightarrow{RM}+\overrightarrow{MP}) \cdot (\overrightarrow{RM}-\overrightarrow{MP})$

$= |\overrightarrow{RM}|^2 - |\overrightarrow{MP}|^2$

$\overrightarrow{RM}$의 최솟값은 $P(0,2)$, $Q(-2,0)$으로 $M(-1,1)$일 때이고 최댓값은 $P(2,0)$, $Q(0,-2)$으로 $M(1,-1)$일 때이다. 이때, $\overrightarrow{MP} = \sqrt{2}$ 이므로

$\left(\sqrt{(-3)^2+3^2}\right)^2 - \left(\sqrt{2}\right)^2 \leq \overrightarrow{RP} \cdot \overrightarrow{RQ}$

$\leq \left(\sqrt{(-5)^2+5^2}\right)^2 - \left(\sqrt{2}\right)^2$

$16 \leq \overrightarrow{RP} \cdot \overrightarrow{RQ} \leq 48$

$m=16$, $M=48$

이므로 $M+m=64$

32 정답 10

[그림 : 최성훈T]

그림과 같이 좌표평면 위의 6개의 점 $A(-1,0)$, $B(1,0)$, $C(2,\sqrt{3})$, $D(1,2\sqrt{3})$, $E(-1,2\sqrt{3})$, $F(-2,\sqrt{3})$을 꼭짓점으로 갖는 정육면체를 생각하자.

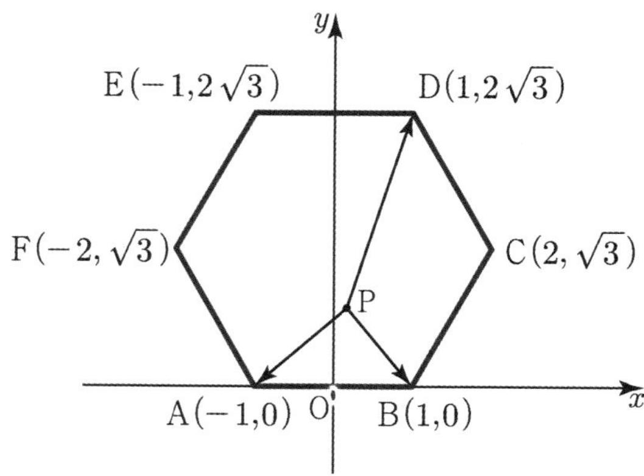

(가) 조건에서 점 P는 선분 AB를 지름으로 하는 반원 위의 점이다.

$\overline{AB}=2$이므로 $0<\theta<\pi$인 θ에 대하여 점 $P(\cos\theta, \sin\theta)$라 할 수 있다.

따라서

$\overrightarrow{PA}=(-1-\cos\theta, -\sin\theta)$,

$\overrightarrow{PB}=(1-\cos\theta, -\sin\theta)$,

$\overrightarrow{PD}=(1-\cos\theta, 2\sqrt{3}-\sin\theta)$,

$\overrightarrow{PE}=(-1-\cos\theta, 2\sqrt{3}-\sin\theta)$이다.

(나)조건에 y성분만 비교해보면

$2\sqrt{3}-\sin\theta=-x\sin\theta-y\sin\theta$

$\therefore x+y=\dfrac{2\sqrt{3}-\sin\theta}{-\sin\theta}=1-\dfrac{2\sqrt{3}}{\sin\theta}$이다.

$x+y$의 값이 최대는 $\sin\theta=1$일 때, 즉 $\theta=\dfrac{\pi}{2}$일 때다.

그러므로 $P(0,1)$이고 $\overrightarrow{PE}=(-1, 2\sqrt{3}-1)$이다.

$|\overrightarrow{PE}|^2=(-1)^2+(2\sqrt{3}-1)^2=1+13-4\sqrt{3}$

$\qquad = 14-4\sqrt{3}$ 이다.

$a=14$, $b=-4$이므로 $a+b=10$이다.

33 정답 42

[그림 : 최성훈T]

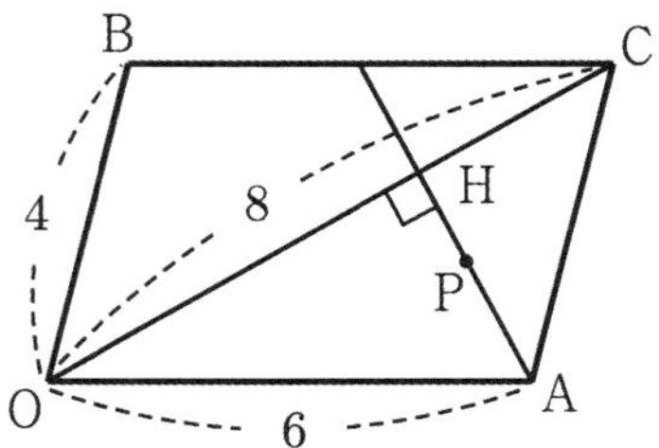

$\overrightarrow{AP} \cdot \overrightarrow{AC}$

$= (\overrightarrow{OP}-\overrightarrow{OA}) \cdot (\overrightarrow{OC}-\overrightarrow{OA})$

$= \overrightarrow{OP} \cdot \overrightarrow{OC} - \overrightarrow{OP} \cdot \overrightarrow{OA} - \overrightarrow{OA} \cdot \overrightarrow{OC} + |\overrightarrow{OA}|^2$

따라서

$\overrightarrow{OP} \cdot \overrightarrow{OA} + \overrightarrow{AP} \cdot \overrightarrow{AC} = 36$

$\Rightarrow \overrightarrow{OP} \cdot \overrightarrow{OC} - \overrightarrow{OA} \cdot \overrightarrow{OC} = 0$

$\Rightarrow \overrightarrow{OC} \cdot (\overrightarrow{OP}-\overrightarrow{OA}) = 0$

$$\therefore \ \overrightarrow{OC} \cdot \overrightarrow{AP} = 0$$

즉, $\overrightarrow{OC} \perp \overrightarrow{AP}$ 이다.

(가)에서 점 P는 평행사변형 OACB의 경계 및 내부의 점이므로 그림과 같이 점 A에서 직선 OC에 내린 수선의 발을 H라 할 때, 점 P는 평행사변형 내부의 직선 AH위의 점이다.

따라서

$|\overrightarrow{OP}|$ 의 최댓값은 점 P가 점 A일 때이고 $|\overrightarrow{OP}|$ 의 최솟값은 점 P가 점 H일 때이다.

$|\overrightarrow{OA}| = 6$ 이므로 $M = 6$

$\cos(\angle AOB) = \dfrac{1}{4}$ 에서 $\cos(\angle OAC) = -\dfrac{1}{4}$ 이므로

삼각형 OAC에서

$$\overrightarrow{OC}^2 = 6^2 + 4^2 - 2 \times 6 \times 4 \times \left(-\dfrac{1}{4}\right)$$
$$= 36 + 16 + 12 = 64$$
$$\therefore \ \overline{OC} = 8$$

삼각형 OAC의 넓이는 $\sin(\angle OAC) = \dfrac{\sqrt{15}}{4}$ 이므로

$\dfrac{1}{2} \times 6 \times 4 \times \sin(\angle OAC) = 3\sqrt{15}$ 이다.

따라서

$\dfrac{1}{2} \times \overline{OC} \times \overline{AH} = 3\sqrt{15}$ 에서

$$\overline{AH} = \dfrac{3\sqrt{15}}{4}$$

직각삼각형 OAH에서

$$\overline{OH} = \sqrt{6^2 - \left(\dfrac{3\sqrt{15}}{4}\right)^2}$$
$$= \sqrt{36 - \dfrac{135}{16}} = \sqrt{\dfrac{441}{16}}$$

따라서 $m = \dfrac{21}{4}$

그러므로 $M \times m = 8 \times \dfrac{21}{4} = 42$

34 정답 14

[그림 : 최성훈]

$\overrightarrow{CF} \cdot \overrightarrow{PQ} = |\overrightarrow{CF}||\overrightarrow{PQ}|\cos\theta$ 이므로 $\overrightarrow{PQ}$ 를 $\overrightarrow{CF}$ 에 정사영한 길이가 최대일 때 내적이 최대이다. 한 변의 길이가 2인 정육각형이므로 $|\overrightarrow{CF}| = 4$ 이다.

두 점 S와 Q를 직선 CF와 내접원이 만나는 점으로 점 C에 가까운 점을 S, 점 F에 가까운 점으로 정하자.

그림 점 P는 호 CB위에 위치하게 된다.

정육각형 ABCDEF의 내접원의 중심을 O라 하면 원의 반지름의 길이가 $\sqrt{3}$ 이므로 $\overline{OQ} = \sqrt{3}$ 이다. (정육각형은 중심을 기준으로 6개의 정삼각형으로 쪼갤 수 있고 이에 내접하는 원의 반지름은 한 변의 길이가 2인 정삼각형의 높이에 해당한다.)

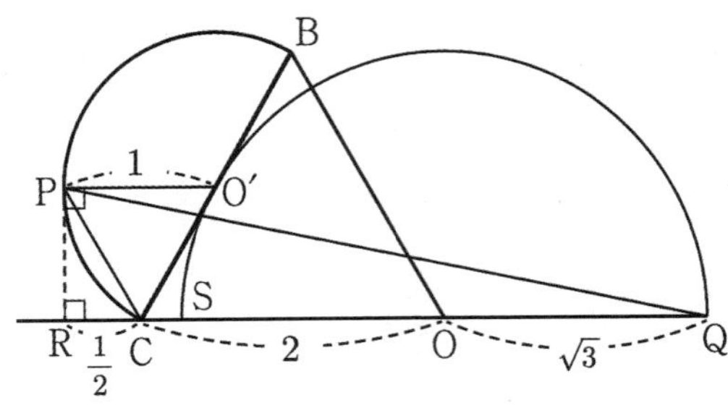

그림과 같이 정육각형의 한 변인 선분 BC와 내접원이 만나는 점을 O′라 하고 중심이 O′이고 호가 BC인 반원에 접하고 CQ에 수직인 직선이 만나는 점이 P라 할 수 있다.

$\overline{O'P} = 1$ 이다.

점 P에서 직선 CQ에 내린 수선의 발을 R라 하면 $\overrightarrow{PQ}$ 를 $\overrightarrow{CF}$ 에 정사영한 길이가 최대가 된다.

따라서 $|\overrightarrow{PQ}|\cos\theta = |\overrightarrow{RQ}|$

정육각형의 내접원의 반지름은 $\sqrt{3}$ 이고 한 모서리 $\overline{CB}$ 를 지름으로 하는 반원은 반지름이 1이고 이 원의 중심을 O′ 라 하면

$\angle O'PR = \angle PRC = 90°$, $\overline{O'P} = \overline{O'C}$ ($\because$ 반지름의 길이)

또한 두 직선 O′P와 CQ가 평행하므로

$\angle O'PC = \angle PCR = \angle O'PC$

따라서 삼각형 O′PC는 정삼각형이다.

그러므로 $\angle BCO = 60°$

$$\therefore \ \overline{RC} = \dfrac{1}{2}$$

$\overline{CO} = 2$, $\overline{OQ} = \sqrt{3}$ 이므로

그러므로 $\overrightarrow{PQ}$ 의 $\overrightarrow{CF}$ 로의 정사영 $|\overrightarrow{RQ}| = \dfrac{5}{2} + \sqrt{3}$ 의 최댓값을 갖는다.

따라서 $\overrightarrow{CF} \cdot \overrightarrow{PQ} = |\overrightarrow{CF}||\overrightarrow{PQ}|\cos\theta$
$$= 4 \times \left(\dfrac{5}{2} + \sqrt{3}\right)$$
$$= 10 + 4\sqrt{3}$$

$a = 10$, $b = 4$ 이므로 $a + b = 14$ 이다.

35 정답 13

두 벡터 $\overrightarrow{O_1P}$ 와 $\overrightarrow{O_2Q}$ 가 이루는 각을 θ 라 할 때

$|\overrightarrow{O_1P} + \overrightarrow{O_2Q}| \leq \dfrac{4}{\sqrt{5}}$ 에서 양변을 제곱하면

$1 + 1 + 2\cos\theta \leq \dfrac{16}{5}$

따라서 $\cos\theta \leq \dfrac{3}{5}$ 이다.

두 벡터가 이루는 각의 크기가 가장 작을 때는 P가 E에 위치하고 Q가 D에 위치할 때이고 그 때 각

$\theta = \theta_m$ 이라 하면 $\cos\theta_m = \dfrac{3}{5}$ 이다.

$\overrightarrow{O_2D} = \overrightarrow{O_1B}$ 이므로 $\theta_m = \angle EO_1B$ 이다.

다음 그림과 같이 E에서 $\overline{AB}$에 내린 수선의 발을 H라 하면

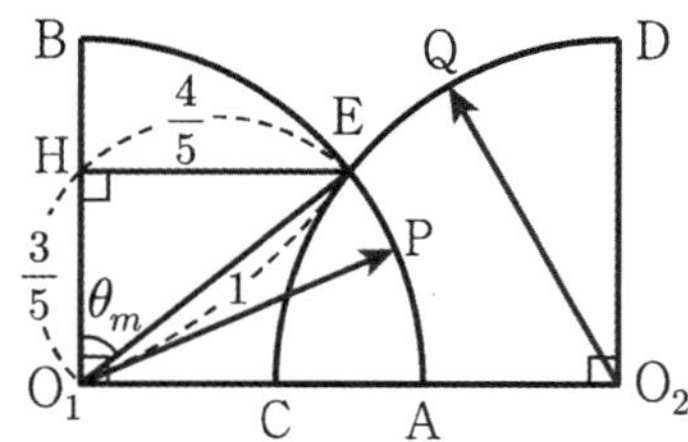

$$\cos\theta_m = \frac{\overline{O_1H}}{\overline{O_1E}} = \frac{3}{5}$$

$\overline{O_1E} = 1$이므로 $\overline{O_1H} = \dfrac{3}{5}$

따라서 $\overline{HE} = \dfrac{4}{5}$이므로 $\overline{O_1O_2} = 2 \times \dfrac{4}{5} = \dfrac{8}{5}$

$p = 5$, $q = 8$

따라서 $p + q = 13$

36 정답 64

(가)에서 점 P는 중심이 A이고 반지름의 길이가 2인 원 위의 점이다.

즉, $P(a, b)$이면 $(a+1)^2 + (b-\sqrt{3})^2 = 4 \cdots \㉠$을 만족한다.

(나)에서 $k \neq 0$, $k \neq 1$인 상수이므로 점 O, P, Q 는 서로 다른 세 점이고 한 직선 위에 있다. (다)에서 점 O 를 기준으로 P, Q 는 반대 방향에 위치한다.

따라서 $P(a, b)$, $Q(x, y)$라 하면 $\dfrac{b}{a} = \dfrac{y}{x} \Rightarrow y = \dfrac{b}{a}x \cdots \㉡$이다.

(다)에서 $ax + by = -4 \cdots \ ㉢$

㉡을 ㉢에 대입하면

$$ax + \frac{b^2}{a}x = -4 \ \Rightarrow \ (a^2+b^2)x = -4a$$

따라서 $x = \dfrac{-4a}{a^2+b^2}$이고 ㉡에 대입하면 $y = \dfrac{-4b}{a^2+b^2}$이다.

한편, ㉠에서 $a^2 + b^2 = -2a + 2\sqrt{3}b$이므로

$$x - \sqrt{3}y = \frac{-4a + 4\sqrt{3}b}{-2a + 2\sqrt{3}b} = 2$$

즉, 점 Q는 직선 $x - \sqrt{3}y - 2 = 0$위의 점이다.

직선 $x - \sqrt{3}y - 2 = 0$위의 점 X에 대하여 $\overrightarrow{OX}$와 $\overrightarrow{OB}$가 이루는 각을 θ라 하면

$\overrightarrow{OX} \cdot \overrightarrow{OB} = 2|\overrightarrow{OX}|\cos\theta$이므로

$|\overrightarrow{OB} \cdot \overrightarrow{OX}| \leq 4$에서 $-2 \leq |\overrightarrow{OX}|\cos\theta \leq 2$이다.

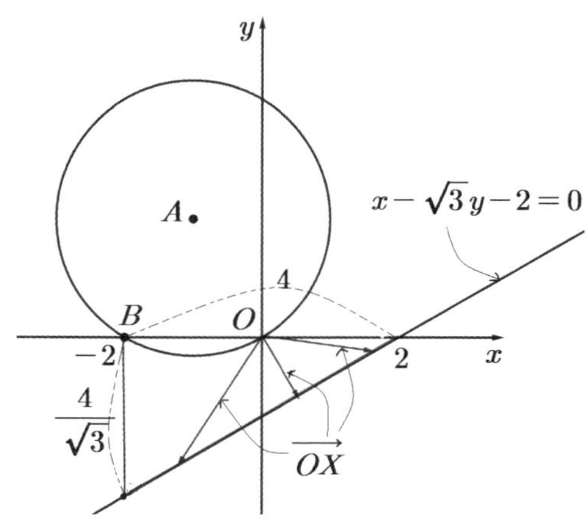

따라서 그림과 같이 X가 나타내는 도형의 길이 $l = \dfrac{8}{\sqrt{3}}$이다.

$$\therefore \ 3l^2 = 3 \times \frac{64}{3} = 64$$

37 정답 9

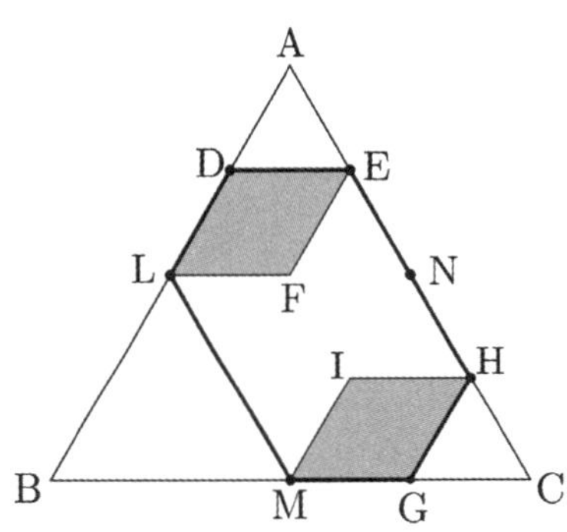

조건 (가)에서 두 선분 AB, BC, CA의 중점을 각각 L, M, N이라 하고, 두 선분 AL, AN, LN의 중점을 각각 D, E, F 라 하자. 또, 두 선분 MC, NC 의 중점을 각각 G, H 라 하자.

이때 $\overrightarrow{AS} = \dfrac{1}{4}\overrightarrow{AP} + \dfrac{1}{4}\overrightarrow{AQ}$ 라 하면 점 S는 위 그림의 평행사변형 DLFE의 내부 (경계선 포함)에 있다.

또, 점 R 이 점 A 에 있으면 $\overrightarrow{AX} = \overrightarrow{AS}$ 이므로 점 X 는 위 그림의 평행사변형 DLFE의 내부 (경계선 포함)에 있다.

마찬가지로 점 R 이 점 C 에 있으면 $\overrightarrow{AX} = \overrightarrow{AS} + \overrightarrow{AN}$ 이므로 점 X 는 위 그림의 평행사변형 IMGH 의 내부 (경계선 포함)에 있다.

한편, $\overrightarrow{AT} = \dfrac{1}{2}\overrightarrow{AR}$ 라 하면 점 T 는 선분 AN 위를 움직이므로

점 X 가 나타내는 영역은 위 그림의 육각형 DLMGHE의 내부 (경계선 포함)에 있다.

조건 (나)에서 점 X 는 $k\overrightarrow{AC} = \overrightarrow{AY}$라면 점 Y를 지나고 선분 BC와 평행한 직선 위의 점이므로

점 X가 나타내는 도형의 길이가 $\dfrac{3}{2}$가 되는 점 Y는 아래

그림에서 선분 EN의 중점 Y_1, 선분 HC의 중점 Y_2이고 이때

k의 값은 각각 $\dfrac{3}{8}$, $\dfrac{7}{8}$이다.

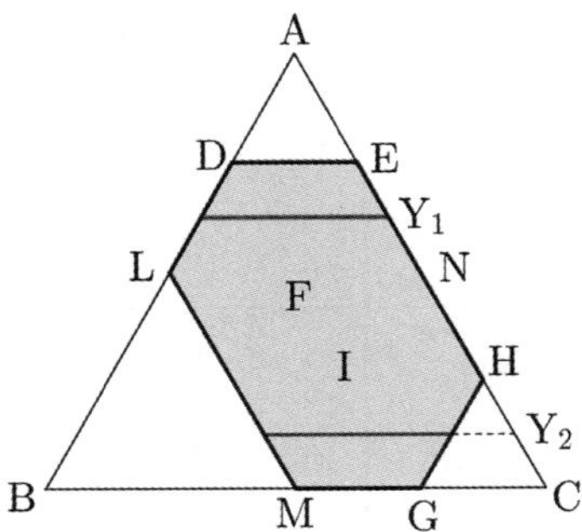

따라서 그 값의 합은 $\dfrac{3}{8}+\dfrac{7}{8}=\dfrac{5}{4}$이므로 $p+q=4+5=9$

38 정답 ②

$5\overrightarrow{AP}=4\overrightarrow{AB}$ $\Rightarrow$ $|\overrightarrow{AP}|:|\overrightarrow{PB}|=4:1$

$\overrightarrow{AQ}=k\overrightarrow{QC}$ $\Rightarrow$ $|\overrightarrow{AQ}|:|\overrightarrow{QC}|=k:1$

G가 무게중심이므로 $\overrightarrow{AM}$은 중선 $\Rightarrow$ $|\overrightarrow{BM}|:|\overrightarrow{CM}|=1:1$

$\overrightarrow{AB}=\vec{b}$, $\overrightarrow{AC}=\vec{c}$라 하면 $\overrightarrow{AP}=\dfrac{4}{5}\vec{b}$, $\overrightarrow{AQ}=\dfrac{k}{k+1}\vec{c}$,

$\overrightarrow{AG}=\dfrac{\vec{b}+\vec{c}}{3}$이다.

이때, 세 점 P, G, Q는 일직선 위에 위치하므로

$\dfrac{\vec{b}+\vec{c}}{3}=s\left(\dfrac{4}{5}\vec{b}\right)+(1-s)\left(\dfrac{k}{k+1}\vec{a}\right)$에서

$\dfrac{1}{3}=\dfrac{4}{5}s$ $\Rightarrow$ $s=\dfrac{5}{12}$이고

$\dfrac{1}{3}=(1-s)\left(\dfrac{k}{k+1}\right)\Rightarrow\dfrac{1}{3}=\dfrac{7}{12}\left(\dfrac{k}{k+1}\right)\Rightarrow\dfrac{k}{k+1}=\dfrac{4}{7}$

$7k=4k+4$에서 $k=\dfrac{4}{3}$

[다른 풀이]–랑데뷰세미나(234)~(237)

지렛대 원리를 통해 해결하자.

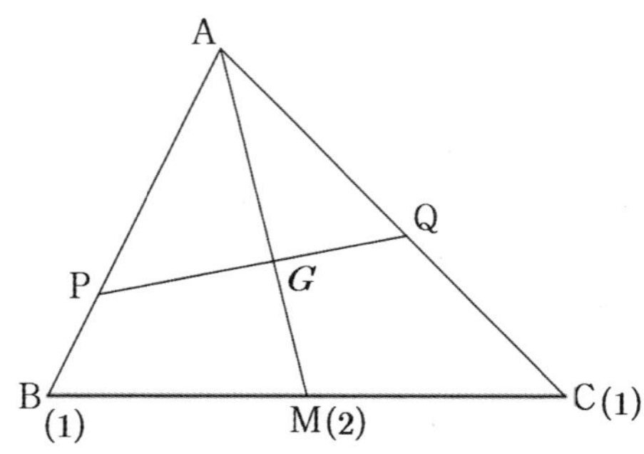

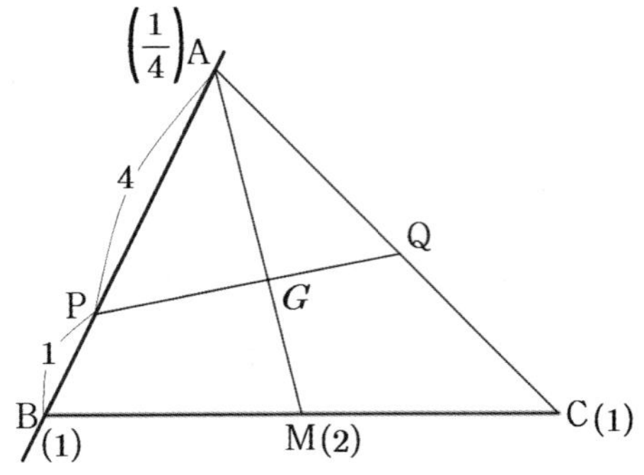

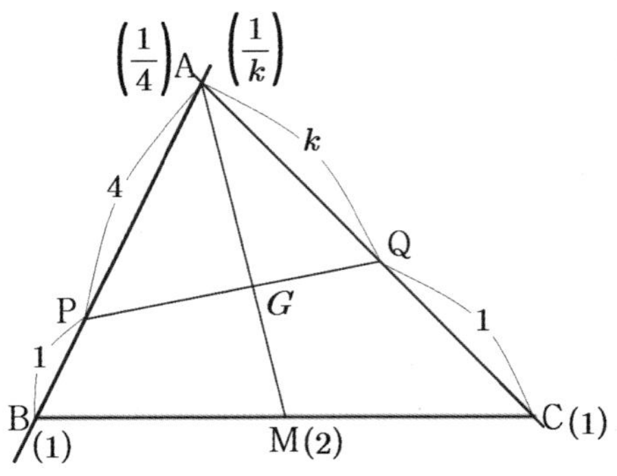

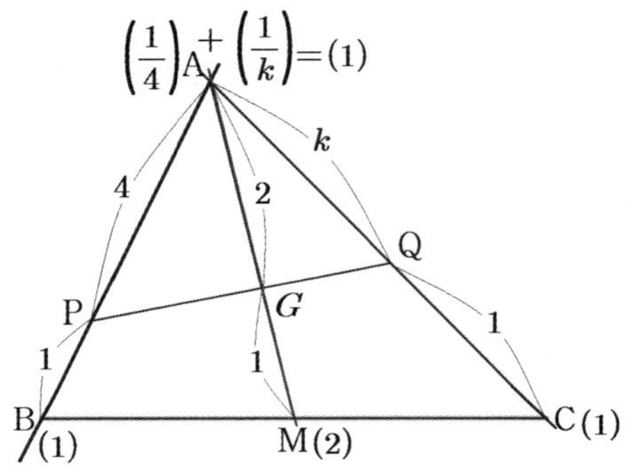

따라서 $\dfrac{1}{4}+\dfrac{1}{k}=1$에서 $k=\dfrac{4}{3}$

39 정답 28

(가)에서 $\overline{AB}=4$이고 $\overline{AB}$의 중점을 M이라 할 때,

$\overrightarrow{PA}+\overrightarrow{PB}=2\overrightarrow{PM}$이므로 $|\overrightarrow{PA}+\overrightarrow{PB}|=2|\overrightarrow{PM}|=8$에서 $|\overrightarrow{PM}|=4$이다.

따라서 점 P는 M을 중심으로 하고 반지름의 길이가 4인 원 위의 점이다.

(나)에서 $\overrightarrow{AB}\cdot\overrightarrow{AC}=\dfrac{1}{2}|\overrightarrow{AB}|^2$는 $\overrightarrow{AC}$의 종점 C가

$\overline{AB}$ 위로의 정사영이 M이 된다는 뜻이므로 점 C는 $\overline{AB}$의 수직이등분선 위의 점이다.

따라서 $\overline{CA}=\overline{CB}=3$이고 삼각형 CAB는 이등변삼각형이다.

다음 그림과 같은 상황이다.

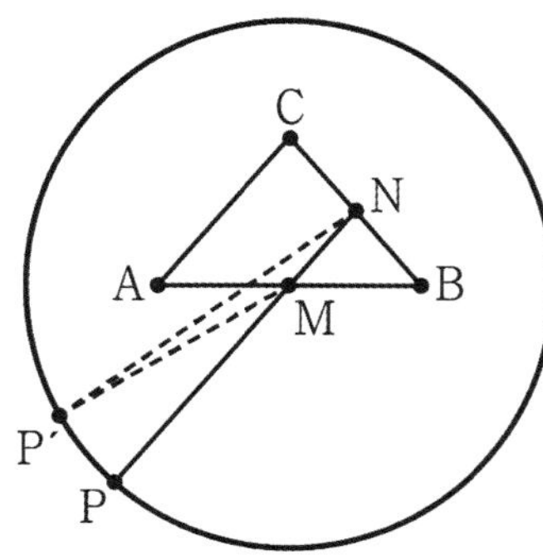

$\overline{BC}$의 중점을 N이라 하면 $\overline{MN} = \dfrac{1}{2}\overline{AC} = \dfrac{3}{2}$

$\overline{NC} = \overline{NB} = \dfrac{3}{2}$

$$\begin{aligned}
\overrightarrow{PB} \cdot \overrightarrow{PC} &= (\overrightarrow{PN} + \overrightarrow{NB}) \cdot (\overrightarrow{PN} + \overrightarrow{NC}) \\
&= (\overrightarrow{PN} + \overrightarrow{NB}) \cdot (\overrightarrow{PN} - \overrightarrow{NB}) \\
&= |\overrightarrow{PN}|^2 - |\overrightarrow{NB}|^2 \\
&= |\overrightarrow{PN}|^2 - \left(\dfrac{3}{2}\right)^2
\end{aligned}$$

그림에서 $|\overrightarrow{P'N}| \le |\overrightarrow{PN}|$이므로

$|\overrightarrow{PN}| \le \left(4 + \dfrac{3}{2}\right) = \dfrac{11}{2}$이다. (P, M, N이 일직선 위에 있을

때 $\overrightarrow{PN}$의 값이 최대이다.)

따라서

$$\overrightarrow{PB} \cdot \overrightarrow{PC} \le \left(\dfrac{11}{2}\right)^2 - \left(\dfrac{3}{2}\right)^2 = \dfrac{121}{4} - \dfrac{9}{4} = \dfrac{112}{4} = 28$$

40 정답 22

다음 그림과 같이 $\overline{AB}$에 $\overline{AE} = 3$인 점 E를 잡을 때

(가)에서 $\cos(\angle CAB) = \dfrac{3}{4} = \dfrac{\overline{AE}}{\overline{AC}}$이므로 $\overline{AE}$와 수직인

직선이 원 O_1과 만나는 두 점 중 한 점을 점 C라 하자.

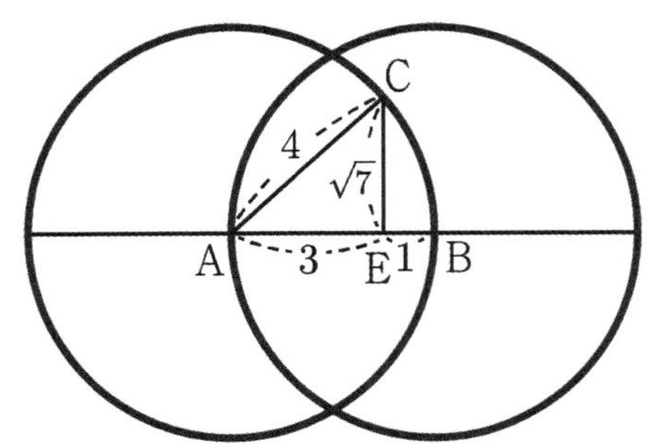

(나)에서

$$\begin{aligned}
\overrightarrow{AB} \cdot \overrightarrow{CD} &= \overrightarrow{AB} \cdot (\overrightarrow{AD} - \overrightarrow{AC}) \\
&= \overrightarrow{AB} \cdot \overrightarrow{AD} - \overrightarrow{AB} \cdot \overrightarrow{AC} \\
&= |\overrightarrow{AB}||\overrightarrow{AD}|\cos(\angle BAD) - |\overrightarrow{AB}||\overrightarrow{AC}|\cos(\angle CAB) \\
&= 4 \times |\overrightarrow{AD}|\cos(\angle BAD) - 12
\end{aligned}$$

$\overrightarrow{AB} \cdot \overrightarrow{CD} = 16$에서

$|\overrightarrow{AD}|\cos(\angle BAD) = 7$

따라서 다음 그림과 같이 $\overline{AB}$의 연장선에 $\overline{AF} = 7$인 점 F을

지나고 $\overline{AF}$와 수직인 직선이 원 O_2와 만나는 점 D_1, D_2가 점

D이다.

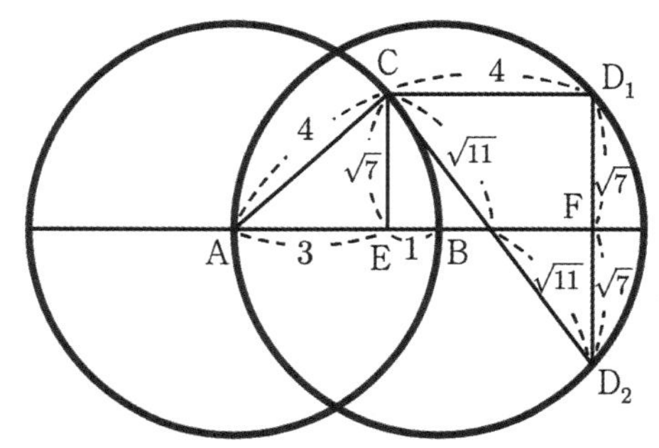

위 그림의 $\overline{AE} = 3$, $\overline{EB} = 1$, $\overline{BF} = 3$,

$\overline{D_1F} = \overline{D_2F} = \sqrt{7}$에서

$\overline{CD_1} = 1 + 3 < 5$

$\overline{CD_2} = \sqrt{(2\sqrt{7})^2 + 4^2} = 2\sqrt{11} > 5$

따라서

$D = D_1$일 때 $\overrightarrow{PA} \cdot \overrightarrow{PB}$의 최솟값이 m, $D = D_2$일 때

$\overrightarrow{PA} \cdot \overrightarrow{PB}$의 최댓값이 M이다.

(i) $D = D_1$일 때

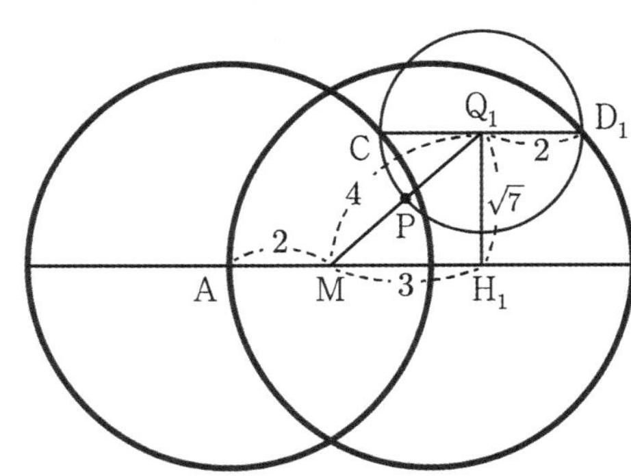

그림과 같이 $\overline{CD_1}$의 중점을 Q_1라 하면 $\overline{CD_1} = 4$이므로 원 위의

점 P에 대하여

$\overline{Q_1P} = 2$이고 Q_1에서 $\overline{AB}$의 연장선에 내린 수선의 발을 H_1라

하면 $\overline{Q_1H_1} = \sqrt{7}$이다.

또한 $\overline{AB}$의 중점을 M이라 하면 $\overline{AM} = 2$이다. 또한

$\overline{MH_1} = 3$이므로 직각삼각형 Q_1MH_1에서

$\overline{Q_1M} = \sqrt{3^2 + (\sqrt{7})^2} = 4$이다.

한편, $\overrightarrow{PA} \cdot \overrightarrow{PB} = \overline{PM}^2 - \overline{AM}^2$이고

> **[랑데뷰팁]** ⇨ $\overline{AB}$의 중점을 M이라 하면
>
> $$\begin{aligned}
> \overrightarrow{PA} \cdot \overrightarrow{PB} &= (\overrightarrow{PM} + \overrightarrow{MA}) \cdot (\overrightarrow{PM} + \overrightarrow{MB}) \\
> &= (\overrightarrow{PM} + \overrightarrow{MA}) \cdot (\overrightarrow{PM} - \overrightarrow{MA}) = \overline{PM}^2 - \overline{AM}^2 \text{이다.}
> \end{aligned}$$

$$\overline{PM} \geq \overline{Q_1M} - \overline{Q_1P} \text{이므로}$$

$$\begin{aligned}
\overrightarrow{PA} \cdot \overrightarrow{PB} &\geq \left(\overline{Q_1M} - \overline{Q_1P}\right)^2 - \overline{AM}^2 \\
&= (4-2)^2 - (2)^2 \\
&= 0
\end{aligned}$$

따라서 $m = 0$

(ii) $D = D_2$일 때

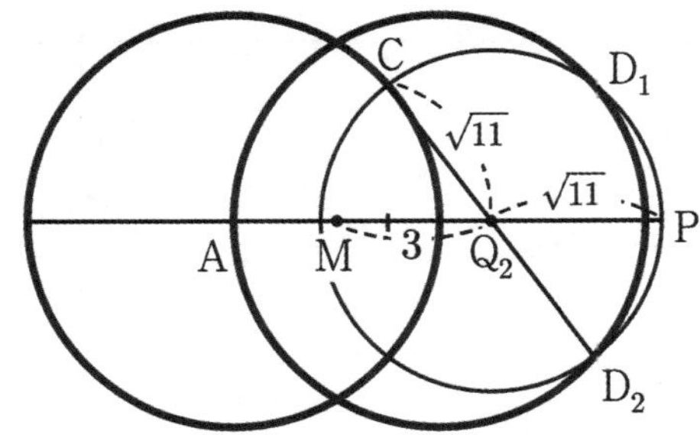

그림과 같이 $\overline{CD_2}$의 중점을 Q_2라 하면 Q_2는 $\overline{AB}$의 연장선 위에 존재한다. $\overline{CD_2} = 2\sqrt{11}$ 이므로 원 위의 점 P에 대하여 $\overline{Q_2P} = \sqrt{11}$ 이다.

또한 $\overline{AB}$의 중점을 M이라 하면 $\overline{Q_2M} = 3$이다.

한편, $\overrightarrow{PA} \cdot \overrightarrow{PB} = \overline{PM}^2 - \overline{AM}^2$이고

$$\overline{PM} \leq \overline{Q_2M} + \overline{Q_2P} \text{이므로}$$

$$\begin{aligned}
\overrightarrow{PA} \cdot \overrightarrow{PB} &\leq \left(\overline{Q_2M} + \overline{Q_2P}\right)^2 - \overline{AM}^2 \\
&= (3 + \sqrt{11})^2 - (2)^2 \\
&= 16 + 6\sqrt{11}
\end{aligned}$$

따라서 $M = 16 + 6\sqrt{11}$

$$m + M = 0 + 16 + 6\sqrt{11} = 16 + 6\sqrt{11}$$

$a = 16$, $b = 6$이므로 $a + b = 22$

41 정답 44

(가)에서 $\overrightarrow{OP} \cdot (\overrightarrow{OB} - \overrightarrow{OA}) = 0$이므로 $\overrightarrow{OP} \perp \overrightarrow{AB}$ 이다.

$\overline{AB}$의 중점을 M이라 할 때 (나)에서

$$|\overrightarrow{PA}|^2 + |\overrightarrow{PB}|^2 = 2(\overline{PM}^2 + \overline{AM}^2) = 200$$

이므로 $\overline{PM}^2 + \overline{AM}^2 = 100$

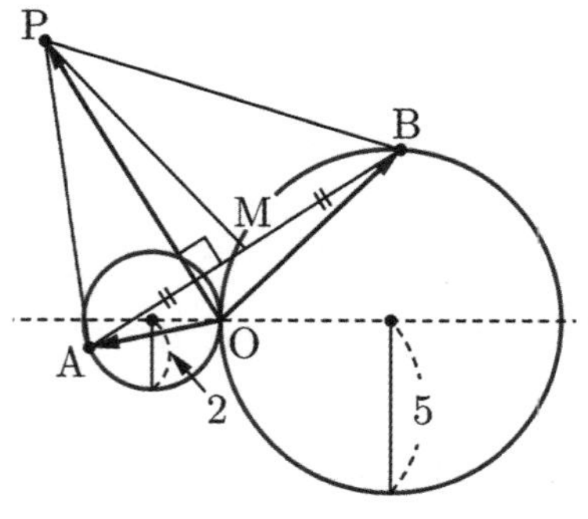

또한 $\overrightarrow{PA} \cdot \overrightarrow{PB} = \overline{PM}^2 - \overline{AM}^2$이고 [랑데뷰세미나(233) 참고]

$\overline{PM}^2 = 100 - \overline{AM}^2$에서

$$\overrightarrow{PA} \cdot \overrightarrow{PB} = 100 - 2\overline{AM}^2 \text{이다.}$$

따라서 $\overline{AM}$의 길이가 최대일 때 $\overrightarrow{PA} \cdot \overrightarrow{PB}$은 최소가 된다.

두 원의 중심과 교점 O를 지나는 직선 위에 A, B가 존재할 때 $\overline{AB} = 14$이므로 $\overline{AM} \leq 7$이다.

따라서

$$\begin{aligned}
\overrightarrow{PA} \cdot \overrightarrow{PB} &= 100 - 2\overline{AM}^2 \\
&\geq 100 - 2 \times 49 = 2
\end{aligned}$$

그때 직각삼각형 POM에서

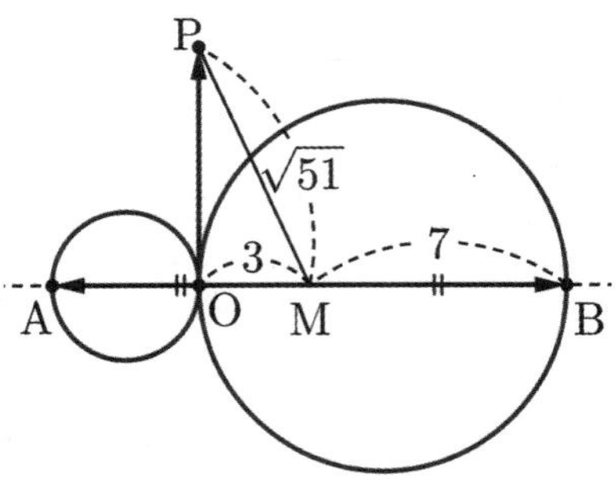

$\overline{OP}^2 = \overline{PM}^2 - \overline{OM}^2$에서

$\overline{PM}^2 = 100 - 49 = 51$, $\overline{OM}^2 = (7-4)^2 = 9$이므로

$$k^2 = 51 - 9 = 42$$

$$\therefore \ m + k^2 = 2 + 42 = 44$$

[다른 풀이]–유승희T

$$\begin{aligned}
|\overrightarrow{AB}|^2 &= |\overrightarrow{PB} - \overrightarrow{PA}|^2 \\
&= |\overrightarrow{PA}|^2 + |\overrightarrow{PB}|^2 - 2\overrightarrow{PA} \cdot \overrightarrow{PB} \\
&= 200 - 2\overrightarrow{PA} \cdot \overrightarrow{PB} \quad (\because (나))
\end{aligned}$$

$$\overrightarrow{PA} \cdot \overrightarrow{PB} = 100 - \frac{1}{2}|\overrightarrow{AB}|^2 \quad \cdots \text{㉠}$$

$\overrightarrow{PA} \cdot \overrightarrow{PB}$이 최솟값을 가질 때는 $|\overrightarrow{AB}|$이 최대일 때이다.

즉, $\overline{OA}, \overline{OB}$가 모두 지름인 경우이고 그때, $\overline{AB} = 14$이고 ㉠에서 $\overrightarrow{PA} \cdot \overrightarrow{PB} = 2$이다.

$$\therefore \ m = 2 \quad \cdots \text{㉡}$$

또한, (가)에서 $\overrightarrow{OP} \cdot (\overrightarrow{OB} - \overrightarrow{OA}) = 0$

$\overrightarrow{OP} \cdot \overrightarrow{AB} = 0$이므로 $\overrightarrow{OP} \perp \overrightarrow{AB}$ 이다.

따라서, 다음 그림과 같다.

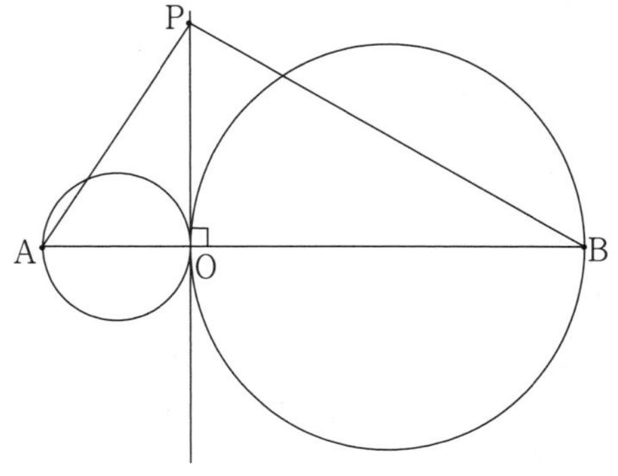

또한, $\overrightarrow{OP}=k$이므로 (나)에서 $|\overrightarrow{PA}|^2+|\overrightarrow{PB}|^2=200$

$(4^2+k^2)+(10^2+k^2)=200$

$\therefore k^2=42 \quad \cdots \boxdot$

$\boxdot$, $\boxdot$에서 $\therefore m+k^2=44$

42 정답 11

$\overrightarrow{OQ}=2$, $\overrightarrow{OQ}=\overrightarrow{OR}+\overrightarrow{PR}$이므로

점 R은 점 $O(0,0)$와 점 $P(t,0)$가 초점이고 장축의 길이가 2인 타원 위의 점이다.

다음 그림과 같이 $\overrightarrow{OR}=k$라 하면 $\overrightarrow{QR}=\overrightarrow{PR}=2-k$이고 $\angle QRP=\theta$라 하자.

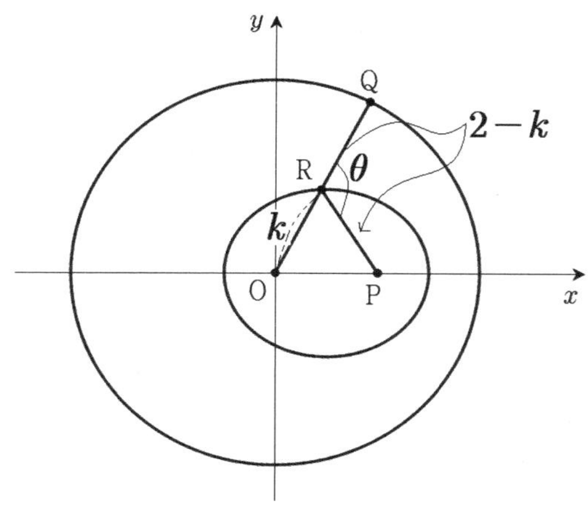

$\overrightarrow{OR}\cdot\overrightarrow{PQ}$

$=\overrightarrow{OR}\cdot(\overrightarrow{RQ}-\overrightarrow{RP})$

$=\overrightarrow{OR}\cdot\overrightarrow{RQ}-\overrightarrow{OR}\cdot\overrightarrow{RP}$

$=k(2-k)-k(2-k)\cos\theta\cdots\boxdot$

한편, $\overrightarrow{OR}+\overrightarrow{RP}=\overrightarrow{OP}$에서

$|\overrightarrow{OR}+\overrightarrow{RP}|^2=|\overrightarrow{OP}|^2\rightarrow$

$k^2+2k(2-k)\cos\theta+(2-k)^2=t^2$

정리하면

$2k(k-2)+2k(2-k)\cos\theta=t^2-4$

양변에 $\times\left(-\dfrac{1}{2}\right)$

$k(2-k)-k(2-k)\cos\theta=2-\dfrac{1}{2}t^2\cdots\boxdot$

$\boxdot$, $\boxdot$에서

$\overrightarrow{OR}\cdot\overrightarrow{PQ}=2-\dfrac{1}{2}t^2$

$\dfrac{1}{2}\le t\le\dfrac{3}{2}$에서 $\dfrac{7}{8}\le\overrightarrow{OR}\cdot\overrightarrow{PQ}\le\dfrac{15}{8}$이다.

따라서 $M=\dfrac{15}{8}$, $m=\dfrac{7}{8}$

$\therefore 4(M+m)=11$

타원 $\dfrac{x^2}{a^2}+\dfrac{y^2}{b^2}=1 \ (a>b>0)$의 두 초점 F', F에서 접선 l에 내린 수선의 발을 H', H라 할 때, $\overline{FH}\times\overline{F'H'}=b^2$이 성립한다.

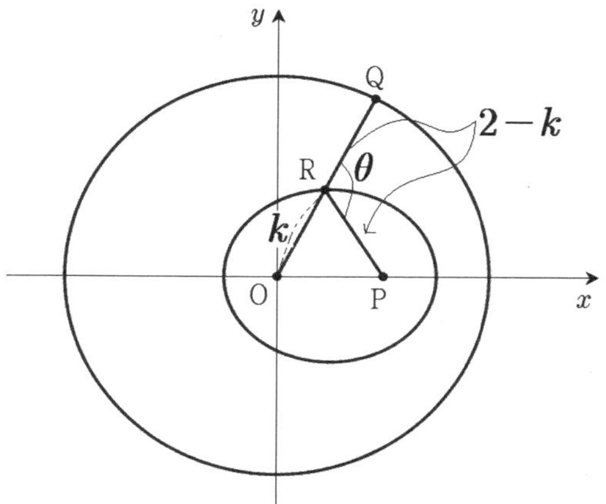

그림의 타원은 $a=1$이고 타원의 중심에서 초점까지 거리가 $\dfrac{1}{2}t$

이므로 $b^2=a^2-c^2=1-\dfrac{1}{4}t^2$

$\overrightarrow{OR}\cdot\overrightarrow{PQ}=|\overrightarrow{OR}||\overrightarrow{PQ}|\cos\theta$

$\qquad\quad=|\overrightarrow{OR}|\cos\theta\times|\overrightarrow{PQ}|$

$\qquad\quad=|\overrightarrow{OH'}|\times2|\overrightarrow{PH}|$

$\qquad\quad=2b^2$

$\qquad\quad=2\left(1-\dfrac{1}{4}t^2\right)$

$\qquad\quad=2-\dfrac{1}{2}t^2$

43 정답 50

점 B를 원점으로 하고 직선 BA를 x축으로 잡으면

$A\left(\dfrac{5}{2},0\right)$이고 타원의 방정식은 $\dfrac{x^2}{9}+\dfrac{y^2}{16}=1$이다.

$A'(5,0)$이라 하면 $\overrightarrow{A'B}=2\vec{a}$이므로 다음 그림과 같다.

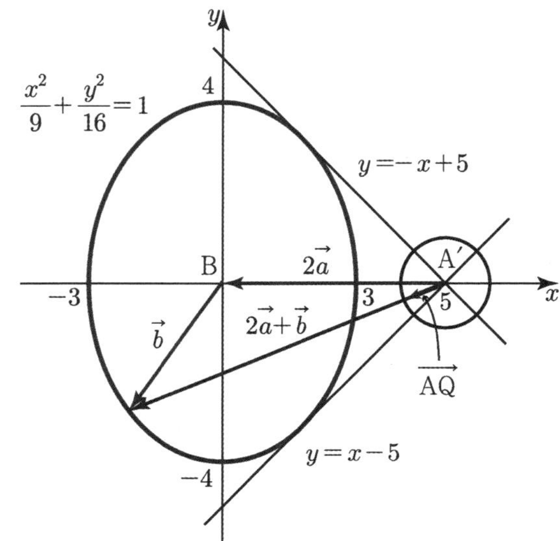

$A'(5, 0)$에서 타원 $\dfrac{x^2}{9}+\dfrac{y^2}{16}=1$에 그은 접선의 방정식을 구해보자.

접선의 기울기를 m이라 하면 $y=mx\pm\sqrt{9m^2+16}$ 이고 $(5, 0)$을 대입하면 $25m^2=9m^2+16$

$\therefore\ m=\pm1$

따라서 두 접선이 이루는 각은 $\dfrac{\pi}{2}$이다.

한편 $2\vec{a}+\vec{b}=\overrightarrow{A'P}$ 이고

$\overrightarrow{AQ}$는 $\overrightarrow{A'P}$중 크기가 1인 벡터이므로 점 Q가 나타내는 도형의 길이 $l=1\times\dfrac{\pi}{2}=\dfrac{\pi}{2}$이다.

따라서 $\dfrac{100l}{\pi}=\dfrac{100}{\pi}\times\dfrac{\pi}{2}=50$

44 정답 6

$\dfrac{\overrightarrow{OQ}}{\sqrt{3}}=\dfrac{2}{3}\overrightarrow{OP}+\vec{a}$ 에서

$\overrightarrow{OQ}=\dfrac{2}{\sqrt{3}}\overrightarrow{OP}+\sqrt{3}\times(\sqrt{3}, 1)$

$\qquad=\overrightarrow{OP'}+(3, \sqrt{3})$

이때, 점 P'는 중심이 O이고 반지름의 길이가 2인 원 위의 점이다. 따라서 점 Q는 다음 그림과 같이 중심이 정삼각형 OAB의 무게중심 $(3, \sqrt{3})$이고 반지름의 길이가 2인 원 위의 점이다.

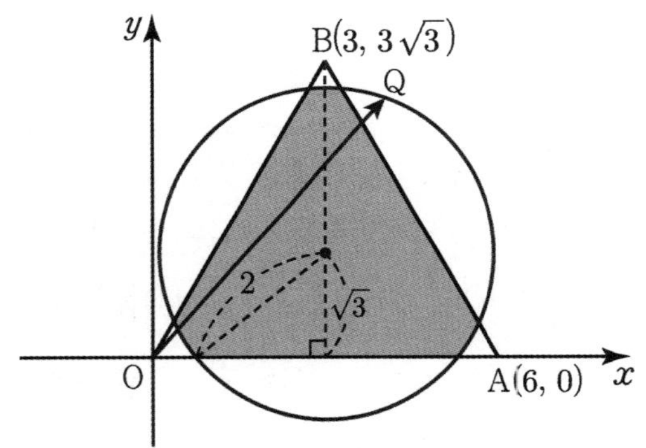

점 Q가 나타내는 도형과 정삼각형 OAB의 경계 및 내부가 겹쳐지는 부분은 색칠한 부분이다. 따라서 넓이 S는

$S=4\pi-3\times\left(\dfrac{1}{2}\times2^2\times\dfrac{\pi}{3}-\dfrac{1}{2}\times2\times\sqrt{3}\right)$

$\quad=4\pi-2\pi+3\sqrt{3}$

$\quad=2\pi+3\sqrt{3}$

$\therefore\ a=2,\ b=3$

$\therefore\ ab=6$

45 정답 8

원 $(x-3)^2+(y-4)^2=1$의 중심을 Q라 두면

$\overrightarrow{OP}=\overrightarrow{OQ}+\overrightarrow{QP}$이고 다음 그림과 같이 $\overrightarrow{QP}=\overrightarrow{OP'}$이므로 $\overrightarrow{OP}=\overrightarrow{OQ}+\overrightarrow{OP'}$이다.

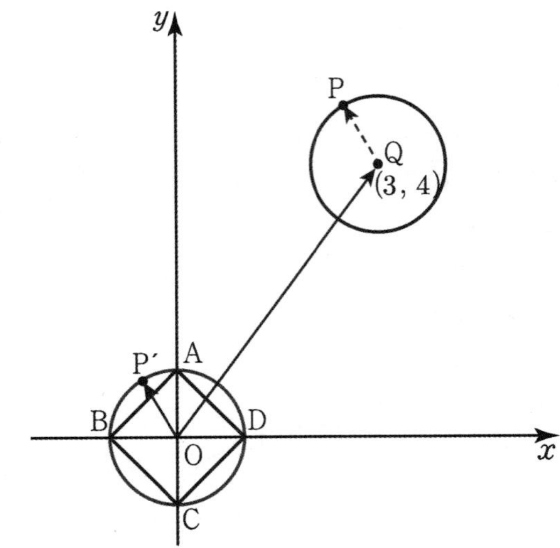

점 P'는 $x^2+y^2=1$위의 점이므로 P'(a, b)라 두면 $a^2+b^2=1$이 성립한다.

따라서 $\overrightarrow{OP}=(3, 4)+(a, b)=(a+3, b+4)$

한편 A$(0, 1)$, B$(-1, 0)$, C$(0, -1)$, D$(1, 0)$이므로

$\overrightarrow{CB}=(-1, 0)-(0, -1)=(-1, 1)$

$\overrightarrow{CD}=(1, 0)-(0, -1)=(1, 1)$

따라서

$\overrightarrow{CB}\cdot\overrightarrow{OP}=(-1, 1)\cdot(a+3, b+4)=-a+b+1$

$(a^2+b^2)\{(-1)^2+1^2\}\geq(-a+b)^2$ (by 코시 부등식)

$-\sqrt{2}\leq-a+b\leq\sqrt{2}$

$\therefore\ 1-\sqrt{2}\leq-a+b+1\leq1+\sqrt{2}$

이므로 $\alpha=1-\sqrt{2}$

$\overrightarrow{CD}\cdot\overrightarrow{OP}=(1, 1)\cdot(a+3, b+4)=a+b+7$

$(a^2+b^2)(1^2+1^2)\geq(a+b)^2$에서 (by 코시 부등식)

$-\sqrt{2}\leq a+b\leq\sqrt{2}$

$\therefore\ 7-\sqrt{2}\leq a+b+7\leq7+\sqrt{2}$

이므로 $\beta=7+\sqrt{2}$

따라서 $\alpha+\beta=8$

46 정답 ②

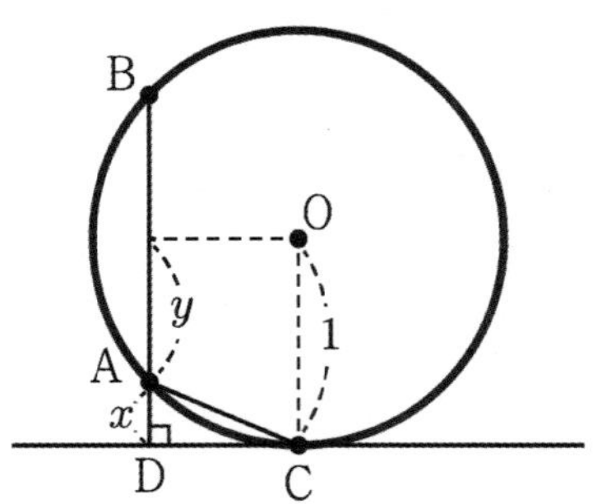

$$\overrightarrow{AB} \cdot \overrightarrow{AC}$$
$$= |\overrightarrow{AB}||\overrightarrow{AC}|\cos\theta$$
$$\geq \overrightarrow{AB} \times (-\overrightarrow{AD})$$
$$= (2y)(-x)$$
$$= -2x(1-x)$$
$$= 2x^2 - 2x = 2\left(x - \frac{1}{2}\right)^2 - \frac{1}{2} \geq -\frac{1}{2}$$

[다른 풀이]

다음 그림과 같이 $\overline{BC}$ 의 중점을 M이라 하고 $\overline{AM}$ 의 연장선이 원과 만나는 점을 D라 하자.

$\overline{AM} = x,\ \overline{MB} = y$라 할 때

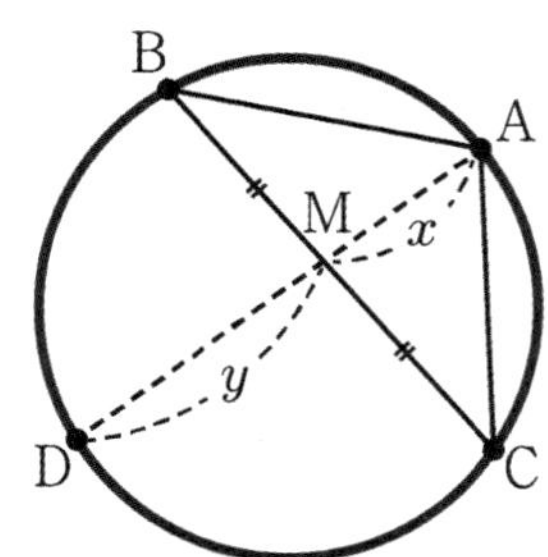

$$\overrightarrow{AB} \cdot \overrightarrow{AC}$$
$$= (\overrightarrow{AM} + \overrightarrow{MB}) \cdot (\overrightarrow{AM} + \overrightarrow{MC})$$
$$= |\overrightarrow{AM}|^2 + \overrightarrow{AM} \cdot \overrightarrow{MC} + \overrightarrow{MB} \cdot \overrightarrow{AM} + \overrightarrow{MB} \cdot \overrightarrow{MC}$$
$$= |\overrightarrow{AM}|^2 + \overrightarrow{AM} \cdot (\overrightarrow{MC} + \overrightarrow{MB}) + |\overrightarrow{MB}||\overrightarrow{MC}|\cos\pi$$
$$= |\overrightarrow{AM}|^2 - |\overrightarrow{MB}||\overrightarrow{MC}|$$
$$= |\overrightarrow{AM}|^2 - \overrightarrow{MA} \times \overrightarrow{MD} \ (\text{방멱의 정리})$$
$$= x^2 - xy$$
$x + y = l$이라 하면 $0 < l \leq 2$
$$\overrightarrow{AB} \cdot \overrightarrow{AC}$$
$$= x^2 - x(l - x)$$
$$= 2x^2 - lx$$
$$= 2\left(x - \frac{l}{4}\right)^2 - \frac{l^2}{8} \geq -\frac{1}{2} \ (\because l = 2)$$

47 정답 18

$a \neq 0,\ b < 0$이고 $|\overrightarrow{OP}| = 3$이므로 점 P는 반원 $x^2 + y^2 = 9$ $(y < 0)$ 위의 점이다. (단, $(0, -3)$ 제외)

$\overrightarrow{OP}$와 $\overrightarrow{OQ}$가 이루는 예각의 크기를 θ라 하면

$|\overrightarrow{OP}| = 3$ 이므로

$\overrightarrow{OP} \cdot \overrightarrow{OQ} = |\overrightarrow{OP}||\overrightarrow{OQ}|\cos\theta = 6$에서

$|\overrightarrow{OQ}|\cos\theta = 2$이다.

점 Q가 하나뿐이기 위해서는 다음 그림과 같이 점 Q는 원 $(x-5)^2 + y^2 = 4$ 와 반지름의 길이가 2인 반원 $x^2 + y^2 = 4$ $(y < 0)$에 동시에 접하는 직선 (공통접선)의 원 $(x-5)^2 + y^2 = 4$ 위의 제1사분면에 있는 접점이어야 한다.

또한 공통접선과 반원 $x^2 + y^2 = 4$ $(y < 0)$의 접점을 S라 할 때, 직선 OS와 반원 $x^2 + y^2 = 9$ $(y < 0)$의 교점이 P이다.

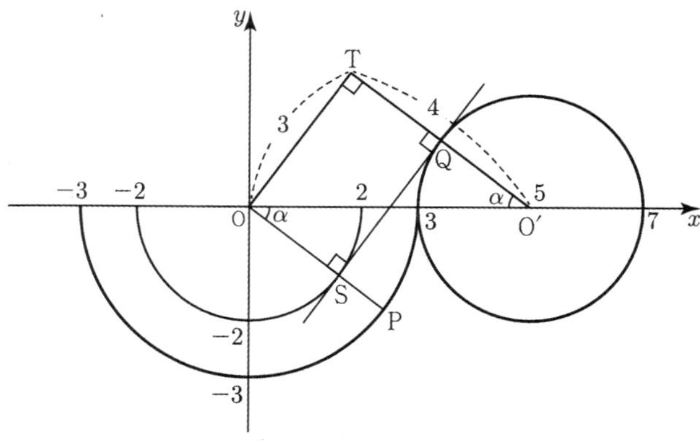

===

반원 $x^2 + y^2 = 4$ $(y < 0)$과 원 $(x-5)^2 + y^2 = 4$에 동시에 접하는 접선은 $y = -2$도 있지만 그 때의 접점이 $(0, -2)$이므로 점 P의 좌표가 $(0, -3)$이 되어 $a \neq 0$이라는 조건에 모순이다.

===

점 $O'(5, 0)$이라 할 때, $\angle O'QS = \angle OSQ = \dfrac{\pi}{2}$이고

원점 O에서 직선 $O'Q$에 내린 수선의 발을 T라 하면

$\overline{O'T} = \overline{O'Q} + \overline{QT} = 2 + 2 = 4 \ (\because \overline{OS} = \overline{QT})$

$\overline{OO'} = 5$

따라서 직각삼각형 $OO'T$에서 $\overline{OT} = 3$이다.

$\angle OO'T = \alpha$라 하면 $\tan\alpha = \dfrac{3}{4}$이다.

직선 $O'Q$와 직선 OS는 평행하므로

직선 OS의 기울기는 $\tan(\pi - \alpha) = -\dfrac{3}{4}$이다.

따라서 점 P는 직선 $y = -\dfrac{3}{4}x$와 $x^2 + y^2 = 9$ $(y < 0)$의 교점을 구하면 $x = \dfrac{12}{5},\ y = -\dfrac{9}{5}$이다.

따라서 $\overrightarrow{OP} = \left(\dfrac{12}{5}, -\dfrac{9}{5}\right)$이다.

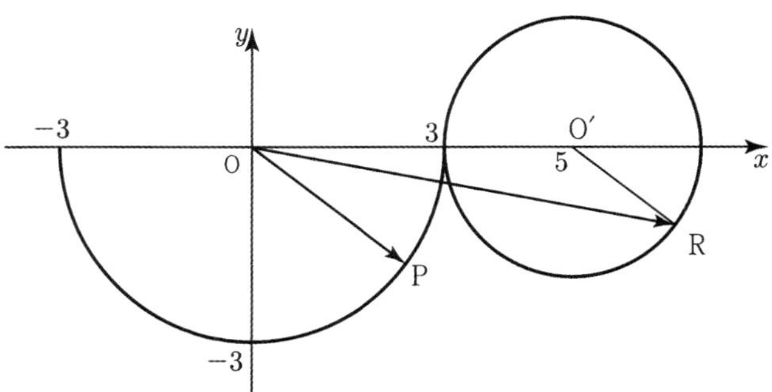

$$\overrightarrow{OP} \cdot \overrightarrow{OR}$$
$$= \overrightarrow{OP} \cdot (\overrightarrow{OO'} + \overrightarrow{O'R})$$
$$= \overrightarrow{OP} \cdot \overrightarrow{OO'} + \overrightarrow{OP} \cdot \overrightarrow{O'R}$$
$$= \left(\frac{12}{5}, -\frac{9}{5}\right) \cdot (5, 0) + |\overrightarrow{OP}||\overrightarrow{O'R}|\cos\beta$$
$$= 12 + 3 \times 2 \times \cos\beta$$
$$\leq 18 \ (\because \cos\beta \leq 1)$$

조건 (가)에서 $|\overrightarrow{BH}|=3k$, $|\overrightarrow{HC}|=4k\,(k>0)$라 하면
$|\overrightarrow{BC}|=7k$
조건 (나)에서 $\overrightarrow{BA}\cdot\overrightarrow{BC}=|\overrightarrow{BH}|\times|\overrightarrow{BC}|=84$
$3k\times 7k=84$이므로 $k=2$이고 $|\overrightarrow{BC}|=14$
조건 (다)에서 삼각형 ABC의 넓이는 42이므로
$\dfrac{1}{2}\times|\overrightarrow{BC}|\times|\overrightarrow{AH}|=42$에서 $|\overrightarrow{AH}|=6$
따라서
$\overrightarrow{AB}\cdot\overrightarrow{AH}=|\overrightarrow{AB}||\overrightarrow{AH}|\cos(\angle BAH)=|\overrightarrow{AH}|^2=36$

원 C_2의 중심을 A라 하면
$\overrightarrow{OP}\cdot\overrightarrow{OQ}$
$=\overrightarrow{OP}\cdot(\overrightarrow{OA}+\overrightarrow{AQ})$
$=\overrightarrow{OP}\cdot\overrightarrow{OA}+\overrightarrow{OP}\cdot\overrightarrow{AQ}$이므로
원 C_1위의 임의의 점 P에 대한 $\overrightarrow{OP}\cdot\overrightarrow{OQ}$의 최댓값은
$\overrightarrow{OP}/\!/\overrightarrow{AQ}$인 점 Q가 C_2에 잡힐 때 나타난다.
원 C_1위의 점과 원점 O를 잇는 직선과 x축이 이루는 각을 θ라
하면 다음 그림과 같이 $-\dfrac{\pi}{4}\le\theta\le\dfrac{\pi}{4}$이다.
따라서 반지름의 길이가 2인 원 C_2 위의 점 Q가 그리는 자취는
중심각이 $\dfrac{\pi}{2}$인 부채꼴이므로
$2\times\dfrac{\pi}{2}=\pi$에서 $a=1$

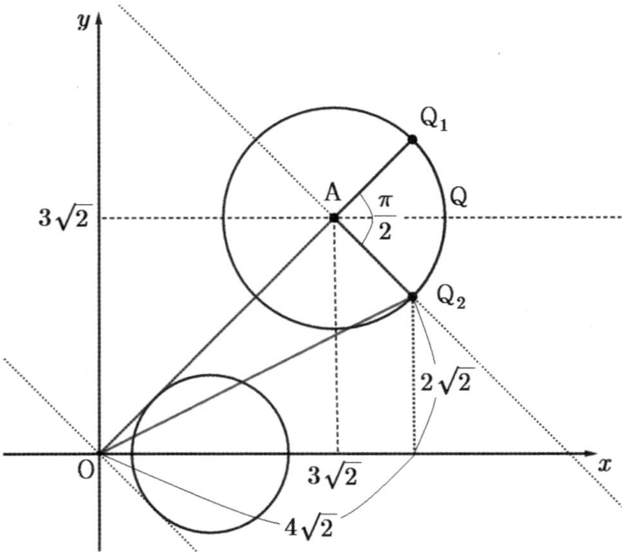

$|\overrightarrow{OQ}|$의 최댓값은 점 Q가 Q_1에 위치할 때이므로
$\sqrt{(3\sqrt{2})^2+(3\sqrt{2})^2}+2=6+2=8$에서
$b=8$
$|\overrightarrow{OQ}|$의 최솟값은 점 Q가 Q_2에 위치할 때이므로
$\sqrt{(3\sqrt{2}+\sqrt{2})^2+(3\sqrt{2}-\sqrt{2})^2}=2\sqrt{10}$에서

$c=2$
따라서 $abc=16$

$\overrightarrow{OC}$와 $\overrightarrow{OD}$가 이루는 각을 θ라 하면 (나)에서
$\overrightarrow{OC}\cdot\overrightarrow{OD}=\cos\theta=-\dfrac{1}{12}$이다.
$x\overrightarrow{OA}+4\overrightarrow{OB}=-3\overrightarrow{OC}-2\overrightarrow{OD}$ 에서 양변 제곱하면
$x^2+16+8x(\overrightarrow{OA}\cdot\overrightarrow{OB})=13-1=12$
$\overrightarrow{OA}\cdot\overrightarrow{OB}=-\left(\dfrac{x}{8}+\dfrac{4}{8x}\right)\le-\dfrac{1}{2}$
등호는 $8x^2=32$, 즉 $x=2\,(x>0)$일 때 성립한다.
$\overrightarrow{OA}\cdot\overrightarrow{OB}$의 값이 최대일 때는 $\overrightarrow{OA}$와 $\overrightarrow{OB}$가 이루는 각을 a라
할 때 $\overrightarrow{OA}\cdot\overrightarrow{OB}=\cos a=-\dfrac{1}{2}$이다.
즉, $a=\dfrac{2}{3}\pi$
다음 그림과 같은 상황이다.

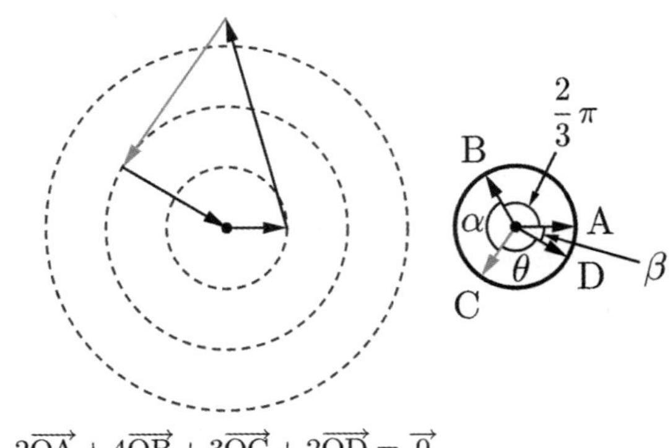

$$2\overrightarrow{OA}+4\overrightarrow{OB}+3\overrightarrow{OC}+2\overrightarrow{OD}=\overrightarrow{0}$$

따라서 $\alpha+\beta+\theta+\dfrac{2}{3}\pi=2\pi$
$\therefore\ \alpha+\beta+\dfrac{2}{3}\pi=2\pi-\theta$
그러므로
$\cos\left(\alpha+\beta+\dfrac{2}{3}\pi\right)$
$=\cos(2\pi-\theta)$
$=\cos\theta$
$=-\dfrac{1}{12}$
따라서 $p=12$, $q=1$
$p+q=13$이다.

$\overrightarrow{OR}$와 $\overrightarrow{OZ}$가 이루는 각을 θ라 하자.
$\overrightarrow{OR}\cdot\overrightarrow{OZ}$의 최댓값은 $\overrightarrow{OR}=(\sqrt{3},3)$이므로
$\overrightarrow{OP}=\overrightarrow{OX}=(\sqrt{3},1)$, $\overrightarrow{OY}=(0,2)$이고 θ가 가장 작을

때이므로

$$\overrightarrow{OZ} = \overrightarrow{OP} + \overrightarrow{OX} + \overrightarrow{OY} = 2(\sqrt{3}, 1) + (0, 2) = (2\sqrt{3}, 4)$$

$$\overrightarrow{OR} \cdot \overrightarrow{OZ} = 6 + 12 = 18$$

$\overrightarrow{OR} \cdot \overrightarrow{OZ}$의 최솟값은 $\overrightarrow{OR} = (\sqrt{3}, 3)$이므로

$$\overrightarrow{OP} = (2, 0), \ \overrightarrow{OX} = (0, 0),$$

$\overrightarrow{OY} = (0, 0)$이고 θ가 가장 클 때이므로

$$\overrightarrow{OZ} = \overrightarrow{OP} + \overrightarrow{OX} + \overrightarrow{OY}$$
$$= (2, 0) + (0, 0) + (0, 0) = (2, 0)$$

$$\overrightarrow{OR} \cdot \overrightarrow{OZ} = 2\sqrt{3}$$

따라서 최댓값과 최솟값의 합이 $18 + 2\sqrt{3}$

[다른 풀이]–미적분 삼각함수 덧셈정리 이용

$P(2\cos\alpha, 2\sin\alpha)$라 하면 $0 \leq \alpha \leq \dfrac{\pi}{6}$이고

$$\overrightarrow{OX} = s\overrightarrow{OP}, \ \overrightarrow{OY} = t\overrightarrow{OQ} \ (0 \leq s, t \leq 1)$$

$$\overrightarrow{OZ} = (1+s)\overrightarrow{OP} + t\overrightarrow{OQ}$$ 이고

$$\overrightarrow{OQ} = \left(2\cos\left(\alpha + \frac{\pi}{3}\right), 2\sin\left(\alpha + \frac{\pi}{3}\right)\right)$$

$\overrightarrow{OZ}$의 x성분이 최소이면서 y성분이 최대일 때는 $s = 0$, $t = 1$,

$\alpha = \dfrac{\pi}{6}$일 때 이므로

$$\overrightarrow{OR} = \left(2\cos\left(\frac{\pi}{6}\right) + 2\cos\left(\frac{\pi}{2}\right), 2\sin\left(\frac{\pi}{6}\right) + 2\sin\left(\frac{\pi}{2}\right)\right)$$
$$= (\sqrt{3}, 3) \ \text{이다.}$$

$$\overrightarrow{OR} \cdot \overrightarrow{OZ} = (\sqrt{3}, 3) \cdot \{(1+s)\overrightarrow{OP} + t\overrightarrow{OQ}\}$$
$$= (\sqrt{3}, 3)$$
$$\cdot \left\{ \left(2(1+s)\cos\alpha, 2(1+s)\sin\alpha\right) + \left(2t\cos\left(\alpha + \frac{\pi}{3}\right), 2t\sin\left(\alpha + \frac{\pi}{3}\right)\right) \right\}$$
$$= (\sqrt{3}, 3)$$
$$\cdot \left(2(1+s)\cos\alpha + 2t\cos\left(\alpha + \frac{\pi}{3}\right), 2(1+s)\sin\alpha + 2t\sin\left(\alpha + \frac{\pi}{3}\right) \right)$$
$$= 2(1+s)\left(\sqrt{3}\cos\alpha + 3\sin\alpha\right) + 2t\left(\sqrt{3}\cos\left(\alpha + \frac{\pi}{3}\right) + 3\sin\left(\alpha + \frac{\pi}{3}\right)\right)$$
$$= 4\sqrt{3}(1+s)\sin\left(\alpha + \frac{\pi}{6}\right) + 4\sqrt{3}\,t\sin\left(\alpha + \frac{\pi}{3} + \frac{\pi}{6}\right)$$
$$= 4\sqrt{3}(1+s)\sin\left(\alpha + \frac{\pi}{6}\right) + 4\sqrt{3}\,t\cos\alpha$$

$\overrightarrow{OR} \cdot \overrightarrow{OZ}$의 최대는 $s = 1$, $t = 1$, $\alpha = \dfrac{\pi}{6}$일 때

$$\overrightarrow{OR} \cdot \overrightarrow{OZ} \leq 4\sqrt{3} \times 2 \times \frac{\sqrt{3}}{2} + 4\sqrt{3} \times 1 \times \frac{\sqrt{3}}{2}$$
$$= 12 + 6 = 18$$

52 정답 ④

ㄱ. $|\overrightarrow{AD}| = 1$, 내접원의 반지름의 길이가 $\dfrac{\sqrt{3}}{3}$이고 직선

MR은 $\overrightarrow{AD}$와 평행하므로

$|\overrightarrow{MR}| = 1 + \dfrac{\sqrt{3}}{3}$이다. (참)

ㄴ. $|\overrightarrow{DA}| = 1$, $|\overrightarrow{DE}| = 2$이고

$$\angle ADE = \frac{\pi}{2} + \frac{\pi}{3} = \frac{5}{6}\pi$$

따라서 $\overrightarrow{DA} \cdot \overrightarrow{DE} = 1 \times 2 \times \cos\dfrac{5}{6}\pi = -\sqrt{3}$ (거짓)

ㄷ. $\overrightarrow{PQ} = \overrightarrow{PM} + \overrightarrow{MR} + \overrightarrow{RQ}$이고 $\overrightarrow{AC}$ 가 $\overrightarrow{PM}$, $\overrightarrow{MR}$, $\overrightarrow{RQ}$와
이루는 각을 각각 α, β, γ라 하면

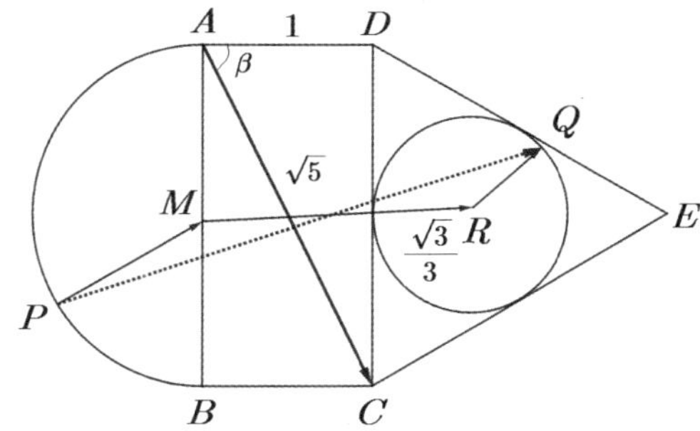

$$\overrightarrow{AC} \cdot \overrightarrow{PQ}$$
$$= \overrightarrow{AC} \cdot (\overrightarrow{PM} + \overrightarrow{MR} + \overrightarrow{RQ})$$
$$= \overrightarrow{AC} \cdot \overrightarrow{PM} + \overrightarrow{AC} \cdot \overrightarrow{MR} + \overrightarrow{AC} \cdot \overrightarrow{RQ}$$
$$= \sqrt{5} \times 1 \times \cos\alpha + \sqrt{5} \times \left(1 + \frac{\sqrt{3}}{3}\right) \times \cos\beta$$
$$+ \sqrt{5} \times \frac{\sqrt{3}}{3} \times \cos\gamma$$

$\overrightarrow{MR} // \overrightarrow{AD}$이므로 $\cos\beta = \dfrac{1}{\sqrt{5}}$이고 $\alpha = \gamma = 0$,

즉 $\cos\alpha = \cos\gamma = 1$일 때 최댓값이 된다.

따라서
$$\overrightarrow{\mathrm{AC}} \cdot \overrightarrow{\mathrm{PQ}} \le \sqrt{5} + \sqrt{5}\left(1 + \frac{\sqrt{3}}{3}\right) \times \frac{1}{\sqrt{5}} + \frac{\sqrt{15}}{3}$$
$$= \sqrt{5} + 1 + \frac{\sqrt{3}}{3} + \frac{\sqrt{15}}{3}$$
$$= (1 + \sqrt{5}) + \frac{\sqrt{3}(1 + \sqrt{5})}{3}$$
$$= (1 + \sqrt{5})\left(1 + \frac{\sqrt{3}}{3}\right) \ (참)$$

53 정답 60

$\vec{p} = (1 - s)\vec{a} + s\vec{b}$ 이므로 $\vec{p}$ 는 두 벡터 $\vec{a}$ 와 $\vec{b}$ 의 종점을 지나는 직선 위에 종점을 둔 벡터이므로 직선 l 은 직선 AB 이다.

$\vec{q} = t\vec{a} + (1 - t)4\vec{b}$ 이므로 $\vec{q}$ 는 두 벡터 $\vec{a}$ 와 $4\vec{b}$ 의 종점을 지나는 직선 위에 종점을 둔 벡터이므로 $\overline{\mathrm{OB}}$ 를 $4 : 3$ 으로 외분하는 점을 B' 라 하면 직선 m 은 직선 AB' 이다.

$\vec{r} = -3u\vec{a} + \vec{b}$ 이므로 $\vec{r}$ 은 점 B 를 지나며 직선 OA 에 평행한 직선이다.

삼각형 OAB 의 넓이가 10이므로 다음 그림과 같이 $\mathrm{A}(0, -4)$, $\mathrm{B}(5, 0)$ 라 할 수 있다.

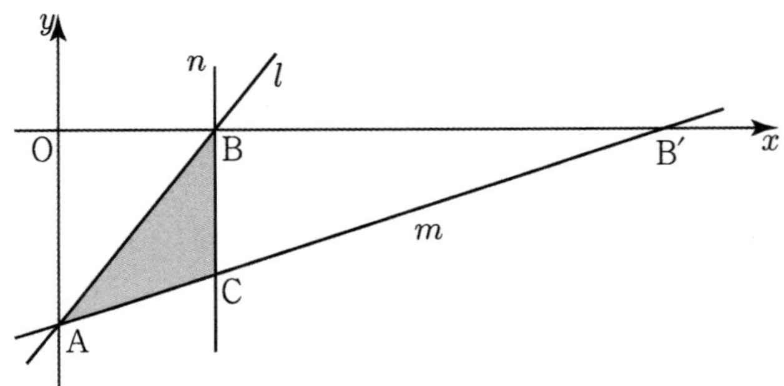

$\mathrm{B}'(20, 0)$ 이고 직선 n 은 $x = 5$ 이므로 점 R 은 직선 $x = 5$ 위의 점이다.

따라서 두 직선 m, n 의 교점을 C 라 하면 세 직선 l, m, n 으로 둘러싸인 도형은 삼각형 ABC 이다.

직선 m 의 방정식이 $y = \frac{1}{5}x - 4$ 이므로 $\mathrm{C}(5, -3)$ 이다.

따라서 삼각형 ABC 의 넓이 S

$$S = \frac{1}{2} \times 5 \times |-3| = \frac{15}{2}$$

따라서 $8S = 60$ 이다.

54 정답 5

$\frac{1}{4}(\overrightarrow{\mathrm{OP}} + \overrightarrow{\mathrm{OQ}}) = \overrightarrow{\mathrm{OS}}$ 라 두면 점 S 가 나타내는 영역은 다음 그림과 같이 한 변의 길이가 1인 정사각형의 둘레 및 내부와 같다.

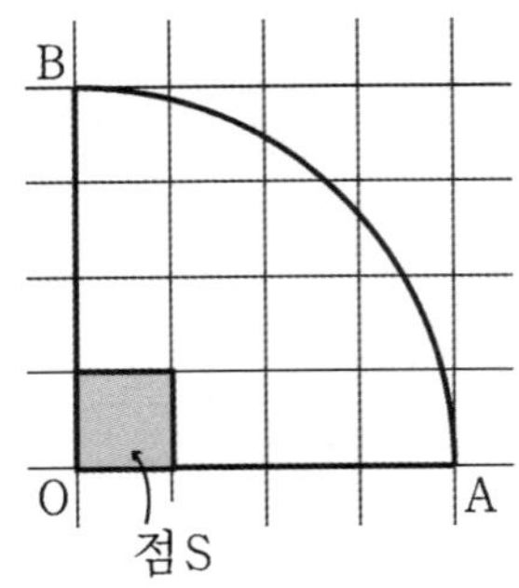

$\frac{1}{2}\overrightarrow{\mathrm{OR}} = \overrightarrow{\mathrm{OT}}$ 라 두면 점 T 가 나타내는 영역은 다음 그림과 같이 반지름의 길이가 2인 사분원의 호와 같다.

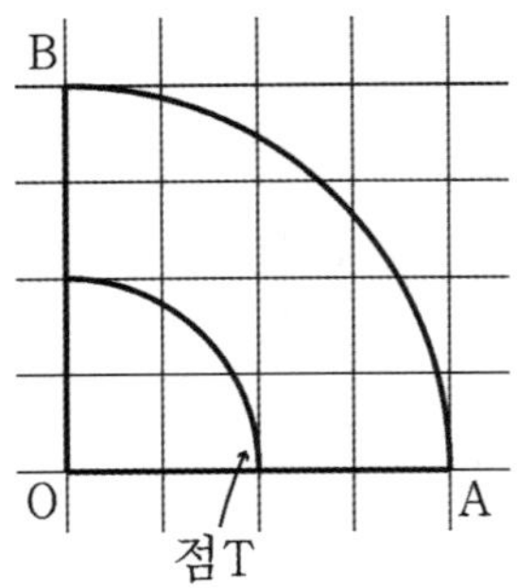

따라서 $\overrightarrow{\mathrm{OX}} = \frac{1}{4}(\overrightarrow{\mathrm{OP}} + \overrightarrow{\mathrm{OQ}}) + \frac{1}{2}\overrightarrow{\mathrm{OR}} = \overrightarrow{\mathrm{OS}} + \overrightarrow{\mathrm{OT}}$

은 색칠된 정사각형의 점 O 를 점 T 의 호로 이동했을 때 나타나는 영역이므로 점 X 가 나타내는 영역은 다음 그림과 같다.

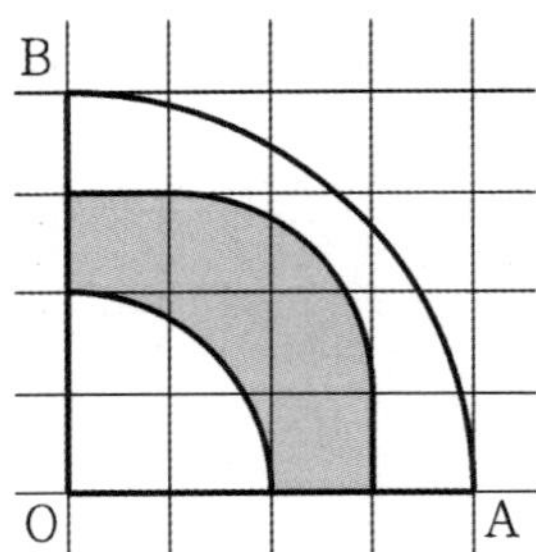

따라서 다음 그림과 같이 사분원 OCD 의 원점 O 를 호 CD 위로 평행이동할 때 한 변의 길이가 1인 정사각형이 그리는 영역이다.

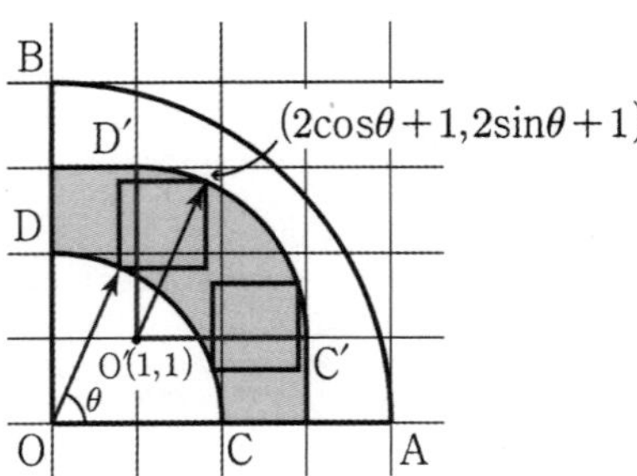

색칠된 부분의 넓이를 S 라 하자.

또한 사분원 OCD 와 사분원 $\mathrm{O}'\mathrm{C}'\mathrm{D}'$ 는 모두 반지름의 길이가 2인 사분원이므로 합동이다. 따라서 두 사분원의 넓이를 S_2 라 하고 다음 그림의 색칠된 부분의 넓이를 S_1 이라 하면

$$S_1 = 5 + S_2 \ 이다.$$

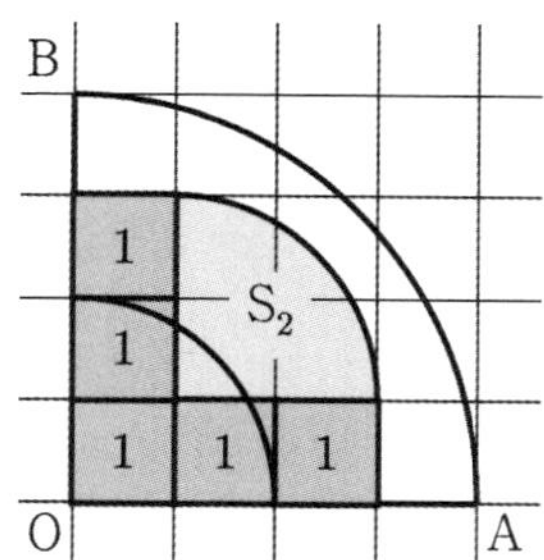

따라서 S는 S_1에서 사분원 OCD의 넓이를 제외하면 되므로
$$S = S_1 - S_2 = 5 + S_2 - S_2 = 5$$

55 정답 3

$P_1(x_1, y_1)$, $P_2(x_2, y_2)$라 하자.

(i) $\overrightarrow{AB} \cdot \overrightarrow{OP_1} = 8$일 때
$$\overrightarrow{AB} \cdot \overrightarrow{OP_1} = (4\sqrt{3}, -4) \cdot (x_1, y_1) = 4\sqrt{3}\,x_1 - 4y_1 = 8$$
따라서 $\sqrt{3}\,x_1 - y_1 = 2 \cdots \bigcirc$을 만족하고 $P_1(x_1, y_1)$이
$x^2 + y^2 = 4$위에 있으므로 $x_1^2 + y_1^2 = 4 \cdots \bigcirc\!\bigcirc$
$\bigcirc$, $\bigcirc\!\bigcirc$을 연립하여 풀면 $x_1 = 0$ 또는 $x_1 = \sqrt{3}$이다.
P_1은 y축 위의 점이 아니므로 $P_1 = (\sqrt{3}, 1)$

(ii) $\overrightarrow{AB} \cdot \overrightarrow{OP_1} = 16$일 때
$$\overrightarrow{AB} \cdot \overrightarrow{OP_1} = (4\sqrt{3}, -4) \cdot (x_1, y_1) = 4\sqrt{3}\,x_1 - 4y_1 = 16$$
따라서 $\sqrt{3}\,x_1 - y_1 = 4 \cdots \bigcirc$을 만족하고 $P_1(x_1, y_1)$이
$x^2 + y^2 = 4$위에 있으므로 $x_1^2 + y_1^2 = 4 \cdots \bigcirc\!\bigcirc$
$\bigcirc$, $\bigcirc\!\bigcirc$을 연립하여 풀면 $x_1 = \sqrt{3}$이다.
$P_1 = (\sqrt{3}, -1)$

① $P_1 = (\sqrt{3}, 1)$일 때,

다음 그림과 같이 두 직선 OA와 OP_1가 원과 만나는 점을 각각
$C(0, -2)$, $D(-\sqrt{3}, -1)$라 할 때, 삼각형 AP_1P_2의 내부
또는 경계에 원점 O가 포함되기 위해서는 점 P_2는 호 CD위에
있으면 된다.

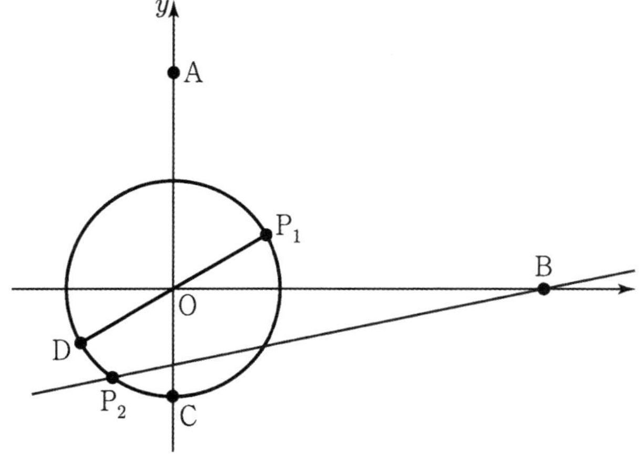

② $P_1 = (\sqrt{3}, -1)$일 때,

다음 그림과 같이 두 직선 OA와 OP_1가 원과 만나는 점을 각각
$C(0, -2)$, $E(-\sqrt{3}, 1)$라 할 때, 삼각형 AP_1P_2의 내부 또는
경계에 원점 O가 포함되기 위해서는 점 P_2는 호 CE위에
있으면 된다.

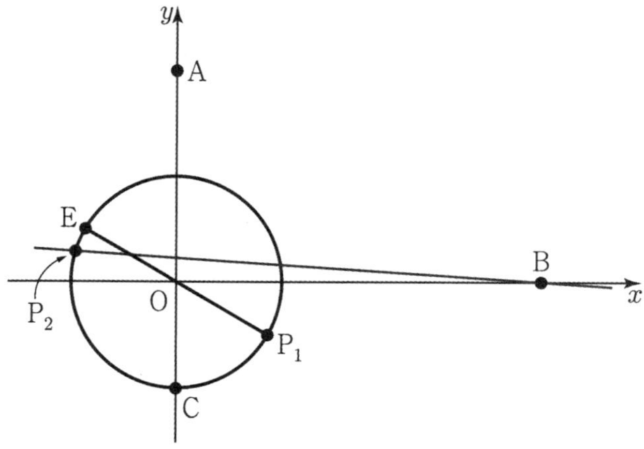

①, ②에서 점 P_2는 호 CE위에 있다. 직선 BP_2의 기울기는
P_2가 C일 때 최대이고 P_2가 E일 때 최소이다. 직선 BP_2의
방향벡터가 $(10, k)$이므로 기울기는 $\dfrac{k}{10}$이다.

따라서 $\dfrac{0-1}{4\sqrt{3} - (-\sqrt{3})} \leq \dfrac{k}{10} \leq \dfrac{0-(-2)}{4\sqrt{3} - 0}$

$-\dfrac{1}{5\sqrt{3}} \leq \dfrac{k}{10} \leq \dfrac{2}{4\sqrt{3}} \Rightarrow -\dfrac{2}{\sqrt{3}} \leq k \leq \dfrac{5}{\sqrt{3}}$

$M = \dfrac{5}{\sqrt{3}}$, $m = -\dfrac{2}{\sqrt{3}}$

따라서 $(M+m)^2 = \sqrt{3}^2 = 3$

56 정답 48

조건 (가)에 의하여 세 점 A, B, C는 한 직선 위에 있고, 조건
(나)에 의하여 직선 AB와 직선 OB는 수직이므로
$\overrightarrow{AC} \perp \overrightarrow{OB}$이다. 따라서 점 B가 접점이므로 $\overline{HC} = \overline{BC} = x$라
하자.
$\overline{AC} = 3\sqrt{3} + x$, $\overline{OC} = \sqrt{9 + x^2}$이고
$\overline{AC} : \overline{OC} = 2 : 1$이므로
$2\sqrt{9 + x^2} = 3\sqrt{3} + x$에서 $x = \sqrt{3}$이다.
$\therefore \ \overline{AC} = 4\sqrt{3}$
한편, 직각삼각형 OHC에서
$\overline{HC} : \overline{OH} = \sqrt{3} : 3 = 1 : \sqrt{3}$이므로
$\angle OCH = \angle OCB = \angle ACK = 60°$이다.
$\therefore \ \overline{CK} = 2\sqrt{3}$, $\overline{AK} = 6$
$$\overrightarrow{AP} \cdot \overrightarrow{AQ} = (\overrightarrow{AO} + \overrightarrow{OP}) \cdot \overrightarrow{AQ}$$
$$= \overrightarrow{AO} \cdot \overrightarrow{AQ} + \overrightarrow{OP} \cdot \overrightarrow{AQ}$$에서
$\overrightarrow{OP}$는 상황에 맞게 설정할 수 있으므로 $\overrightarrow{AO} \cdot \overrightarrow{AQ}$이 최대와
최소가 되는 각각의 Q의 위치를 생각해 보자.

$\overrightarrow{AO} \cdot \overrightarrow{AQ} = |\overrightarrow{AO}||\overrightarrow{AQ}|\cos\theta$에서 다음 그림과 같이 $|\overrightarrow{AQ}|\cos\theta = \overline{AT}$ 이므로 $\overline{AT}$의 길이가 길수록 최댓값을 갖는다. 따라서 $\overrightarrow{AO} \cdot \overrightarrow{AQ}$ 는 Q가 Q_1(C)에 위치할 때 최댓값, Q_2(K)에 위치할 때 최솟값을 갖는다.

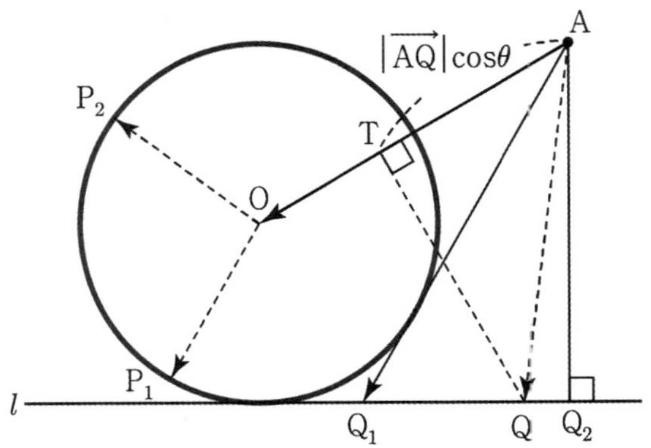

(i) Q가 C에 왔을 때
점 O에서 직선 AC에 내린 수선의 발이 점 B이므로
$$\overrightarrow{AO} \cdot \overrightarrow{AQ} \leq \overrightarrow{AO} \cdot \overrightarrow{AC}$$
$$= |\overrightarrow{AC}||\overrightarrow{AO}|\cos\theta$$
$$= \overline{AC} \times \overline{AB} = 4\sqrt{3} \times 3\sqrt{3} = 36$$

따라서 $\overrightarrow{OP} /\!/ \overrightarrow{AC}$ 일 때 (같은 방향)
$$\overrightarrow{AP} \cdot \overrightarrow{AQ} = \overrightarrow{AO} \cdot \overrightarrow{AQ} + \overrightarrow{OP} \cdot \overrightarrow{AQ}$$
$$\leq \overrightarrow{AO} \cdot \overrightarrow{AC} + \overrightarrow{OP} \cdot \overrightarrow{AC}$$
$$= 36 + 12\sqrt{3}$$
$$\therefore M = 36 + 12\sqrt{3}$$

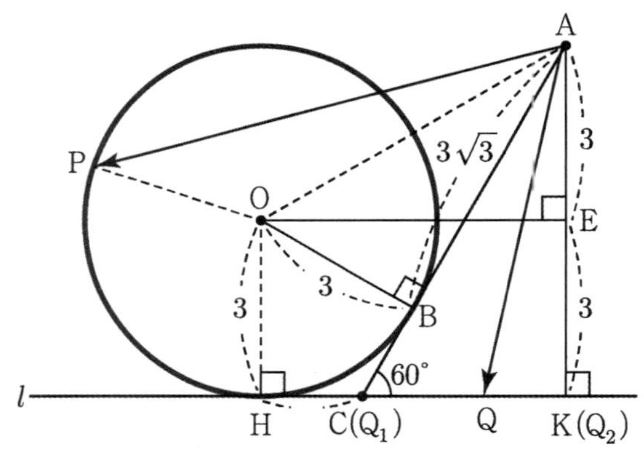

(ii) Q가 K 에 왔을 때
점 O에서 직선 AK에 내린 수선의 발을 점 E라 하면
$\overline{AE} = 3,\ \overline{AK} = 6$이므로
$$\overrightarrow{AO} \cdot \overrightarrow{AQ} \geq \overrightarrow{AO} \cdot \overrightarrow{AK}$$
$$= \overline{AE} \times \overline{AK} = 18$$
따라서 $\overrightarrow{OP} /\!/ \overrightarrow{AK}$ 일 때 (반대 방향)
$$\overrightarrow{AP} \cdot \overrightarrow{AQ} = \overrightarrow{AO} \cdot \overrightarrow{AQ} + \overrightarrow{OP} \cdot \overrightarrow{AQ}$$
$$\geq \overrightarrow{AO} \cdot \overrightarrow{AK} + \overrightarrow{OP} \cdot \overrightarrow{AK}$$
$$= 18 - 18 = 0$$
$$\therefore m = 0$$
따라서 $M + m = 36 + 12\sqrt{3} + 0 = 36 + 12\sqrt{3}$

따라서 $\alpha = 36,\ \beta = 12$
$\alpha + \beta = 48$

[다른 풀이]
$\overrightarrow{AP} \cdot \overrightarrow{AQ}$의 값이 최대가 될 때는 Q가 C 에 위치할 때이다.
그림과 같이 직선 AC의 연장선 위의 점 D에서 $\overrightarrow{AD}$와 수직이며 원에 접하는 접선을 그을 때 접점이 P가 된다.

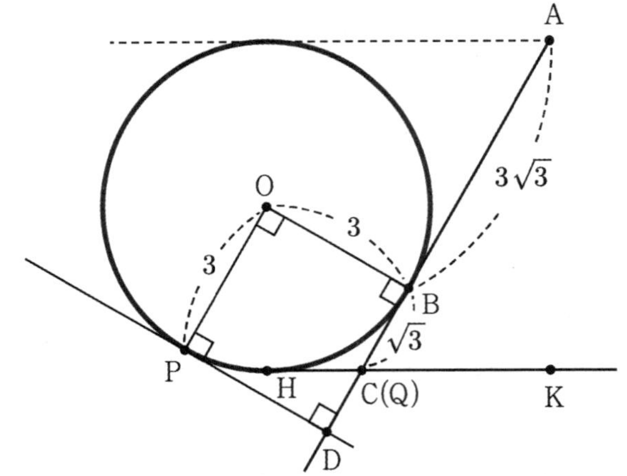

$\overrightarrow{AP}$과 $\overrightarrow{AQ}$가 이루는 각을 θ라 할 때
$$\overrightarrow{AP} \cdot \overrightarrow{AQ} = |\overrightarrow{AP}|\cos\theta |\overrightarrow{AQ}| \leq \overline{AD} \times \overline{AC}$$
사각형 OPDB가 한 변의 길이가 3인 정사각형이므로
$$\overline{AD} \times \overline{AC} = (\overline{AB} + \overline{BD})(\overline{AB} + \overline{BC})$$
$$= (3\sqrt{3}+3)(3\sqrt{3}+\sqrt{3})$$
$$= (3\sqrt{3}+3) \times 4\sqrt{3} = 36 + 12\sqrt{3}$$

[랑데뷰팁]

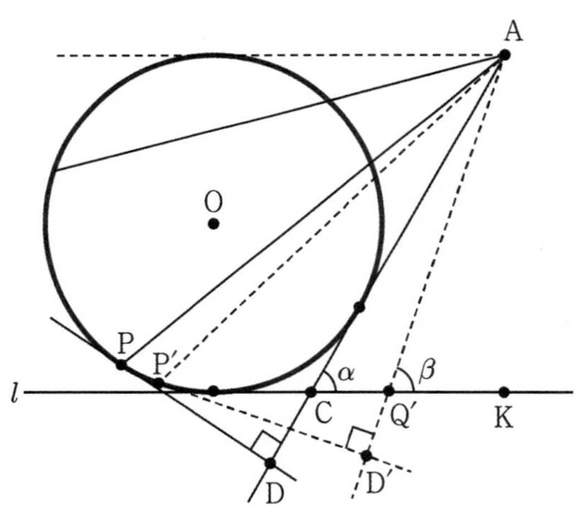

$\beta > \alpha$일 때 $\overrightarrow{AP'} \cdot \overrightarrow{AQ'} = \overline{AQ'} \times \overline{AD'}$
$\overline{AC} \geq \overline{AQ'},\ \overline{AD} \geq \overline{AD'}$이므로 Q가 C에 위치할 때
$\overrightarrow{AP} \cdot \overrightarrow{AQ}$ 가 최대이다.

[그림 : 이호진T]

$|\overrightarrow{OP} + \overrightarrow{OQ}| \geq 2$ 이어야 하므로 $\overrightarrow{OQ} = \overrightarrow{PR}$ 를 만족시키는 점을 R라 할 때,

$|\overrightarrow{OP} + \overrightarrow{OQ}| = |\overrightarrow{OP} + \overrightarrow{PR}| = |\overrightarrow{OR}| \geq 2$ 을 만족시켜야 한다.

이때, 점 P는 직선 $x = 3$을 움직이므로 점 R의 좌표 중 x좌표가 가장 작은 점은 직선 $x = 1$를 움직인다. 그런데 점 Q는 호 AB 위를 움직이므로 최솟값이 2가 되는 경우는 그림과 같이 두 가지 경우이다.

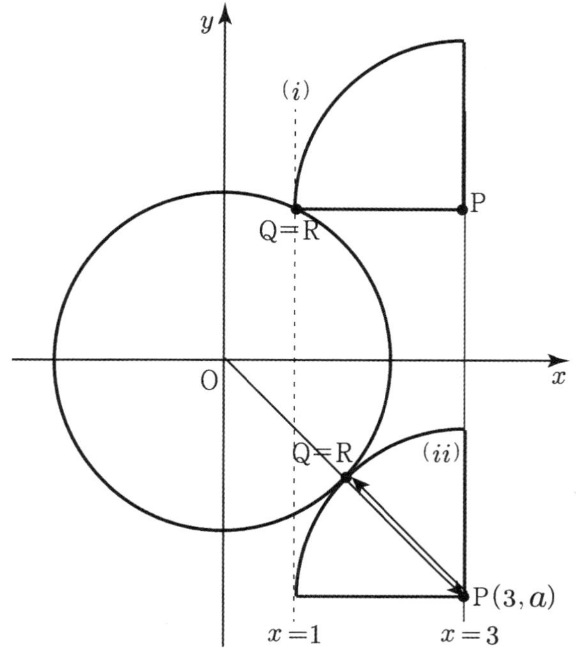

(i) 원 $x^2 + y^2 = 4$에서 $x = 1$일 때, $y = \sqrt{3}$ 이므로 $a = \sqrt{3}$ 이다.

(ii) 두 원 $x^2 + y^2 = 4$, $(x-3)^2 + (y-a)^2 = 4$ 이 서로 외접하는 경우이므로

$\sqrt{3^2 + a^2} = 2 + 2 = 4$

$a^2 = 7$

이때, $a < 0$이므로 $a = -\sqrt{7}$

(i), (ii)에 의하여 모든 실수 a의 값의 곱은 $-\sqrt{21}$ 이다.

$\alpha = -\sqrt{21}$ 이므로 $\alpha^2 = 21$

[출제자 : 김진성T]

[그림 : 이정배T]

(가)에서 점P는 변AB와 변AC를 두변으로 하는 평행사변형에서 s, t조건이 $0 \leq s \leq 1$, $0 \leq t \leq 1$ 이면 경계와 내부에 존재한다.

그런데 문제에서는 s, t조건이 $0 \leq s \leq \dfrac{1}{2}$, $0 \leq t \leq \dfrac{1}{2}$ 이므로 점 P는 변 AB의 중점을 M, 변 AC의 중점을 N이라할 때,

변AM와 변AN를 두 변으로 하는 평행사변형의 경계와 내부에 존재한다.

각 점을 좌표평면에 나타내보면 O$(0, 0)$, A$(2, 0)$, B$(0, 4)$, C$(2, 4)$, M$(1, 2)$, N$(2, 2)$, P(x, y)라 할 수 있다.

(나)에서 $\overrightarrow{OP} = (x, y)$, $\overrightarrow{BC} = (2, 0)$,

$\overrightarrow{AP} = (x-2, y)$, $\overrightarrow{AB} = (-2, 4)$ 이므로

$3\overrightarrow{OP} \cdot \overrightarrow{BC} + \overrightarrow{AP} \cdot \overrightarrow{AB} = 3(2x) + (-2x + 4 + 4y)$
$= 4(x + y) + 4 = 20$

$\therefore x + y = 4$

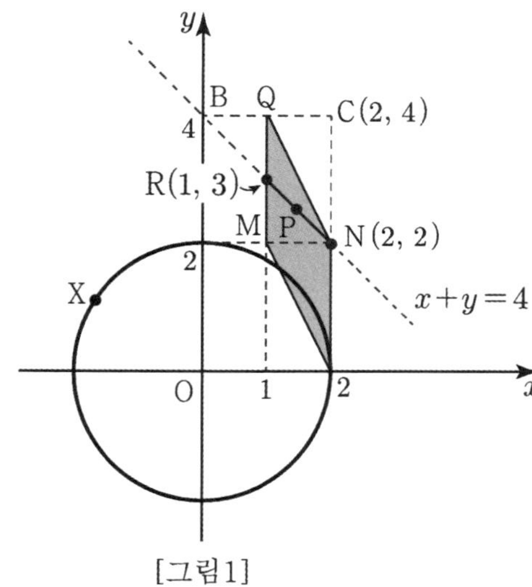

[그림1]

따라서 [그림1]처럼 선분 NR 위에 점P가 존재한다. (단, N$(2, 2)$, R$(1, 3)$)

$\overrightarrow{OP'} = -2\overrightarrow{OP}$라고 하면

$|2\overrightarrow{OP} + \overrightarrow{OX}| = |\overrightarrow{OX} - \overrightarrow{OP'}| = |\overrightarrow{P'X}|$ 가

되므로 $|\overrightarrow{P'X}|$ 의 최댓값과 최솟값을 구하면 된다.

[그림2]를 참조하면

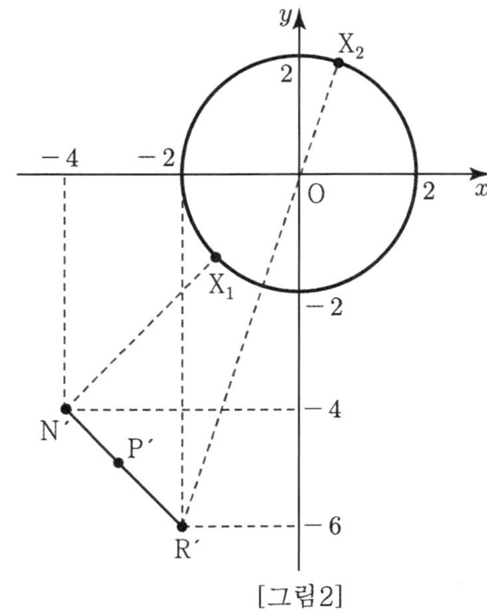

[그림2]

두점 N', R' 사이의 기울기가 -1이므로 P'이 P' = N'에 존재하고 X = X$_1$일 때 $|\overrightarrow{P'X}|$ 가 최솟값 $m = 4\sqrt{2} - 2$를

갖고,

$P^{'}=R^{'}$에 존재하고

$X=X_2$일 때 $|\overrightarrow{P^{'}X}|$가 최댓값 $M=2\sqrt{10}+2$를 갖는다.

따라서 $M+m=a\sqrt{2}+b\sqrt{10}=4\sqrt{2}+2\sqrt{10}$ 이고

$a^2+b^2=4^2+2^2=20$

59 정답 8

점 $A(2,\ -1)$을 지나고 방향벡터가 $\vec{u}=(a,\ 2)$인 직선 l의

방정식은 $\dfrac{x-2}{a}=\dfrac{y+1}{2}$ 이다. 점 P는 직선 l 위의 점이므로

$\dfrac{x-2}{a}=\dfrac{y+1}{2}=t$ (단, t는 실수)에서 점 P의 좌표를

$(at+2,\ 2t-1)$로 놓을 수 있다. 따라서 점 P에서 x축에 내린

수선의 발 Q의 좌표는 $(at+2,\ 0)$, y축에 내린 수선의 발 R의

좌표는 $(0,\ 2t-1)$ 이다.

문제의 조건에 의하여 직선 l과 직선 QR이 서로 수직이므로

직선 l의 방향벡터와 $\overrightarrow{QR}$은 서로 수직이다.

$0=(a,\ 2)\cdot\overrightarrow{QR}$

$\quad=(a,\ 2)\cdot(\overrightarrow{OR}-\overrightarrow{OQ})$

$\quad=(a,\ 2)\cdot(-at-2,\ 2t-1)$

$\quad=-a^2t-2a+4t-2$

정리하면 $t=\dfrac{2a+2}{4-a^2}$ 이다. $\cdots\bigcirc$

또한 두 벡터 $\overrightarrow{OP}$, $\overrightarrow{OA}$가 서로 수직이므로

$0=\overrightarrow{OP}\cdot\overrightarrow{OA}$

$\quad=(at+2,\ 2t-1)\cdot(2,\ -1)$

$\quad=2at+4-2t+1$

정리하면 $t=\dfrac{-5}{2a-2}$ 이다. $\cdots\bigcirc\bigcirc$

$\bigcirc$, $\bigcirc\bigcirc$을 연립하면 $\dfrac{2a+2}{4-a^2}=\dfrac{-5}{2a-2}$ 이므로 정리하면 $a^2=16$

이다. 조건에 의하여 $a>2$ 이므로 $a=4$ 이다. 따라서

$t=-\dfrac{5}{6}$, 점 P의 좌표는 $\left(-\dfrac{4}{3},\ -\dfrac{8}{3}\right)$ 이다.

$|\overrightarrow{AP}|=|\overrightarrow{OP}-\overrightarrow{OA}|$

$\qquad=\left|\left(-\dfrac{4}{3},\ -\dfrac{8}{3}\right)-(2,\ -1)\right|$

$\qquad=\left|\left(-\dfrac{10}{3},\ \dfrac{5}{3}\right)\right|$

$\qquad=\sqrt{\left(\dfrac{10}{3}\right)^2+\left(\dfrac{5}{3}\right)^2}=\dfrac{5\sqrt{5}}{3}$ 이다.

$p=3,\ q=5$

따라서 $p+q=8$

60 정답 2

그림과 같이 점 A에서 선분 BC에 내린 수선의 발을 H, 선분 AH와 원이 만나는 점 중 점 A가 아닌 점을 D라 하자.

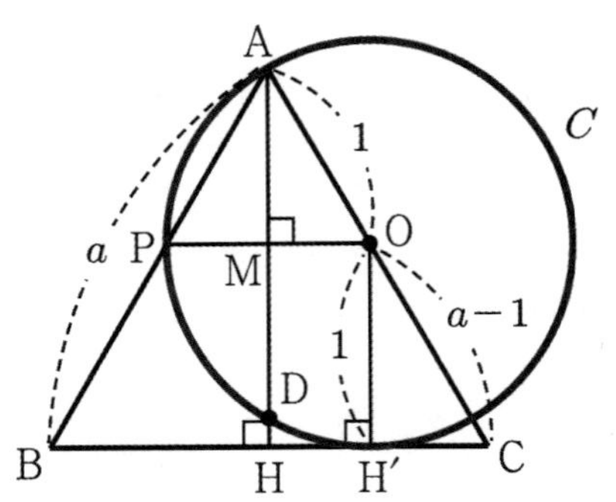

두 벡터 $\overrightarrow{CB}$, $\overrightarrow{AP}$가 이루는 각의 크기를 θ라 하면

$\overrightarrow{CB}\cdot\overrightarrow{AP}=|\overrightarrow{CB}|\times|\overrightarrow{AP}|\times\cos\theta$

이때, $|\overrightarrow{CB}|=a$이므로 $|\overrightarrow{AP}|\times\cos\theta$가 최대일 때,

$\overrightarrow{CB}\cdot\overrightarrow{AP}$가 최댓값을 갖는다.

점 P가 큰 호 AD 위의 점이면 $\theta\geq90°$이므로

$\overrightarrow{CB}\cdot\overrightarrow{AP}\leq0$

점 P가 작은 호 AD 위의 점이면 $\theta\leq90°$이므로

$\overrightarrow{CB}\cdot\overrightarrow{AP}\geq0$

따라서, $\overrightarrow{CB}\cdot\overrightarrow{AP}$가 최댓값을 갖기 위해서는 점 P가 작은 호

AD 위의 점이어야 한다.

점 P를 지나고 선분 BC와 평행한 직선 l을 긋고, 점 A에서

직선 l에 내린 수선의 발을 M이라 하면

$\overrightarrow{PM}=\overrightarrow{AP}\times\cos\theta$이므로 직선 l이 원의 중심을 지날 때,

$|\overrightarrow{AP}|\times\cos\theta$는 최댓값을 갖는다. 따라서, $|\overrightarrow{AP}|\times\cos\theta$의

최댓값은 $1-\overline{OM}=1-\cos\dfrac{\pi}{3}=\dfrac{1}{2}$이다.

그러므로

$\overrightarrow{CB}\cdot\overrightarrow{AP}=|\overrightarrow{CB}|\times|\overrightarrow{AP}|\times\cos\theta\leq\dfrac{1}{2}a\cdots\bigcirc$

한편, 원 C의 중심을 O라 하고, 반지름의 길이가 1이므로 점

O에서 선분 BC에 내린 수선을 발을 $H^{'}$ 이라 하면 두 삼각형

AHC, OH$^{'}$C가 서로 닮음이고, $\overline{AC}=a$이므로

$\overline{AC}:\overline{OC}=\overline{AH}:\overline{OH^{'}}$

$a:(a-1)=\dfrac{\sqrt{3}}{2}a:1$

$(a-1)\dfrac{\sqrt{3}}{2}=1$

$a-1=\dfrac{2}{\sqrt{3}}$

$a=\dfrac{2\sqrt{3}+3}{3}$

$\bigcirc$에서 $\overrightarrow{CB}\cdot\overrightarrow{AP}\leq\dfrac{2\sqrt{3}+3}{6}$

따라서 $m=\dfrac{1}{3},\ n=\dfrac{1}{2}$

$3m+2n=1+1=2$

[다른 풀이]–이지웅T

삼각형 OCH′에서 $\overline{OC}=a-1$, $\overline{OH'}=1$,

$\angle OCH' = \dfrac{\pi}{3}$이므로

$$\sin\frac{\pi}{3} = \frac{1}{a-1} = \frac{\sqrt{3}}{2}$$

$$\therefore \ a = \frac{2\sqrt{3}+3}{3}$$

$$\overrightarrow{CB} \cdot \overrightarrow{AP}$$
$$= \overrightarrow{CB} \cdot (\overrightarrow{AO}+\overrightarrow{OP})$$
$$= \overrightarrow{CB} \cdot \overrightarrow{AO}+\overrightarrow{CB} \cdot \overrightarrow{OP}$$
$$= |\overrightarrow{CB}||\overrightarrow{AO}|\cos\frac{2}{3}\pi+|\overrightarrow{CB}||\overrightarrow{OP}|\cos\theta$$
$$= a\times 1\times\left(-\frac{1}{2}\right)+a\times 1\times\cos\theta$$
$$= -\frac{1}{2}a+a\cos\theta \leq \frac{1}{2}a \ \ (-1\leq\cos\theta\leq 1)$$

따라서

$$\overrightarrow{CB} \cdot \overrightarrow{AP} \leq \frac{2\sqrt{3}+3}{6}$$

[다른 풀이]–김은수T

원 C의 중심을 O라고 하자.

$\overrightarrow{CB} \cdot \overrightarrow{AP} = \overrightarrow{CB} \cdot (\overrightarrow{OP} - \overrightarrow{OA}) = \overrightarrow{CB} \cdot \overrightarrow{OP} - \overrightarrow{CB} \cdot \overrightarrow{OA}$
이고

이 값은 $\overrightarrow{OP}$가 $\overrightarrow{CB}$와 평행일 때 최대이다.

$$\overrightarrow{CB} \cdot \overrightarrow{OP} - \overrightarrow{CB} \cdot \overrightarrow{OA} \leq a\times 1 - a\times 1\times\frac{1}{2} = \frac{1}{2}a$$

(이하 동일)

61 정답 3

$\overline{PA}=2k$, $\overline{PB}=k$ $(k>0)$이라 하자.

$\overrightarrow{PA}\perp\alpha$이므로 삼각형 APQ는 $\angle PAQ=\dfrac{\pi}{2}$인

직각삼각형이다.

이때 $\overline{PA}=2k$, $\overline{PQ}=\sqrt{10}$이므로 $\overline{AQ}=\sqrt{10-4k^2}$

따라서 점 Q가 나타내는 도형은 평면 α위의 점 A를 중심으로 하고 반지름의 길이가 $\sqrt{10-4k^2}$인 원이므로

$$S_1 = (10-4k^2)\pi$$

마찬가지로 $\overrightarrow{PB}\perp\beta$이므로 삼각형 PBR는 $\angle PBR=\dfrac{\pi}{2}$인

직각삼각형이다.

이때 $\overline{PB}=k$, $\overline{PR}=\sqrt{10}$이므로 $\overline{BR}=\sqrt{10-k^2}$이다.

따라서 점 R가 나타내는 도형은 평면 β위의 점 B를 중심으로 하고 반지름의 길이가 $\sqrt{10-k^2}$인 원이므로 $S_2 = (10-k^2)\pi$

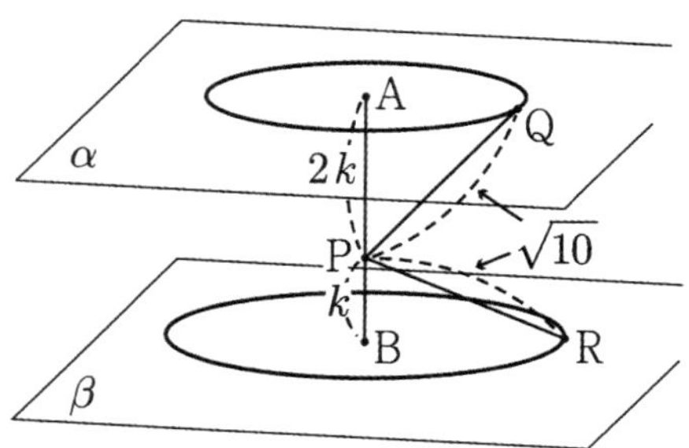

이때 $S_1 : S_2 = 2:3$이므로

$(10-4k^2)\pi : (10-k^2)\pi = 2:3$에서

$20-2k^2 = 30-12k^2 \rightarrow 10k^2 = 10$

$k^2 = 1$

$k>0$이므로 $k=1$

즉, 두 평면 α, β사이의 거리는

$$\overline{AB} = \overline{PA}+\overline{PB} = 2k+k = 3k = 3$$

62 정답 109

조건 (가)에서

$$2\overrightarrow{AB}-5\overrightarrow{PE} = 5\overrightarrow{ED}-2\overrightarrow{FA}$$
$$2\overrightarrow{AB}+5\overrightarrow{EP} = 2\overrightarrow{AF}+5\overrightarrow{ED}$$
$$2(\overrightarrow{AB}-\overrightarrow{AF}) = 5(\overrightarrow{ED}-\overrightarrow{EP})$$
$$2\overrightarrow{FB} = 5\overrightarrow{PD}$$
$$\overrightarrow{PD} = \frac{2}{5}\overrightarrow{FB}$$

벡터 $\overrightarrow{PD}$는 벡터 $\overrightarrow{FB}$와 방향이 같고, $|\overrightarrow{PD}| = \dfrac{2}{5}|\overrightarrow{FB}|$이므로

점 P의 위치는 다음과 같다.

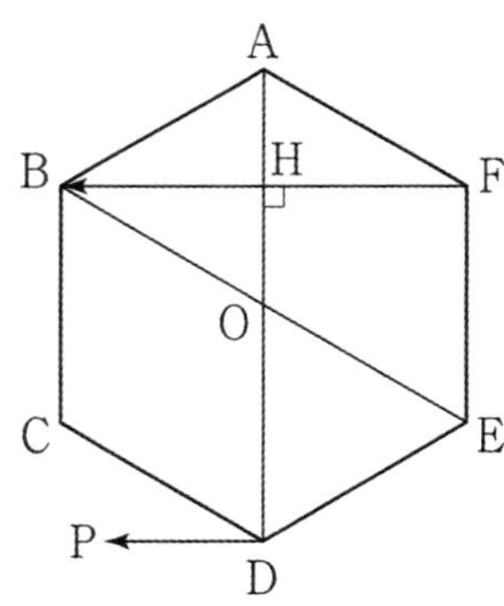

조건 (나)에서

$$|\overrightarrow{BA}+\overrightarrow{EA}| = |\overrightarrow{DE}+\overrightarrow{EA}| = |\overrightarrow{DA}| = 10$$

두 대각선 AD, CF가 만나는 점을 O라 하자.

그러므로 $\overline{OD}=5$

점 O에서 선분 BF에 내린 수선의 발을 H이라 하면

$$\overline{OH} = \frac{1}{2}\overline{OA} = \frac{5}{2}$$

따라서 $\overline{DH} = \dfrac{3}{2}\overline{OD} = \dfrac{15}{2}$

$\overrightarrow{DP} /\!/ \overrightarrow{BF}$에서 사각형 BFDP는 사다리꼴이므로

사각형 BFDP의 넓이는

$$\frac{1}{2} \times (\overline{BF} + \overline{PD}) \times \overline{DH} = \frac{1}{2} \times (5\sqrt{3} + 2\sqrt{3}) \times \frac{15}{2} = \frac{105}{4}\sqrt{3}$$

따라서 $p = 4$, $q = 105$이므로

$$p + q = 4 + 105 = 109$$

63 정답 ③

출발한 지 n초가 되는 순간 두 점 P, Q의 좌표는 각각 다음 표와 같다.

	1	2	3	4
P	$(-1, 1)$	$(-1, 0)$	$(-1, -1)$	$(0, -1)$
Q	$(1, 1)$	$(1, 0)$	$(1, -1)$	$(0, -1)$

5	6	7	8
$(1, -1)$	$(1, 0)$	$(1, 1)$	$(0, 1)$
$(-1, -1)$	$(-1, 0)$	$(-1, 1)$	$(0, 1)$

ㄱ.

$$\sum_{n=1}^{7} \left(\overrightarrow{OP_n} + \overrightarrow{OQ_n} \right)$$
$$= (0, 2) + (0, 0) + (0, -2) + (0, -2) + (0, -2) + (0, 0) + (0, 2)$$
$$= (0, -2)$$

따라서

$$\left| \sum_{n=1}^{7} \left(\overrightarrow{OP_n} + \overrightarrow{OQ_n} \right) \right| = 2 \text{ (참)}$$

ㄴ.

$$\sum_{n=1}^{8} \left(\overrightarrow{OP_n} - \overrightarrow{OQ_n} \right)$$
$$= (-2, 0) + (-2, 0) + (-2, 0)$$
$$\quad + (0, 0) + (2, 0) + (2, 0) + (2, 0) + (0, 0)$$
$$= (0, 0)$$

따라서

$$\sum_{n=1}^{8k} \left(\overrightarrow{OP_n} - \overrightarrow{OQ_n} \right) = (0, 0) \text{이다.}$$

$$\sum_{n=1}^{100} \left(\overrightarrow{OP_n} - \overrightarrow{OQ_n} \right)$$
$$= \sum_{n=1}^{96} \left(\overrightarrow{OP_n} - \overrightarrow{OQ_n} \right) + (-6, 0)$$
$$= (-6, 0)$$
$$\therefore \sum_{n=1}^{100} \left| \overrightarrow{OP_n} - \overrightarrow{OQ_n} \right| = 6 \text{ (참)}$$

ㄷ.

$$\sum_{n=1}^{8} \left(\overrightarrow{OP_n} \cdot \overrightarrow{OQ_n} \right)$$
$$= 0 + (-1) + 0 + (1) + 0 + (-1) + 0 + 1 = 0$$

따라서 $\sum_{n=1}^{8k} \left(\overrightarrow{OP_n} \cdot \overrightarrow{OQ_n} \right) = 0$이다.

$$\sum_{n=1}^{150} \left(\overrightarrow{OP_n} \cdot \overrightarrow{OQ_n} \right)$$
$$= \sum_{n=1}^{144} \left(\overrightarrow{OP_n} \cdot \overrightarrow{OQ_n} \right) + 0 + (-1) + 0 + (1) + 0 + (-1)$$
$$= -1 \text{ (거짓)}$$

64 정답 11

삼각형 ABC의 넓이 S를 구해보자.

꼭짓점 A에서 $\overline{BC}$에 내린 수선의 발을 점 H라 하고 $\overline{AH} = h$라 하자.

직각삼각형 ABH와 ACH에서

$$\overline{BH} = \sqrt{16 - h^2}, \ \overline{CH} = \sqrt{36 - h^2}$$

$\overline{BC} = \overline{BH} + \overline{CH}$에서

$$8 = \sqrt{16 - h^2} + \sqrt{36 - h^2}$$

$\sqrt{36 - h^2} = 8 - \sqrt{16 - h^2}$의 양변을 제곱하면

$$36 - h^2 = 64 - 16\sqrt{16 - h^2} + 16 - h^2$$

$$16\sqrt{16 - h^2} = 44, \ \sqrt{16 - h^2} = \frac{11}{4}, \ 16 - h^2 = \frac{121}{16},$$

$$h^2 = \frac{135}{16}$$

따라서 $h = \frac{3\sqrt{15}}{4}$

따라서 $S = \frac{1}{2} \times 8 \times \frac{3}{4}\sqrt{15} = 3\sqrt{15}$

또한

$$3\sqrt{15} = \frac{1}{2} \times \overline{AB} \times \overline{AC} \times \sin A = 12\sin A$$

따라서 $\sin A = \frac{\sqrt{15}}{4}$이다. $\angle BAC = \theta$라

하면 $\theta > \frac{\pi}{2}$이므로

$$\cos\theta = -\frac{1}{4}$$이다.

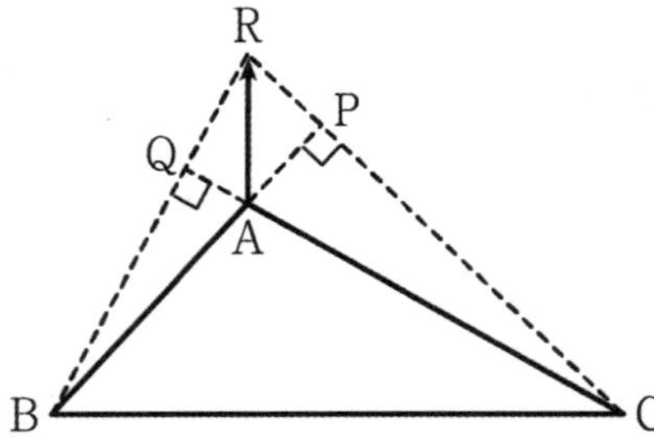

직각삼각형 APC에서

$$\cos(\angle CAP) = \cos(\pi - \theta) = -\cos\theta = -\frac{\overline{AP}}{6} = -\frac{1}{4}$$

따라서 $\overline{AP} = \frac{3}{2}$

같은 방법으로 $\overline{AQ} = 1$이다.

따라서 $\overline{AB} : \overline{AP} = 8 : 3$, $\overline{AC} : \overline{AQ} = 6 : 1$

$$\overrightarrow{AP}=-\frac{3}{8}\overrightarrow{AB},\ \overrightarrow{AQ}=-\frac{1}{6}\overrightarrow{AC}\ \cdots\ \text{㉠}$$

한 직선 위에 있는 세 점 C, P, R 에서
$$\overrightarrow{CR}:\overrightarrow{RP}=1+t:t\,\text{라 두면 (R은 }\overrightarrow{CP}\text{를 외분하는 점이다.)}$$
$$\overrightarrow{AR}=(1+t)\overrightarrow{AP}-t\overrightarrow{AC}=-\frac{3}{8}(1+t)\overrightarrow{AB}-t\overrightarrow{AC}$$

한 직선 위에 있는 세 점 B, Q, R 에서
$$\overrightarrow{BR}:\overrightarrow{RQ}=1+s:s\,\text{라 두면 (R은 }\overrightarrow{BQ}\text{를 외분하는 점이다.)}$$
$$\overrightarrow{AR}=(1+s)\overrightarrow{AQ}-s\overrightarrow{AB}=-\frac{1}{6}(1+s)\overrightarrow{AC}-s\overrightarrow{AB}$$

따라서 $-\dfrac{3}{8}(1+t)=-s,\ -\dfrac{1}{6}(1+s)=-t$ 에서
$$3+3t=8s,\ 1+s=6t\Rightarrow 6+(1+s)=16s$$
$$15s=7$$

따라서 $s=\dfrac{7}{15},\ t=\dfrac{11}{45}$

$$\overrightarrow{AR}=m\overrightarrow{AB}+n\overrightarrow{AC}=-\frac{7}{15}\overrightarrow{AB}-\frac{11}{45}\overrightarrow{AC}\ \text{이다.}$$

따라서 $m=-\dfrac{7}{15},\ n=-\dfrac{11}{45}$

따라서 $\dfrac{21n}{m}=21\times\dfrac{-\dfrac{11}{45}}{-\dfrac{7}{15}}=11$

[다른 풀이]–랑데뷰세미나(234)~(237) 참고
지렛대 원리를 이용하면 다음 그림과 같다.

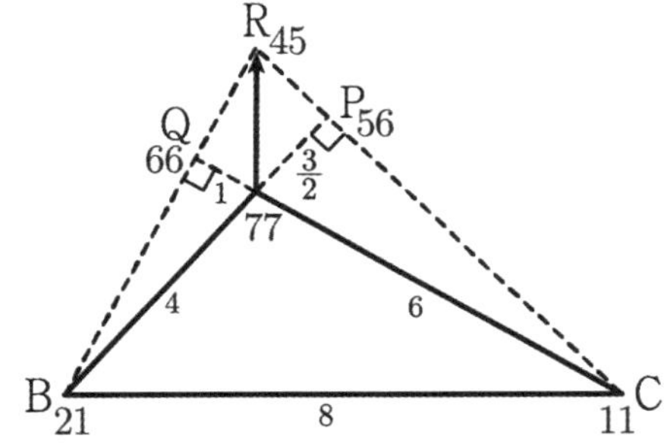

따라서
$$45\overrightarrow{AR}+21\overrightarrow{AB}+11\overrightarrow{AC}=\vec{0}$$
$$\overrightarrow{AR}=-\frac{7}{15}\overrightarrow{AB}-\frac{11}{45}\overrightarrow{AC}$$

[다른 풀이]–유승희T

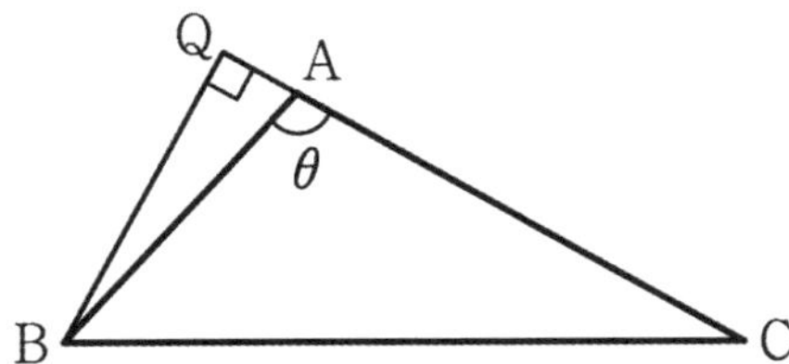

$\overrightarrow{BQ}=h,\ \overrightarrow{AQ}=x$ 라 하면
$$h^2=\overline{AB}^2-x^2=\overline{BC}^2-(\overline{AC}+x)^2$$
$$h^2=4^2-x^2=8^2-(6+x)^2$$

정리하면 $x=1,\ h=\sqrt{15}$

$\cos(\pi-\theta)=-\cos\theta=\dfrac{1}{4}$ 이므로 $\cos\theta=-\dfrac{1}{4}$

따라서, $\overrightarrow{AB}\cdot\overrightarrow{AC}=4\times6\times\cos\theta=-6$

또한, $\overrightarrow{AC}\perp\overrightarrow{BR},\ \overrightarrow{AB}\perp\overrightarrow{CR}$ 이므로
$$\overrightarrow{AC}\cdot\overrightarrow{BR}=0,\ \overrightarrow{AB}\cdot\overrightarrow{CR}=0$$
$\overrightarrow{AR}=m\overrightarrow{AB}+n\overrightarrow{AC}$ 에 대하여
$$\begin{aligned}
\overrightarrow{AC}\cdot\overrightarrow{BR}&=\overrightarrow{AC}\cdot(\overrightarrow{AR}-\overrightarrow{AB})\\
&=\overrightarrow{AC}\cdot\{(m-1)\overrightarrow{AB}+n\overrightarrow{AC}\}\\
&=-6(m-1)+36n=0\ \therefore -m+6n=-1
\end{aligned}$$
$$\begin{aligned}
\overrightarrow{AB}\cdot\overrightarrow{CR}&=\overrightarrow{AB}\cdot(\overrightarrow{AR}-\overrightarrow{AC})\\
&=\overrightarrow{AB}\cdot\{m\overrightarrow{AB}+(n-1)\overrightarrow{AC}\}\\
&=16m-6(n-1)=0\ \therefore 8m-3n=-3
\end{aligned}$$

따라서, $m=-\dfrac{7}{15},\ n=-\dfrac{11}{45}$

$$\frac{21n}{m}=21\times\left(-\frac{11}{45}\right)\times\left(-\frac{15}{7}\right)=11$$

65 정답 22

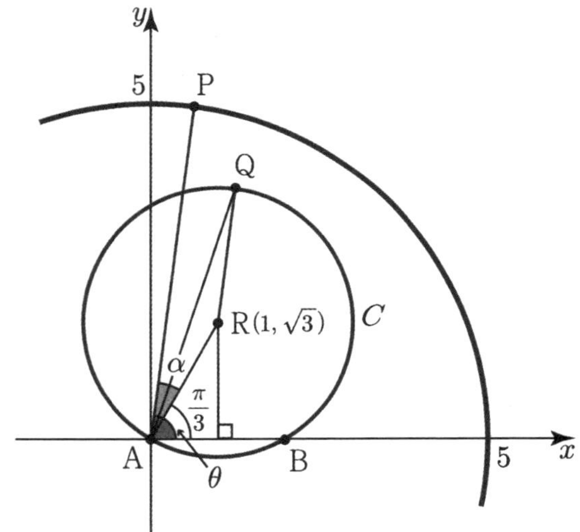

그림과 같이 좌표평면 위의 점 A를 $A(0,\,0)$, 점 B를 $B(2,\,0)$, 원 C의 중심을 $R(1,\,\sqrt{3})$ 라 하자. 따라서
$$\overrightarrow{AP}=(5\cos\theta,\,5\sin\theta),\ \overrightarrow{AR}=(1,\,\sqrt{3})\text{이고}$$
$$\begin{aligned}
&\overrightarrow{AP}\cdot\overrightarrow{AQ}\\
&=\overrightarrow{AP}\cdot(\overrightarrow{AR}+\overrightarrow{RQ})\\
&=\overrightarrow{AP}\cdot\overrightarrow{AR}+\overrightarrow{AP}\cdot\overrightarrow{RQ}\ \text{에서}
\end{aligned}$$
$$\overrightarrow{AP}\cdot\overrightarrow{RQ}\le|\overrightarrow{AP}|\,|\overrightarrow{RQ}|=10\text{이므로}$$
$$\overrightarrow{AP}\cdot\overrightarrow{AQ}\le1(5\cos\theta)+\sqrt{3}(5\sin\theta)+10$$
$5\cos\theta$ 가 5보다 작은 자연수이므로

① $5\cos\theta=1,\ 5\sin\theta=2\sqrt{6}$

② $5\cos\theta=2,\ 5\sin\theta=\sqrt{21}$

③ $5\cos\theta=3,\ 5\sin\theta=4$

④ $5\cos\theta=4,\ 5\sin\theta=3$

인 경우를 조사해 보면
② $5\cos\theta = 2$, $5\sin\theta = \sqrt{21}$ 일 때
$1(5\cos\theta) + \sqrt{3}(5\sin\theta) = 2 + 3\sqrt{7} \fallingdotseq 9.935$
③ $5\cos\theta = 3$, $5\sin\theta = 4$일 때
$1(5\cos\theta) + \sqrt{3}(5\sin\theta) = 3 + 4\sqrt{3} \fallingdotseq 9.928$ (①, ④는 작은
값이 나온다.)
$\overrightarrow{AP} \cdot \overrightarrow{AQ}$ 은 $5\cos\theta = 2$, $5\sin\theta = \sqrt{21}$ 일 때 최댓값
$2 + 3\sqrt{7} + 10 = 12 + 3\sqrt{7}$ 을 갖는다.
$\therefore$ $p = 12$, $q = 3$, $r = 7$

[다른 풀이]

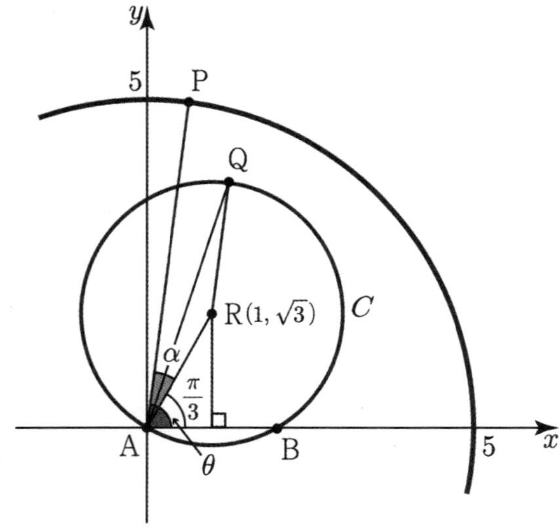

그림과 같이 좌표평면 위의 점 A 를 $A(0,\ 0)$, 점 B 를
$B(2,\ 0)$, 원 C의 중심을 $R(1,\ \sqrt{3})$ 라 하자.
$\overrightarrow{AP} \cdot \overrightarrow{AQ} = \overrightarrow{AP} \cdot (\overrightarrow{AR} + \overrightarrow{RQ}) = \overrightarrow{AP} \cdot \overrightarrow{AR} + \overrightarrow{AP} \cdot \overrightarrow{RQ}$
$|\overrightarrow{AP}| = 5$, $|\overrightarrow{AR}| = 2$, $|\overrightarrow{RQ}| = 2$이다.
$\overrightarrow{AB}$ 와 $\overrightarrow{AP}$ 가 이루는 각의 크기를 θ 라 할 때, $\overrightarrow{AP} \cdot \overrightarrow{AR}$ 가
최대인 경우를 구하면

(i) $\cos\theta = 1$ 일 때,
점 P 가 직선 AB 위에 있으므로
$\overrightarrow{AP} \cdot \overrightarrow{AR} = |\overrightarrow{AP}| \times |\overrightarrow{AR}| \times \cos(\angle PAR) = 5 \times 2 \times \dfrac{1}{2} = 5$

(ii) $0 < \cos\theta < 1$ 일 때,
원 C의 중심의 좌표 R 을 제1사분면으로 설정하였기에 점 P 도
1사분면 위의 점만 고려하면 되겠다.
$\angle RAP = \alpha$, $\angle RAB = \beta$ 라 하면 $\cos\beta = \dfrac{1}{2}$ 에서 $\beta = \dfrac{\pi}{3}$
$\theta > \dfrac{\pi}{3}$ 즉, $\theta = \alpha + \dfrac{\pi}{3}$ 일 때 $\alpha = \theta - \dfrac{\pi}{3}$이므로
$\cos\alpha = \cos\left(\theta - \dfrac{\pi}{3}\right)$이다.
$\theta < \dfrac{\pi}{3}$ 즉, $\theta = \dfrac{\pi}{3} - \alpha$일 때 $\alpha = \dfrac{\pi}{3} - \theta$이므로
$\cos\alpha = \cos\left(\dfrac{\pi}{3} - \theta\right)$

그런데 $\cos\left(\theta - \dfrac{\pi}{3}\right) = \cos\left(\dfrac{\pi}{3} - \theta\right)$이므로 어느 한 경우만 보면
되겠다.
따라서
$\overrightarrow{AP} \cdot \overrightarrow{AR} = |\overrightarrow{AP}| \times |\overrightarrow{AR}| \times \cos\alpha = 10\cos\left(\theta - \dfrac{\pi}{3}\right)$에서
θ와 $\dfrac{\pi}{3}$ 의 차가 작을수록 최댓값을 갖는다.
그런데 (나)에서 $\overrightarrow{AB} \cdot \overrightarrow{AP} = 10\cos\theta \neq 5$이므로
$\theta \neq \dfrac{\pi}{3}$이다.
따라서 $10\cos\theta$는 4 또는 6의 값을 가질 때 θ와 $\dfrac{\pi}{3}$ 의 차가
최소가 된다.
즉, $\cos\theta = \dfrac{2}{5}$, $\sin\theta = \dfrac{\sqrt{21}}{5}$
또는 $\cos\theta = \dfrac{3}{5}$, $\sin\theta = \dfrac{4}{5}$ 일 때이다.
$\overrightarrow{AP} \cdot \overrightarrow{AR} = 10\cos\left(\theta - \dfrac{\pi}{3}\right) = 5\cos\theta + 5\sqrt{3}\sin\theta$에서
㉠ $\cos\theta = \dfrac{2}{5}$, $\sin\theta = \dfrac{\sqrt{21}}{5}$ 일 때
$\overrightarrow{AP} \cdot \overrightarrow{AR} = 2 + 3\sqrt{7} \fallingdotseq 9.935$
㉡ $\cos\theta = \dfrac{3}{5}$, $\sin\theta = \dfrac{4}{5}$ 일 때
$\overrightarrow{AP} \cdot \overrightarrow{AR} = 3 + 4\sqrt{3} \fallingdotseq 9.928$
이므로 $\overrightarrow{AP} \cdot \overrightarrow{AR} \leq 2 + 3\sqrt{7}$

(i), (ii)에 의하여
$\overrightarrow{AP} \cdot \overrightarrow{AR}$ 가 최대가 되는 $\overrightarrow{AP}$ 에 대하여 $\overrightarrow{AP}$ 와
$\overrightarrow{RQ}$ 가 같은 방향일 때, $\overrightarrow{AP} \cdot \overrightarrow{RQ}$ 의 값이 최대이므로
$\overrightarrow{AP} \cdot \overrightarrow{RQ} \leq 10$
$\overrightarrow{AP} \cdot \overrightarrow{AQ} = \overrightarrow{AP} \cdot \overrightarrow{AR} + \overrightarrow{AP} \cdot \overrightarrow{RQ}$
$\leq 2 + 3\sqrt{7} + 10 = 12 + 3\sqrt{7}$
따라서 $\overrightarrow{AP} \cdot \overrightarrow{AQ}$ 의 최댓값은 $12 + 3\sqrt{7}$
$\therefore$ $p = 12$, $q = 3$, $r = 7$
$\therefore$ $p + q + r = 22$

공간도형

66 정답 3

(i) 정사영을 이용하여 $\cos\theta_1$를 구해보자.
그림과 같이 A와 A_1이 겹치도록 α를 평행 이동하였을 때
삼각형 ABB_1'과 α가 이루는 각이 θ_1이다.
$\overline{AB} = 6$, $\overline{BB_1'} = 2\sqrt{3}$이다.
B_1'에서 교선에 수선의 발을 내리고 H라 하면 삼수선 정리에
의해 $\overline{BH}$와 교선은 수직이다.

또한 $\angle BHB_1' = 60°$ 이므로 $\overline{BH}=4$, $\overline{B_1'H}=2$

피타고라스 정리에 의해 $\overline{AH}=2\sqrt{5}$, $\overline{AB_1'}=2\sqrt{6}$

점 B_1'에서 α에 내린 정사영이 점 I이고 그 점은 $\overline{BH}$ 위에 있다.

(∵ 두 평면 α와 β'의 교선을 l이라 하면

㉠ B_1'에서 $\overline{BH}$로 내린 수선의 발 I → $\overline{B_1'I} \perp \overline{BH}$

㉡ $\overline{BH} \perp l$, $\overline{B_1'H} \perp l$ → $\triangle BB_1'H \perp l$

㉢ $\overline{B_1'I}$는 $\triangle BB_1'H$의 일부이므로 $\overline{B_1'I} \perp l$

㉣ $\overline{BH}$, l은 평면 α의 일부이므로 $\overline{B_1'I} \perp \alpha$)

$\triangle BB_1'H$에서 $\overline{BI}=3$

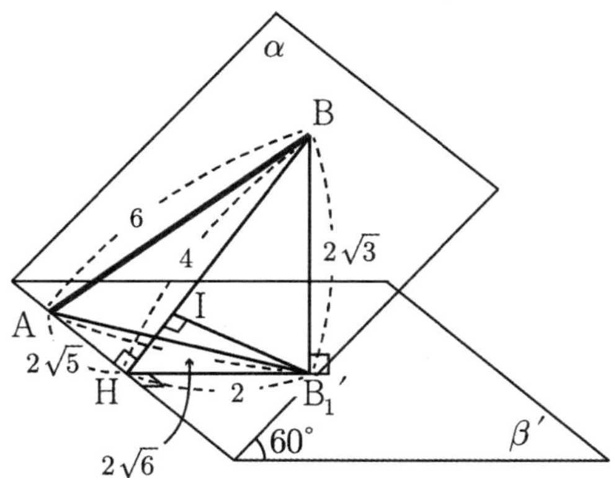

따라서

$$\cos\theta_1 = \frac{\triangle ABI}{\triangle ABB_1'} = \frac{\frac{3}{4}\triangle ABH}{\triangle ABB_1'} = \frac{\frac{3}{4}\times\left(\frac{1}{2}\times 2\sqrt{5}\times 4\right)}{\frac{1}{2}\times 2\sqrt{6}\times 2\sqrt{3}}$$

$$= \frac{\sqrt{10}}{4}$$

따라서 $\sin\theta_1 = \dfrac{\sqrt{6}}{4}$

(ii) 같은 방법으로 $\cos\theta_2$를 구해보자.

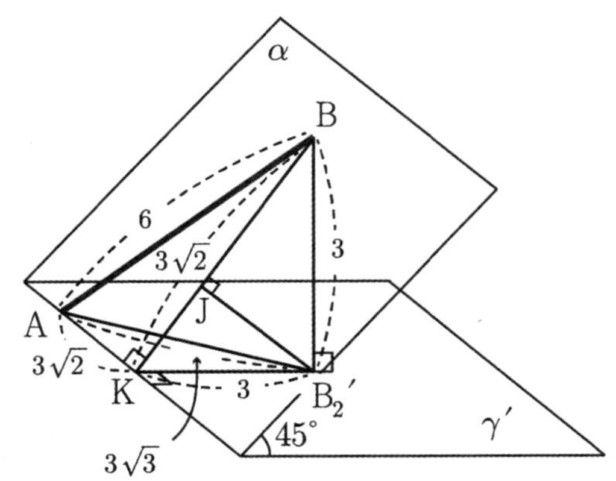

$$\cos\theta_2 = \frac{\triangle ABJ}{\triangle ABB_2'} = \frac{\frac{1}{2}\triangle ABK}{\triangle ABB_2'} = \frac{\frac{1}{2}\times\left(\frac{1}{2}\times 3\sqrt{2}\times 3\sqrt{2}\right)}{\frac{1}{2}\times 3\sqrt{3}\times 3}$$

$$= \frac{\sqrt{3}}{3}$$

따라서 $\sin\theta_2 = \dfrac{\sqrt{6}}{3}$

그러므로 $\sin\theta_1\sin\theta_2 = \dfrac{\sqrt{6}}{4}\times\dfrac{\sqrt{6}}{3} = \dfrac{1}{2}$

$p=2$, $q=1$이므로

따라서 $p+q = 2+1 = 3$

67 정답 5

[그림 : 이정배T]

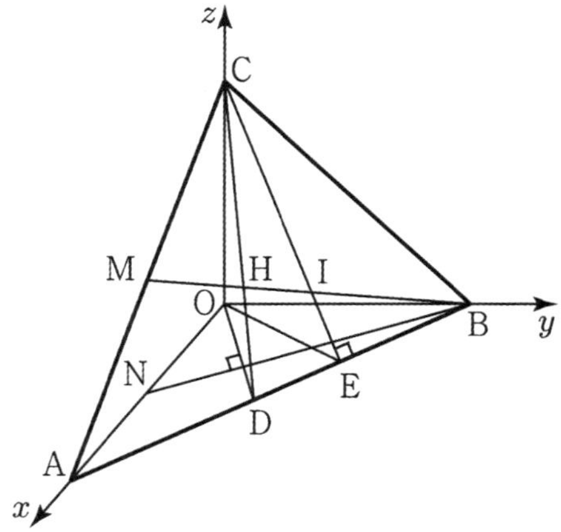

두 점 H, I의 선분 BN 위로의 정사영을 각각 H′, I′이라고 하자.

삼수선의 정리에 의하여 $\overline{OE} \perp \overline{AB}$ 이고, 삼각형 OAB는 직각이등변삼각형이므로 점 E는 선분 AB의 중점이다.

따라서 점 I′은 삼각형 OAB의 무게중심이다.

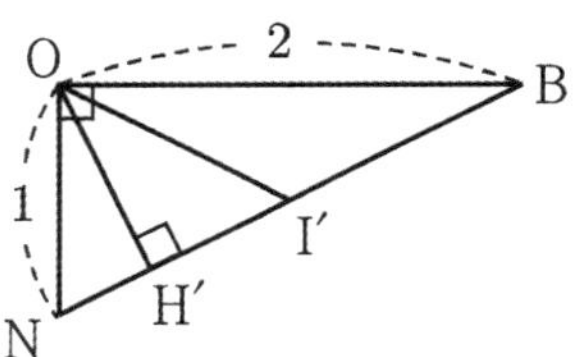

위 그림과 같이 삼각형 ONB에서 $\overline{NB} = \sqrt{1^2+2^2} = \sqrt{5}$ 이고,

$\overline{NI'} = \dfrac{1}{3}\overline{NB} = \dfrac{\sqrt{5}}{3}$ 이다.

또, 삼각형 ONH′과 삼각형 BNO는 서로 닮음이므로

$\dfrac{\overline{ON}}{\overline{NH'}} = \dfrac{\overline{BN}}{\overline{NO}}$ 에서 $\overline{NH'} = \dfrac{\sqrt{5}}{5}$ 이다.

$\therefore \overline{H'I'} = \overline{NI'} - \overline{NH'} = \dfrac{2\sqrt{5}}{15}$

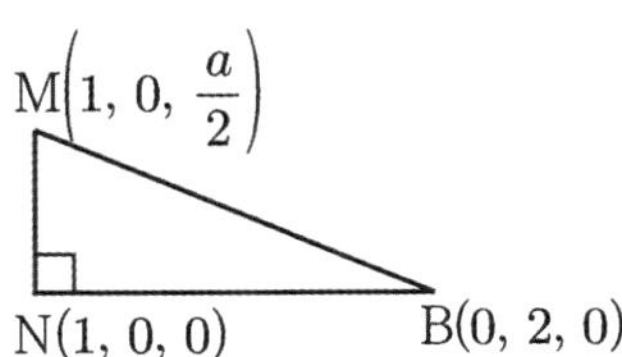

삼각형 MNB에서 $M\left(1,\, 0,\, \dfrac{a}{2}\right)$이므로 $\angle NBM = \theta$라 하면

$$\cos\theta = \frac{\overline{\mathrm{BN}}}{\overline{\mathrm{BM}}} = \frac{\sqrt{5}}{\sqrt{1+4+\dfrac{a^2}{4}}} = \frac{2\sqrt{5}}{\sqrt{a^2+20}}$$

이때 선분 $\mathrm{H'I'}$은 선분 HI의 선분 BN 위로의 정사영이므로 $\overline{\mathrm{H'I'}} = \overline{\mathrm{HI}} \times \cos\theta$이다.

따라서 $\dfrac{2\sqrt{5}}{15} = \dfrac{1}{3} \times \dfrac{2\sqrt{5}}{\sqrt{a^2+20}}$ 이므로 $a^2 = 5$이다.

68 정답 47

[그림 : 배용제T]

그림과 같이 두 평면 α, β 의 교선을 MN 이라 하자.

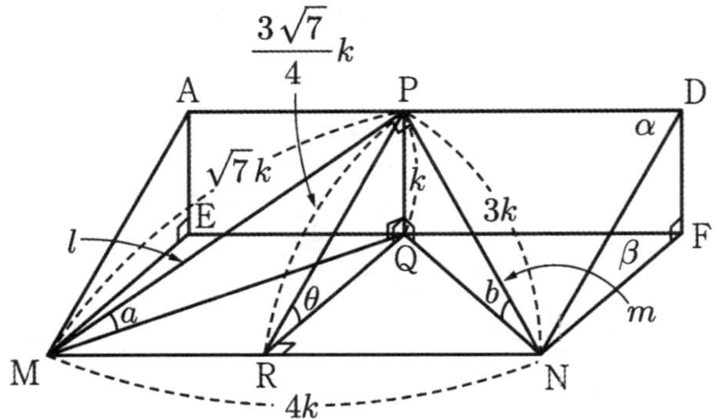

두 직선 l, m 의 교점 P 에서 평면 β 위에 내린 수선의 발을 Q, Q 에서 교선 MN 위에 내린 수선의 발을 R 라고 하자.

$\overline{\mathrm{PQ}} = k$로 놓으면

$$\sin a = \frac{1}{\sqrt{7}}, \quad \sin b = \frac{1}{3} \text{ 이므로}$$

$$\overline{\mathrm{MP}} = \sqrt{7}\,k, \quad \overline{\mathrm{NP}} = 3k$$

직각삼각형 PMN 에서 피타고라스의 정리에 의하여

$$\overline{\mathrm{MN}} = 4k$$

$\overline{\mathrm{MP}} \cdot \overline{\mathrm{NP}} = \overline{\mathrm{MN}} \cdot \overline{\mathrm{PR}}$ 이므로 $\overline{\mathrm{PR}} = \dfrac{3\sqrt{7}}{4}k$

두 평면 α, β가 이루는 이면각의 크기를 θ 라 하면

$$\sin\theta = \frac{\overline{\mathrm{PQ}}}{\overline{\mathrm{PR}}} = \frac{4k}{3\sqrt{7}\,k} = \frac{4}{3\sqrt{7}}$$

$$\therefore \cos\theta = \sqrt{1-\sin^2\theta} = \sqrt{1-\frac{16}{63}}$$

$$= \sqrt{\frac{47}{63}}$$

따라서 $63\cos^2\theta = 63 \times \dfrac{47}{63} = 47$

69 정답 100

[그림 : 최성훈T]

구의 중심을 지나고 xz평면에 평행한 평면을 α라 하고, 평면 α와 y축의 교점을 $\mathrm{P'}$이라 하자. 삼각형 $\mathrm{OQ_1R_1}$의 넓이가 최대가 되려면 점 Q는 직선 $\mathrm{P'C}$와 구 S가 만나는 점 중 $\mathrm{P'}$으로부터 거리가 더 먼 점에 위치해야 하고($\mathrm{Q}=\mathrm{Q'}$), R은

평면 α위에 있으면서, $\overline{\mathrm{CQ}} \perp \overline{\mathrm{CR}}$이어야 한다. ($\mathrm{R}=\mathrm{R'}$)

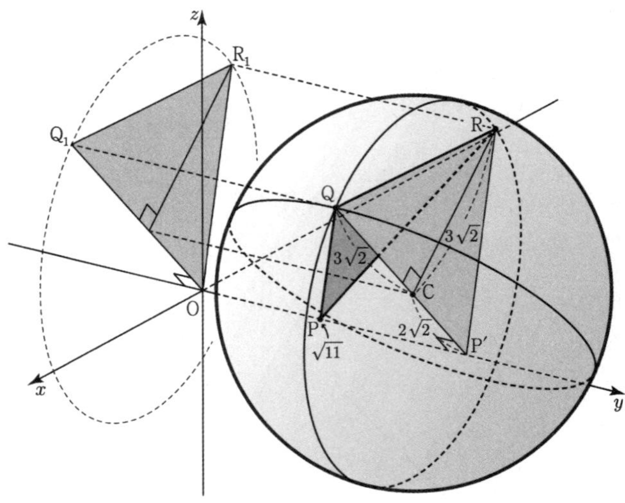

삼각형 $\mathrm{P'Q'R'}$에서

$$\overline{\mathrm{P'C}} = 2\sqrt{2}, \quad \overline{\mathrm{CQ'}} = 3\sqrt{2}, \quad \overline{\mathrm{CR'}} = 3\sqrt{2},$$

$$\angle \mathrm{Q'CR'} = \frac{\pi}{2} \text{ 이므로}$$

삼각형 $\mathrm{P'Q'R'}$의 넓이는 $\dfrac{1}{2} \times 5\sqrt{2} \times 3\sqrt{2} = 15$

따라서 삼각형 $\mathrm{OQ_1R_1}$의 넓이의 최댓값은 15이다. $\cdots$ ㉠

$\overline{\mathrm{Q'R'}} = 6$이고 점 $\mathrm{P'}$에서 직선 $\mathrm{Q'R'}$에 내린 수선의 발을 H라 하면

$$\frac{1}{2} \times 6 \times \overline{\mathrm{P'H}} = 15$$

$$\therefore \overline{\mathrm{P'H}} = 5$$

한편, $\angle \mathrm{PP'H} = \dfrac{\pi}{2}$이고 $\overline{\mathrm{PP'}} = \sqrt{11}$, $\overline{\mathrm{P'H}} = 5$이므로

$$\overline{\mathrm{PH}} = 6$$

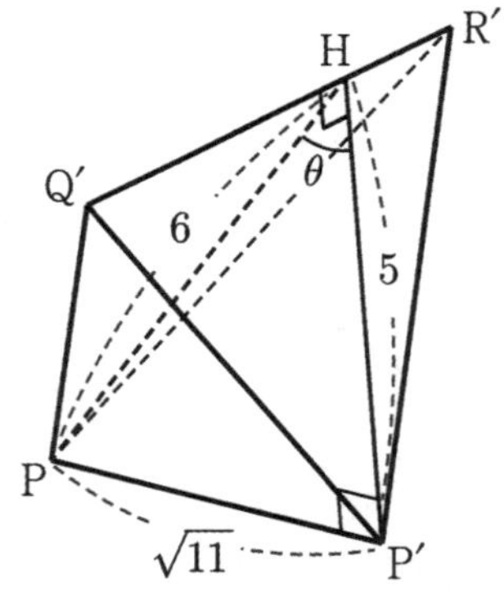

그러므로 $\cos\theta = \dfrac{\overline{\mathrm{P'H}}}{\overline{\mathrm{PH}}} = \dfrac{5}{6}$

$\triangle \mathrm{OQ_1R_1}$의 평면 PQR 위로의 정사영의 넓이는 ㉠에서

$$S = (\triangle \mathrm{OQ_1R_1} \text{의 넓이}) \times \cos\theta = 15 \times \frac{5}{6} = \frac{25}{2}$$

그러므로 $8S = 100$

[출제자 : 서태욱T]

[그림 : 서태욱T]

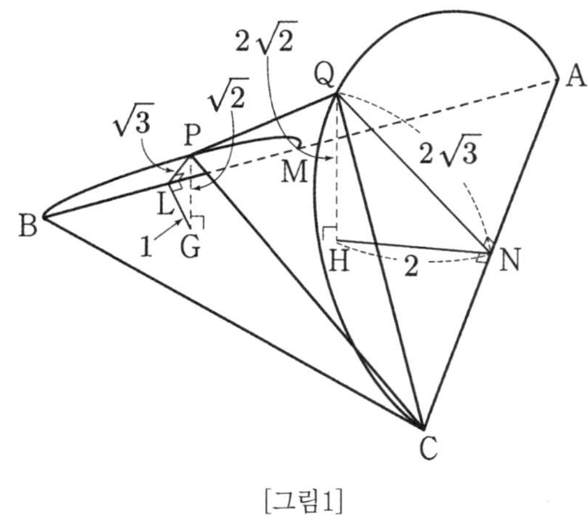

[그림1]

[그림1]에서 선분 BM의 중점을 L, 선분 AC의 중점을 N이라
하면 점 L은 점 P에서 선분 BM에 내린 수선의 발이고
점 N은 점 Q에서 선분 AC에 내린 수선의 발이다.

이때 삼수선 정리에 의하여 $\overline{PL} \perp \overline{GL}$ 이므로

$$\overline{GL} = \sqrt{\overline{PL}^2 - \overline{PG}^2} = \sqrt{(\sqrt{3})^2 - (\sqrt{2})^2} = 1$$ 이다.

마찬가지로 삼수선 정리에 의하여 $\overline{QN} \perp \overline{HN}$ 이므로

$$\overline{HN} = \sqrt{\overline{QN}^2 - \overline{QH}^2} = \sqrt{(2\sqrt{3})^2 - (2\sqrt{2})^2} = 2$$ 이다.

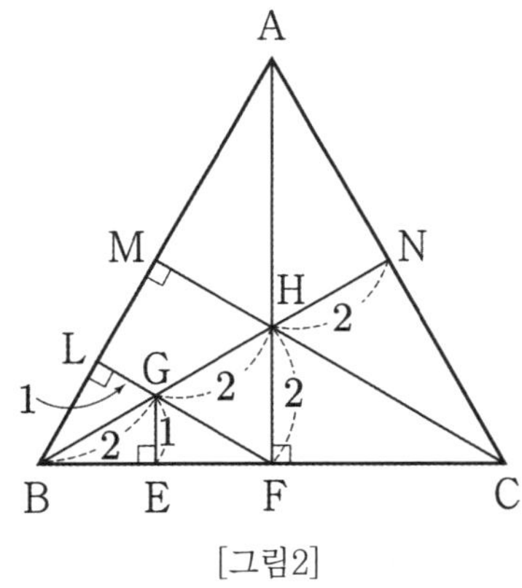

[그림2]

삼각형 ABC를 포함하는 평면을 단면화하여 나타내면

[그림2]에서 $\dfrac{\overline{GE}}{\overline{BE}} = \dfrac{1}{\sqrt{3}}$, $\dfrac{\overline{HF}}{\overline{BF}} = \dfrac{2}{2\sqrt{3}} = \dfrac{1}{\sqrt{3}}$ 이므로 세 점

B, G, H는 한 직선 위에 존재한다.

또, [그림1]에서 $\overline{BG} : \overline{BH} = \overline{PG} : \overline{QH} = 1 : 2$이므로 선분
PQ의 연장선은 삼각형 ABC를 포함하는 평면과 점 B에서
만난다.

즉, 삼각형 PCQ를 포함하는 평면과 삼각형 ABC를 포함하는
평면의 교선은 직선 BC이다.

이제 이면각 θ를 구하기 위해 직선 BC에 수직인 양쪽 평면에
포함된 두 직선을 찾자.

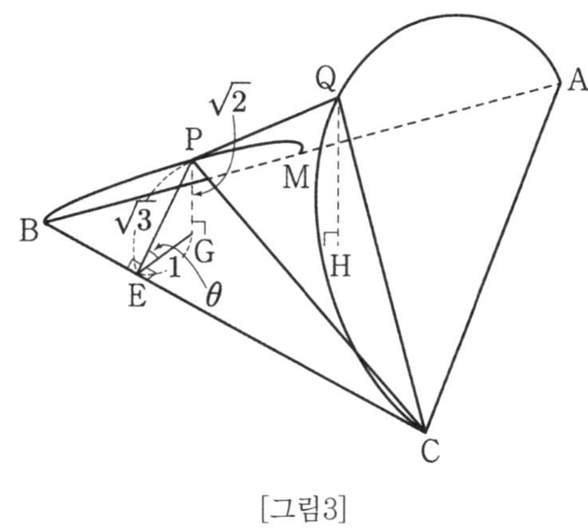

[그림3]

[그림3]에서 삼수선 정리에 의하여 $\overline{PE} \perp \overline{BC}$ 이므로

$$\cos\theta = \frac{\overline{GE}}{\overline{PE}}$$ 이고

$$\overline{PE} = \sqrt{\overline{GE}^2 + \overline{PQ}^2} = \sqrt{1^2 + (\sqrt{2})^2} = \sqrt{3}$$ 이다.

따라서 $\cos\theta = \dfrac{\overline{GE}}{\overline{PE}} = \dfrac{1}{\sqrt{3}}$ 이므로

$$60 \times \cos^2\theta = 60 \times \frac{1}{3} = 20$$ 이다.

71 정답 5

[그림 : 최성훈T]

우선 정사각뿔 A−BCDE에서 옆면인 정삼각형과 밑면인
정사각형이 이루는 각을 θ라 하고 $\cos\theta$를 구해보자.
그림과 같이 꼭짓점 A에서 선분 BC에 내린 수선의 발을 M,
밑면 BCDE에 내린 수선의 발을 H라 하면 $\angle AMH = \theta$,

$\angle AHM = \dfrac{\pi}{2}$ 이다.

$\overline{AM} = 3\sqrt{3}$, $\overline{MH} = 3$이므로 $\cos\theta = \dfrac{1}{\sqrt{3}}$ $\cdots$ ㉠

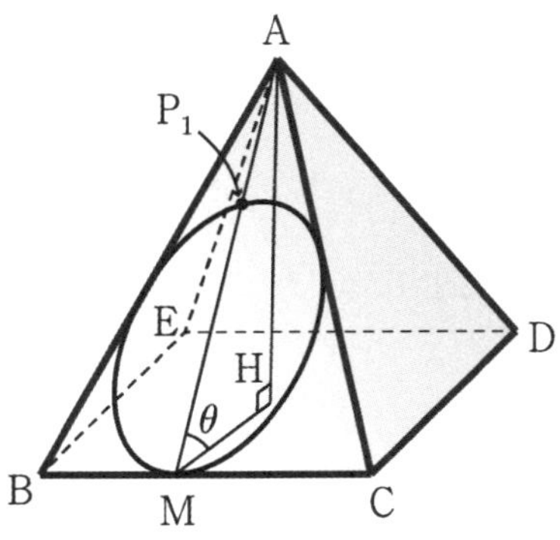

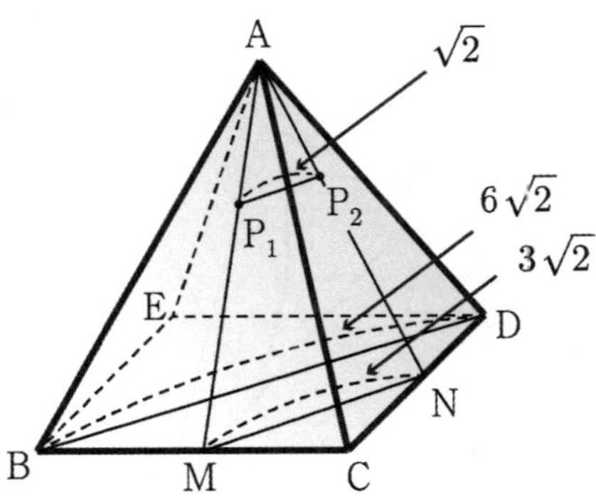

선분 BC의 중점을 M이라 하듯이 밑면의 나머지 세 변 CD,
DE, EB의 중점을 각각   , K, L 이라 하자.
정삼각형 ABC의 내접원 C_1 위의 점 중 점 A에 가장 가까운 점
P_1은 원 C_1이 선분 AM 과 만나는 점 중 점 M이 아닌 점이고,
내접원의 중심은 정삼각형 ABC의 무게중심과 일치하므로
$$\overline{AP_1} : \overline{AM} = 1 : 3$$
같은 방법으로 $\overline{AP_2} : \overline{AN} = 1 : 3$
따라서 두 삼각형 AP_1P_2, AMN은 닮음비가 1 : 3인 닮은
도형이고 $\overline{BD} = 6\sqrt{2}$이므로
$$\overline{P_1P_2} = \frac{1}{3} \times \overline{MN} = \frac{1}{3} \times \left(\frac{1}{2} \times \overline{BD}\right) = \frac{1}{6} \times 6\sqrt{2} = \sqrt{2}$$
같은 방법으로 $\overline{P_2P_3} = \overline{P_3P_4} = \overline{P_4P_1}$이다.
또한 정사각형 BCDE의 각 변의 중점을 연결한 MNKL은
정사각형이고 $\overline{MN}//\overline{P_1P_2}$, $\overline{NK}//\overline{P_2P_3}$, $\overline{KL}//\overline{P_3P_4}$,
$\overline{LM}//\overline{P_4P_1}$이므로 사각형 $P_1P_2P_3P_4$은 한 변의 길이가 $\sqrt{2}$인
정사각형이다.
따라서 정사각형 $P_1P_2P_3P_4$의 넓이는
$$\sqrt{2} \times \sqrt{2} = 2 \cdots ⓛ$$
평면 $P_1P_2P_3P_4$와 평면 BCDE는 평행하므로
평면 $P_1P_2P_3P_4$과 평면 ABC와 이루는 예각의 크기도 θ이다.
따라서 ㉠에서 $\cos\theta = \dfrac{1}{\sqrt{3}}$
㉠, ⓛ에서 정사각형 $P_1P_2P_3P_4$의 평면 ABC 위로의 정사영
P의 넓이는
$$2 \times \cos\theta = \frac{2}{\sqrt{3}}$$
도형 P의 평면 BCDE위로의 정사영의 넓이는
$$\frac{2}{\sqrt{3}} \times \cos\theta = \frac{2}{3}$$
$p = 3$, $q = 2$이므로
$p + q = 5$

72 정답 26

[그림 : 최성훈T]

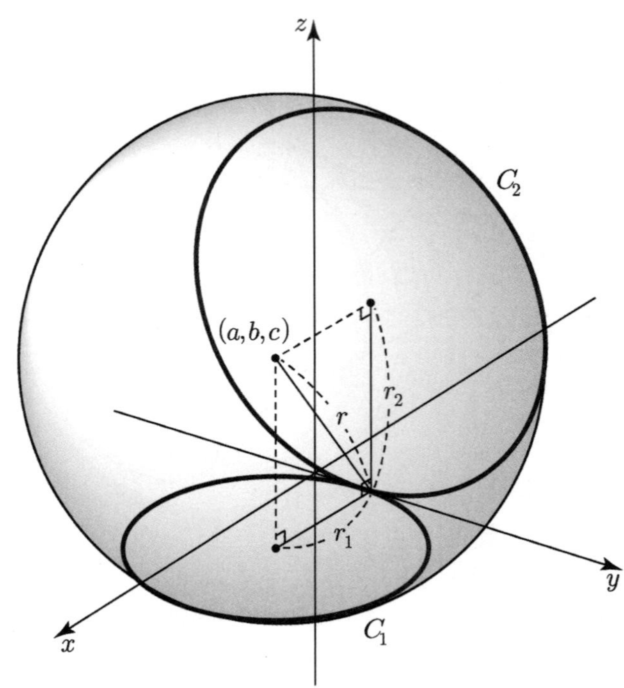

C_1의 반지름의 길이를 r_1, C_2의 반지름의 길이를 r_2라 하면
(가)에서 $r_1^2 + r_2^2 = 10$이다.
xy평면 위의 원 C_1은 중심의 좌표가 $(a, b, 0)$이고 반지름의
길이가 r_1이므로
$$r^2 - c^2 = r_1^2$$
이 성립한다.
yz평면 위의 원 C_2는 중심의 좌표가 $(0, b, c)$이고 반지름의
길이가 r_2이므로
$$r^2 - a^2 = r_2^2$$
이 성립한다.
따라서 두 식을 변변 더하면
$$2r^2 - (a^2 + c^2) = 10 \cdots ㉠$$
또한 C_1, C_2가 한 점에서 만나기 위해서는 교점의 좌표가 y축
위에 있어야 하고 그림 원의 중심 (a, b, c)에서 y축에 내린
수선의 발이 교점이 된다. 즉, 교점의 좌표는 $(0, b, 0)$이다.
반지름의 길이는 $(a-0)^2 + (b-b)^2 + (c-0)^2 = r^2$에서
$a^2 + c^2 = r^2$이다. $\cdots ⓛ$
㉠, ⓛ에서 $r^2 = 10$
(나)에서
zx평면 위의 원 C_3는 중심의 좌표가 $(a, 0, c)$이고 반지름의
길이가 2이므로
$r^2 - b^2 = 4$에서 $b^2 = 6$이다.
따라서
$$a^2 + b^2 + c^2 + r^2 = 10 + 6 + 10 = 26$$

73 정답 15

[그림 : 이정배T]

구의 중심 O와 점 A사이 거리는

$$\overline{OA} = \sqrt{10^2 + \left(2\sqrt{5}\right)^2 + 7^2} = \sqrt{169} = 13$$

$\overline{OQ} = 5$이고 $\angle AQO = \dfrac{\pi}{2}$이므로 직각삼각형 AQO에서

피타고라스 정리를 적용하면

$\overline{AQ} = \sqrt{13^2 - 5^2} = 12$이다.

구 S의 중심 O와 평면 α의 접점을 R이라 하면 $\dfrac{\overline{AQ}}{\overline{PQ}}$이 일정한

값이므로 다음 그림과 같은 상황이다.

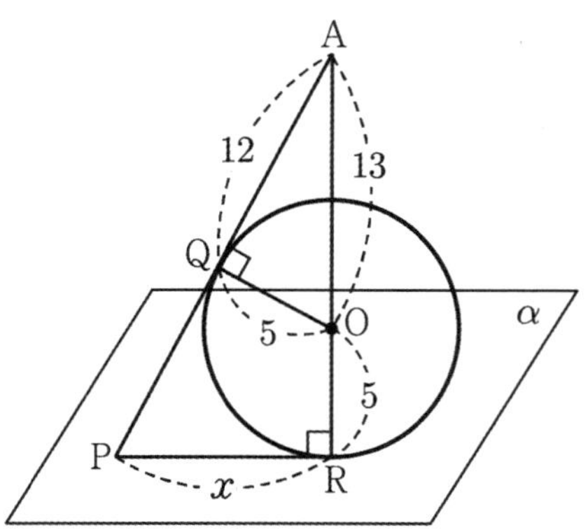

$\overline{PR} = \overline{PQ} = x$라 하면

삼각형 $AOQ \backsim$ 삼각형 APR이므로

$\overline{OQ} : \overline{AQ} = \overline{PR} : \overline{AR}$ 에서 $5 : 12 = x : 18$

따라서 $x = \dfrac{15}{2}$

점 P는 평면 α위에서 점 R을 중심으로 하고 반지름의 길이가

$\dfrac{15}{2}$인 원을 나타낸다.

따라서 원의 둘레의 길이는 15π이다.

74 정답 ④

$\overline{O_2O_3} = 4\sqrt{2}$이므로 $\triangle O_3O_1O_2$는 직각이등변삼각형이다.

O_2, O_3의 중점을 M이라 하고 각 점의 평면 α위로의 정사영을

$O_2{}', O_3{}', M'$라 하면 다음 그림과 같은 상황이다.

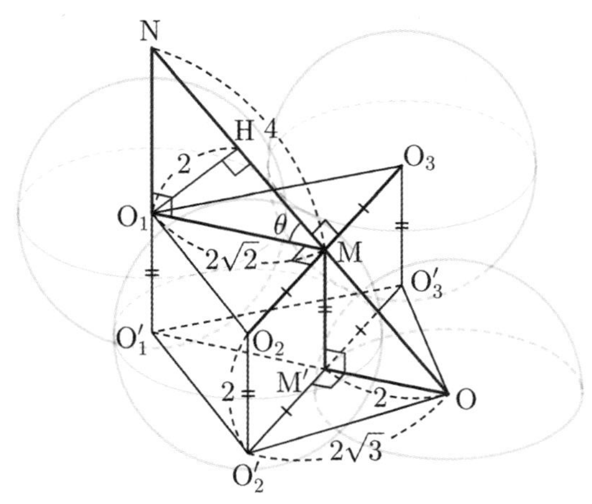

$\overline{O_2O_2{}'} = 2$, $\overline{OO_2} = 4$이므로 $\overline{OO_2{}'} = 2\sqrt{3}$

$\angle OM'O_2 = \dfrac{\pi}{2}$이므로 $\overline{OM'} = 2$

$\overline{OM}$의 연장선이 $\overline{O_1O_1{}'}$의 연장선과 만나는 점을 N이라 하면

$\triangle OMM' \backsim \triangle MNO_1$이고 $\overline{MO_1} = 2\sqrt{2}$이므로

닮음비는 $\overline{OM'} : \overline{MO_1} = 1 : \sqrt{2}$이다.

따라서 $\overline{MN} = 4$

직각삼각형 NO_1M의 O_1에서 빗변 MN에 내린 수선의 발을

H라 하면 $\overline{O_1H} = 2$이다.

따라서 구 S_1은 평면 β에 접하므로 S_1의 β위로의 정사영의

넓이는 4π이다.

$\therefore \ m = 4\pi$

한편 평면 α를 M을 포함하도록 평행이동한 평면을 α'라 하면

α'와 β의 교선은 $\overline{O_2O_3}$이고 $\overline{NM} \perp \overline{O_2O_3}$,

$\overline{O_1M} \perp \overline{O_2O_3}$이므로

α와 β가 이루는 이면각의 크기 θ는 $\angle NMO_1$이다.

$\cos\theta = \dfrac{2\sqrt{2}}{4} = \dfrac{\sqrt{2}}{2}$, $n = 4\pi \times \dfrac{\sqrt{2}}{2} = 2\sqrt{2}\,\pi$

따라서 $m + n = \left(4 + 2\sqrt{2}\right)\pi$

75 정답 243

그림과 같이 선분 A′M와 모서리 AC의 연장선의 교점을 D라

하자.

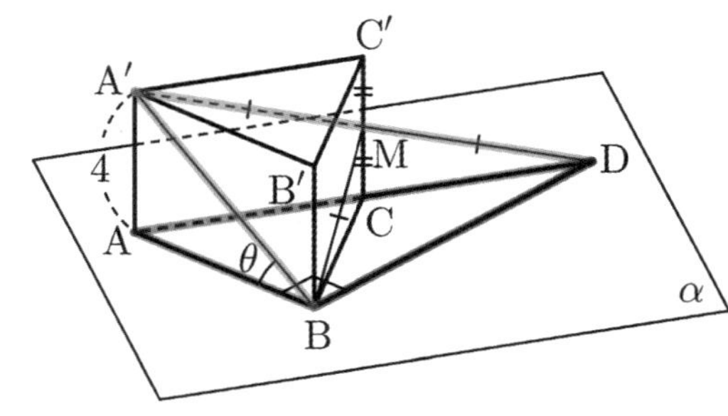

$\triangle A'C'M \equiv \triangle DCM \equiv \triangle BCM$이므로

$\overline{A'M} = \overline{BM} = \overline{DM}$이다.

따라서 점 M은 삼각형 $A'BD$의 외심이고 외심이 한 변의

중점이므로 삼각형 $A'BD$는 직각삼각형이다.

마찬가지로 삼각형 ABD에서 $\overline{AC} = \overline{BC} = \overline{DC}$이므로 점 C는

삼각형 ABD의 외심이므로 삼각형 ABD는 직각삼각형이다.

삼각형 $A'BD$와 삼각형 ABD이 이루는 각이 θ이므로 두

삼각형이 겹치는 교선 BD에 각각 수직인 $\overline{A'B}$와 $\overline{AB}$이 이루는

각이 θ가 된다.

따라서 $\tan\theta = \dfrac{4}{\overline{AB}} = \dfrac{2}{3}$에서 $\overline{AB} = 6$

$\therefore \ S = \dfrac{\sqrt{3}}{4} \times 6^2 = 9\sqrt{3}$

따라서 $S^2 = 243$

[다른 풀이]–배용제T

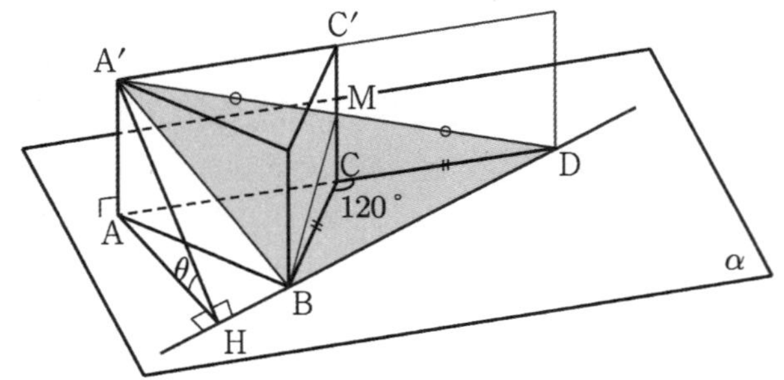

평면 A′MB과 평면AA′C′C의 교선은 직선 A′M 이다.
평면 AA′C′C과 평면 α 의 교선은 직선 AD 이다.
직선 A′M 과 직선 AD 의 교점은 점 D 이므로
평면 A′MB과 평면 α 의 교선은 직선 BD 이다.

이때 점 A′ 에서 평면 α 에 내린 수선의 발은 점 A 이고
점 A 에서 직선 BD 에 내린 수선의 발을 H라고 하자.
이때, $\angle$AHA′ $=\theta$ 라 하면 θ 는 평면 A′MB과 평면 α 의
이면각이다.

한편, M은 $\overline{CC'}$ 의 중점이므로 $\triangle A'C'M \equiv \triangle DCM$
즉, $\overline{BC}=\overline{CD}$ ($\because$ $\overline{BC}=\overline{AC}=\overline{A'C'}=\overline{CD}$) 이므로
삼각형 BCD 는 이등변 삼각형이다.
그런데 삼각형 ABC 가 정삼각형이므로 $\angle$BCD$=120°$ 에서
$\angle$ABD $= \angle$ABC $+ \angle$CBD
$= 60° + 30° = 90°$

따라서 $\overline{AB} \perp \overline{BD}$ 이므로 점 H와 점 B 는 같다.

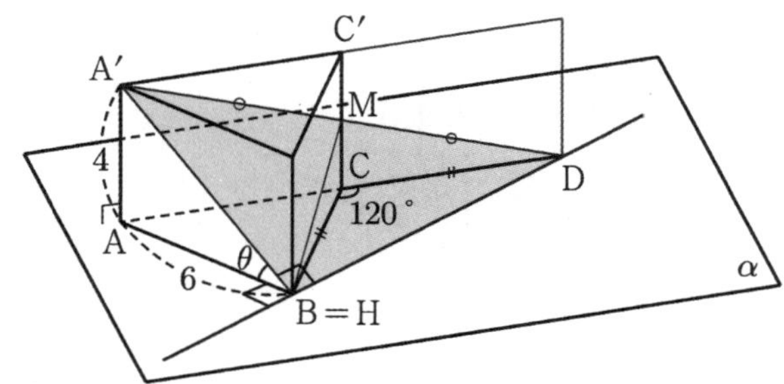

즉, 위의 그림과 같은 상황이고, $\tan\theta = \dfrac{2}{3}$ 이므로 $\overline{AB}=6$
따라서 삼각형 ABC 의 넓이는 $9\sqrt{3}$ 이다.

76 정답 77

[그림 : 이정배T]

조건 (가)에서 삼각뿔의 밑면 BCD는 $\angle$BCD$=90°$ 인
직각삼각형이다.
조건 (나)에서 $\overline{CN}=5$ 이므로 $\overline{BN}=\overline{ND}=5$ 이고 점 N 은
직각삼각형 BCD 의 외심이다. 또한 $\overline{AN} \perp \triangle$BCD이다.
모서리 AC 위의 점 P 에 대하여 두 선분 PM, PD 의 평면
BCD 위로의 정사영의 길이의 합이 최소가 되기 위해서는 점

P의 정사영이 $\overline{MD}$와 $\overline{CN}$의 교점 E가 될 때이다. (세 점 M,
E, D 가 한 직선 위에 놓이므로)
즉, 다음 그림과 같이 점 E 를 지나고 $\overline{AN}$과 평행한 직선이
모서리 AC와 만나는 점을 F라 할 때, 점 P가 F가 될 때
정사영 길이의 합 $a+b$가 최소가 된다.

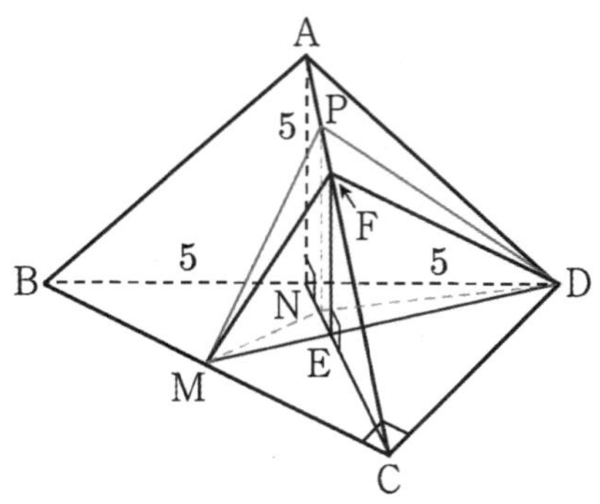

$\overline{AN}=\overline{NC}=5$이므로 삼각형 ANC 는 직각이등변삼각형이고
삼각형 FEC 또한 삼각형 ANC와 닮음관계이므로
$\overline{EC}=\overline{FE}$인 직각이등변삼각형이다.
점 P 가 점 F 가 될 때, $\theta = \angle$MFD이다.
직각삼각형 BCD를 다음 그림과 같이 좌표평면으로 옮겨서
필요한 선분의 길이를 구해 보자.

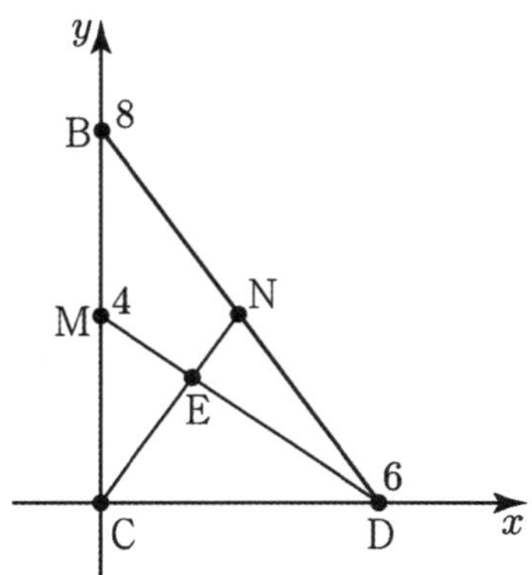

D$(6, 0)$, B$(0, 8)$이므로 M$(0, 4)$, N$(3, 4)$이다.

따라서 직선 CN의 방정식은 $y=\dfrac{4}{3}x$이고 직선 MD의

방정식은 $y=-\dfrac{2}{3}x+4$이다.

두 직선의 교점 E의 좌표는 $\left(2, \dfrac{8}{3}\right)$이다.

따라서 $\overline{EC}=\sqrt{4+\dfrac{64}{9}}=\dfrac{10}{3}$이고 같은 방법으로

$\overline{ME}=\dfrac{2\sqrt{13}}{3}$, $\overline{DE}=\dfrac{4\sqrt{13}}{3}$이다.

따라서 $\overline{MD}=\dfrac{6\sqrt{13}}{3}=2\sqrt{13}$

$\overline{EC}=\overline{FE}=\dfrac{10}{3}$이므로

직각삼각형 FEM에서

$\overline{MF}=\sqrt{\left(\dfrac{2\sqrt{13}}{3}\right)^2+\left(\dfrac{10}{3}\right)^2}=\dfrac{\sqrt{152}}{3}=\dfrac{2\sqrt{38}}{3}$

직각삼각형 FED에서

$$\overline{DF} = \sqrt{\left(\frac{4\sqrt{13}}{3}\right)^2 + \left(\frac{10}{3}\right)^2} = \frac{\sqrt{308}}{3}$$

따라서 삼각형 MFD에서 코사인법칙을 적용하면

$$\cos\theta = \frac{\overline{MF}^2 + \overline{DF}^2 - \overline{MD}^2}{2 \times \overline{MF} \times \overline{DF}}$$

$$= \frac{\dfrac{152}{9} + \dfrac{308}{9} - 52}{2 \times \dfrac{2\sqrt{38}}{3} \times \dfrac{\sqrt{308}}{3}} = \frac{\dfrac{460}{9} - \dfrac{468}{9}}{\dfrac{8 \times \sqrt{38} \times \sqrt{77}}{9}}$$

$$= -\frac{1}{\sqrt{38} \times \sqrt{77}}$$

$$\therefore \frac{1}{38\cos^2\theta} = 77$$

[다른 풀이]–이정배T

조건 (가)에서 삼각뿔의 밑면 BCD는 $\angle BCD = 90°$ 인 직각삼각형이다.

조건 (나)에서 $\overline{CN} = 5$ 이므로 $\overline{BN} = \overline{ND} = 5$ 이고 점 N은 직각삼각형 BCD의 외심이다. 또한, $\overline{AN} \perp \triangle BCD$이다.

$\overline{CN}$과 $\overline{MD}$의 교점을 E라 할 때, $a+b$가 최소인 경우는 점 P의 정사영이 점 E가 될 때이다.

이때의 점 P를 F라 하면 삼각형 ANC가 직각이등변삼각형이므로 삼각형 FEC도 직각이등변삼각형이다.

또한, 점 E는 삼각형 BCD의 무게중심이므로

$$\overline{MD} = \sqrt{4^2 + 6^2} = 2\sqrt{13}, \quad \overline{ME} = \frac{2\sqrt{13}}{3}, \quad \overline{DE} = \frac{4\sqrt{13}}{3},$$

$$\overline{FE} = \overline{CE} = \frac{2}{3}\overline{CN} = \frac{10}{3},$$

$$\overline{MF} = \sqrt{\overline{ME}^2 + \overline{FE}^2} = \frac{2\sqrt{38}}{3},$$

$$\overline{DF} = \sqrt{\overline{FE}^2 + \overline{DE}^2} = \frac{2\sqrt{77}}{3}$$

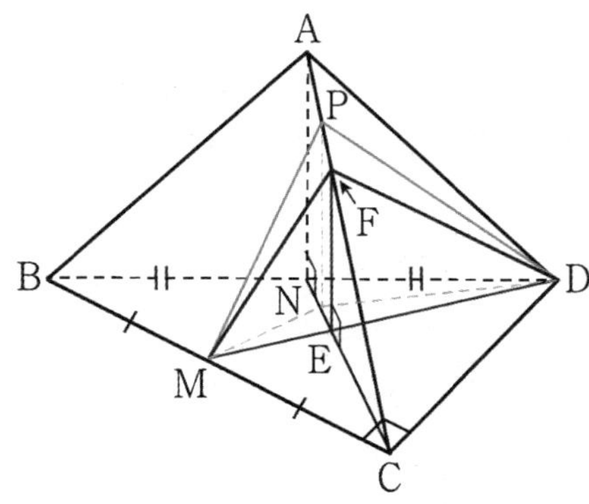

따라서 삼각형 MFD에서 코사인법칙을 적용하면

$$\cos\theta = \frac{\overline{MF}^2 + \overline{DF}^2 - \overline{MD}^2}{2 \times \overline{MF} \times \overline{DF}} = -\frac{1}{\sqrt{38} \times \sqrt{77}}$$

$$\therefore \frac{1}{38\cos^2\theta} = 77$$

77 정답 127

삼각형 OBD는 한 변의 길이가 4인 정삼각형이다.

따라서 $\overline{BD}$의 중점을 H라 두면 $\overline{OH} = \frac{\sqrt{3}}{2} \times 4 = 2\sqrt{3}$ 이다.

$\overline{AO} = 3$이므로 $\overline{AH} = \sqrt{(2\sqrt{3})^2 + (3)^2} = \sqrt{21}$

따라서 삼각형 ABD와 평면 α가 이루는 각을 θ_1이라 하면

$$\sin\theta_1 = \frac{\sqrt{3}}{\sqrt{7}}$$

한편, D가 원 위의 점이므로 $\angle BDC = \frac{\pi}{2}$이므로 $\overline{BC} = 8$,

$\overline{BD} = 4$에서 $\overline{CD} = 4\sqrt{3}$ 이다.

점 M에서 $\overline{BC}$에 내린 수선의 발을 M′라 하면

$$\overline{MM'} = \frac{1}{2} \times \overline{AO} = \frac{3}{2}$$이다.

다음 그림과 같이 점 M′에서 $\overline{BD}$에 내린 수선의 발을 H′라 두면 삼각형 OBH와 삼각형 M′BH′은 닮음 관계이고 $\overline{BO} : \overline{BM'} = 2 : 3$에서 $\overline{OH} = 2\sqrt{3}$이므로 $\overline{M'H'} = 3\sqrt{3}$이다.

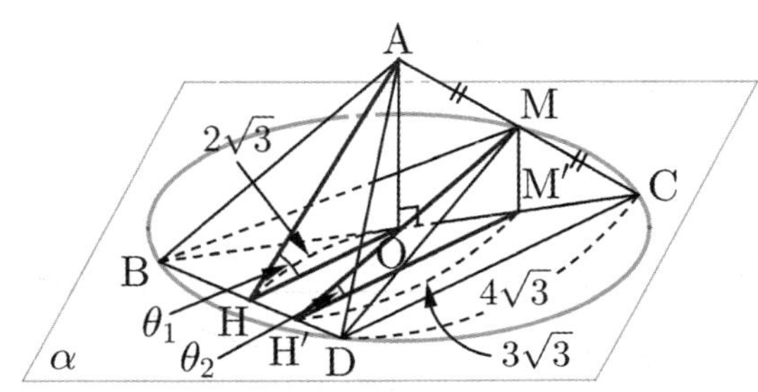

따라서 직각삼각형 MM′H′에서 $\angle MH'M' = \theta_2$라 할 때,

$$\overline{MH'} = \sqrt{(3\sqrt{3})^2 + \left(\frac{3}{2}\right)^2} = \frac{3\sqrt{13}}{2}$$이므로

$$\cos\theta_2 = \frac{\overline{M'H'}}{\overline{MH'}} = \frac{3\sqrt{3}}{\dfrac{3\sqrt{13}}{2}} = \frac{2\sqrt{3}}{\sqrt{13}}$$

$$\sin\theta_1 \cos\theta_2 = \frac{\sqrt{3}}{\sqrt{7}} \times \frac{2\sqrt{3}}{\sqrt{13}} = \frac{6}{\sqrt{91}}$$

$$\sin^2\theta_1 \cos^2\theta_2 = \frac{36}{91}$$

따라서 $p = 91$, $q = 36$

$p + q = 127$

[다른 풀이]

$\overline{AO} = 3$, $\overline{OB} = 4$이고 $\angle AOB = \frac{\pi}{2}$이므로 $\overline{AB} = 5$이다.

$\overline{OD} = 4$, $\angle AOD = \frac{\pi}{2}$이므로 $\triangle AOB \equiv \triangle AOD$이다.

따라서 $\overline{AD} = 5$이다.

삼각형 ABD는 $\overline{AB} = \overline{AD} = 5$인 이등변삼각형이고 밑변의 길이가 $\overline{BD} = 4$이므로 꼭짓점 A에서 $\overline{BD}$에 내린 수선의 발을 H라 하면

$\overline{BH}=2$, $\angle AHB=\dfrac{\pi}{2}$이다.

피타고라스 정리에 의해 $\overline{AH}=\sqrt{21}$이다.

삼각형 ABD의 넓이는 $\dfrac{1}{2}\times4\times\sqrt{21}=2\sqrt{21}$

삼각형 ABD의 평면 α위로의 정사영이 삼각형 OBD이고 삼각형 OBD는 한 변의 길이가 4인 정삼각형이므로 넓이는 $\dfrac{\sqrt{3}}{4}\times4^2=4\sqrt{3}$이다.

따라서 삼각형 ABD와 평면 α가 이루는 각을 θ_1이라 하면

$$\cos\theta_1=\frac{4\sqrt{3}}{2\sqrt{21}}=\frac{2}{\sqrt{7}}$$

따라서 $\sin\theta_1=\dfrac{\sqrt{3}}{\sqrt{7}}$

78 정답 ①

사각형 $ABCD$와 사각형 $AMND$가 이루는 각을 θ라 하면

$$\cos\theta=\frac{\overline{AB}}{\overline{AM}}=\frac{2}{\sqrt{5}}$$ 이다.

한편 삼각형 PAD, 삼각형 PAB, 삼각형 PBC, 삼각형 PCD의 평면 $ABCD$위로의 정사영은 바로 정사각형 $ABCD$이다.

네 삼각형의 정사영에서 삼각형 PCD의 정사영의 넓이를 제외하면 세 삼각형의 평면 $ABCD$위로의 정사영의 넓이는 3이다.

그런 다음 다시 넓이가 3인 도형을 평면 $AMND$위로 정사영 하면 $a+b+c$의 값이 된다. 이때 두 도형이 이루는 각이 θ이므로

$$a+b+c=3\times\frac{2}{\sqrt{5}}=\frac{6}{\sqrt{5}}$$

[다른 풀이]–미적분 삼각함수 덧셈정리 이용

삼각형 PAD와 평면 $AMND$가 이루는 각을 α,
삼각형 PAB와 평면 $AMND$가 이루는 각을 β
삼각형 PBC와 평면 $AMND$가 이루는 각을 γ라 하자.

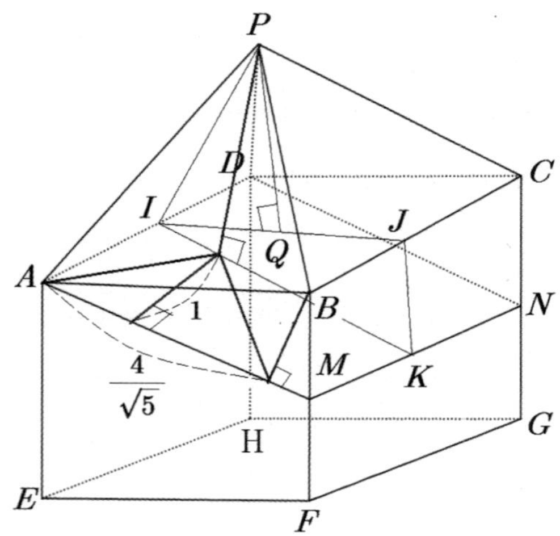

선분 AD의 중점을 I, 선분 BC의 중점을 J, 선분 MN의 중점을 K라 하면 $\alpha=\angle PIJ+\angle JIK$

점 P에서 사각형 $ABCD$에 내린 수선의 발을 Q라 하면

$\overline{PI}=\sqrt{3}$, $\overline{IQ}=1$이므로 $\cos(\angle PIJ)=\dfrac{1}{\sqrt{3}}$

$\overline{IJ}=2$, $\overline{JK}=1$이므로 $\overline{IK}=\sqrt{5}$이다.

따라서 $\cos(\angle JIK)=\dfrac{2}{\sqrt{5}}$

$$\begin{aligned}\cos\alpha&=\cos(\angle PIJ+\angle JIK)\\&=\frac{1}{\sqrt{3}}\times\frac{2}{\sqrt{5}}-\frac{\sqrt{2}}{\sqrt{3}}\times\frac{1}{\sqrt{5}}\\&=\frac{2-\sqrt{2}}{\sqrt{15}}\end{aligned}$$

정삼각형 PAD의 넓이는 $\dfrac{\sqrt{3}}{4}\times2^2=\sqrt{3}$이므로

$$a=\sqrt{3}\times\cos\alpha=\frac{2-\sqrt{2}}{\sqrt{5}}$$

한편, 정삼각형 PBC의 넓이도 $\sqrt{3}$이고
$\gamma=\angle PJI-\angle JIK$

$\cos(\angle PJI)=\cos(\angle PIJ)=\dfrac{1}{\sqrt{3}}$,

$\cos(\angle JIK)=\dfrac{2}{\sqrt{5}}$

$$\begin{aligned}\cos\gamma&=\cos(\angle PJI-\angle JIK)\\&=\frac{1}{\sqrt{3}}\times\frac{2}{\sqrt{5}}+\frac{\sqrt{2}}{\sqrt{3}}\times\frac{1}{\sqrt{5}}\\&=\frac{2+\sqrt{2}}{\sqrt{15}}\end{aligned}$$

따라서 $c=\sqrt{3}\times\cos\gamma=\dfrac{2+\sqrt{2}}{\sqrt{5}}$

한편, 삼각형 PAB의 점 P의 평면 $AMND$ 위로의 정사영은 선분 IK위에 있고 점 B의 평면 $AMND$ 위로의 정사영은 선분 AM위에 있다. 위의 그림에서 나타낸 1과 $\dfrac{4}{\sqrt{5}}$가 정사영의 높이와 밑변의 길이에 해당하므로

$$b=\frac{1}{2}\times\frac{4}{\sqrt{5}}\times1=\frac{2}{\sqrt{5}}$$

$$a+b+c=\frac{(2-\sqrt{2})+(2+\sqrt{2})+2}{\sqrt{5}}=\frac{6}{\sqrt{5}}$$

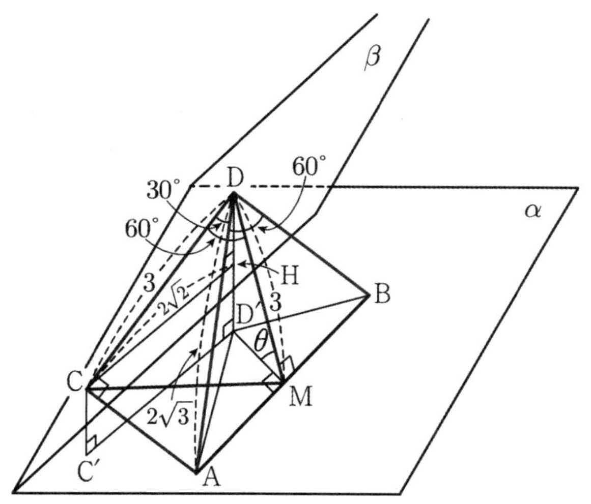

$\angle CDB = 90°$, $\angle ADB = 60°$ 이므로 $\angle CDA = 30°$
$\angle DCA = 90°$ 이므로 삼각형 DCA는
$30°$, $60°$, $90°$ 인 직각삼각형이다.
$\overline{AD} = 2\sqrt{3}$ 이므로 $\overline{CD} = 3$, $\overline{CA} = \sqrt{3}$
따라서 $\triangle DD'B \sim \triangle CC'A$ 이고 닮음비는 $\overline{DB} : \overline{CA} = 2 : 1$
따라서 $\overline{DD'} : \overline{CC'} = 2 : 1$
점 C에서 $\overline{DD'}$에 내린 수선의 발을 H라 하면
$\overline{CH} = \overline{C'D'} = 2\sqrt{2}$
$\overline{DH} = \sqrt{\overline{CD}^2 - \overline{CH}^2} = \sqrt{9-8} = 1$
따라서 $\overline{DD'} = 2$이다.
또한 선분 AB의 중심을 M이라 하면 $\angle ADM = 30°$ 이므로
$\angle CDM = 60°$ 이고 $\overline{DM} = 3$, $\overline{CD} = 3$이므로 삼각형 CDM은
한 변의 길이가 3인 정삼각형이다.
정삼각형 ABD에서 $\overline{DM} = 3$이므로 직각삼각형 DMD'에서
$\angle DMD' = \theta$라 하면 $\sin\theta = \dfrac{2}{3}$ 이다.

따라서 $\cos\theta = \dfrac{\sqrt{5}}{3}$

$\triangle ABD = \dfrac{\sqrt{3}}{4} \times (2\sqrt{3})^2 = 3\sqrt{3}$ 이므로

삼각형 ABD의 평면 α 위로의 정사영의 넓이 S는

$3\sqrt{3} \times \dfrac{\sqrt{5}}{3} = \sqrt{15}$ 이다.

따라서 $S^2 = 15$

두 점 Q, R에서 평면 ABGH에 내린 수선의 발을 각각 Q′,
R′이라 하자. 한편, 그림에서 평면 ABCD와 평면 ABGH가
이루는 각의 크기는 선분 BC와 선분 BG가 이루는 각의 크기와
같다.

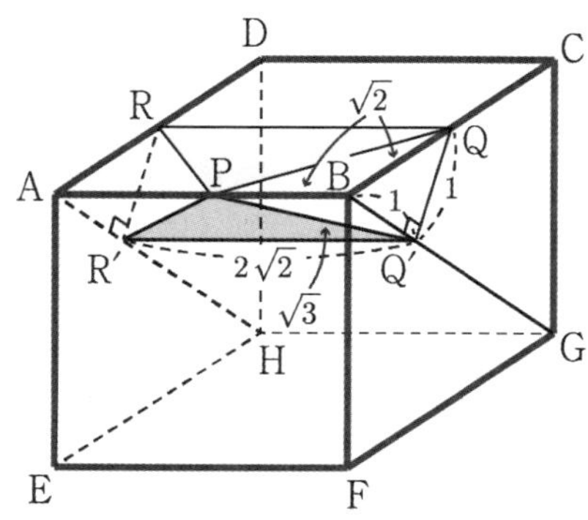

사각형 BFGC는 정사각형이므로 $\angle CBG = \dfrac{\pi}{4}$

직각삼각형 QBQ′에서 $\overline{BQ} = \sqrt{2}$, $\angle QBQ' = \dfrac{\pi}{4}$ 이므로
$\overline{BQ'} = 1$
직각삼각형 PBQ′에서 $\overline{PB} = \sqrt{2}$, $\overline{BQ'} = 1$이므로 $\overline{PQ'} = \sqrt{3}$
선분 PQ의 평면 ABGH 위로의 정사영이 $\overline{PQ'}$이다.
마찬가지로 선분 PR의 평면 ABGH 위로의 정사영이 $\overline{PR'}$이다.
$\overline{PQ'} = \overline{PR'} = \sqrt{3}$
선분 QR의 평면 ABGH 위로의 정사영이 $\overline{Q'R'}$이다.
$\overline{QR} = \overline{Q'R'} = 2\sqrt{2}$
삼각형 PQR의 평면 ABGH 위로의 정사영의 둘레의 길이는
$\overline{PQ'} + \overline{PR'} + \overline{Q'R'} = \sqrt{3} + \sqrt{3} + 2\sqrt{2} = 2(\sqrt{2} + \sqrt{3})$

다음 그림과 같이 yz평면으로 정사영시켜 생각해 보자.
원 C의 지름이 $\sqrt{2}$이므로 원점에서 원 C의 중심까지 거리

$d = \sqrt{5^2 - \left(\dfrac{\sqrt{2}}{2}\right)^2} = \dfrac{7}{\sqrt{2}}$

따라서 $(4, 3)$을 지나는 직선 l의 방정식
$z = m(y-4) + 3$이므로

$(0, 0)$에서 $my - z - 4m + 3 = 0$까지의 거리가 $\dfrac{7}{\sqrt{2}}$이다.

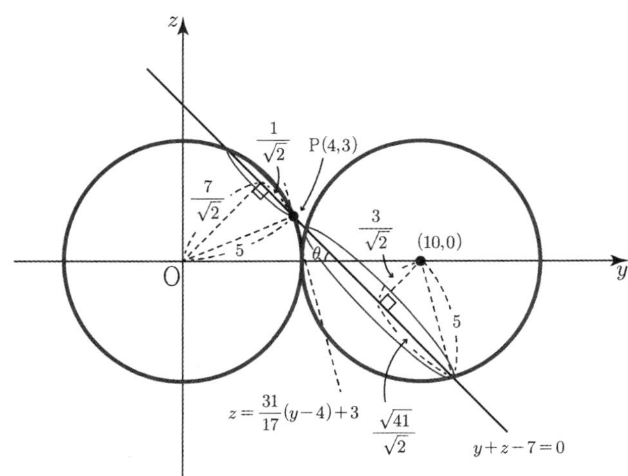

$$\frac{7}{\sqrt{2}} = \frac{|-4m+3|}{\sqrt{m^2+1}}$$

양변 제곱하면

$$\frac{49}{2} = \frac{16m^2 - 24m + 9}{m^2+1}$$

$$49m^2 + 49 = 32m^2 - 48m + 18$$

$$17m^2 + 48m + 31 = 0$$

$$(m+1)(17m+31) = 0$$

$$m = -1, \ m = -\frac{31}{17}$$

그림과 같이 평면 α와 xy평면의 이면각의 크기를 θ라 하면 기울기 m의 절댓값이 작을수록 평면 α와 xy평면이 이루는 각 θ가 작아지므로 $m = -1$일 때 θ가 최소이고 그 때 원 C의 xy평면 위로의 정사영의 넓이가 최대가 된다.

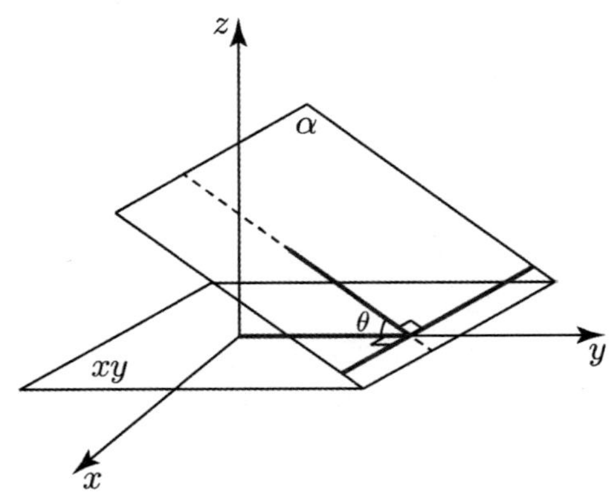

따라서 $m = -1$, $\cos\theta \leq \dfrac{\sqrt{2}}{2}$

한편, 직선 l의 방정식은 $z = -(y-4)+3$

즉 $y + z - 7 = 0$이므로 구 T를 yz평면으로 정사영한 원의 중심 $(10, 0)$에서 직선 l까지 거리는 $\dfrac{|10+0-7|}{\sqrt{2}} = \dfrac{3}{\sqrt{2}}$ 이다.

따라서 원 D의 반지름의 길이

$$r = \sqrt{5^2 - \left(\frac{3}{\sqrt{2}}\right)^2} = \frac{\sqrt{41}}{\sqrt{2}}$$

따라서 원 D의 넓이는 $\dfrac{41}{2}\pi$

따라서 원 D의 xy평면으로의 정사영의 넓이는

$$\frac{41}{2}\pi \times \frac{\sqrt{2}}{2} = \frac{41}{4}\sqrt{2}\pi$$

따라서 $p = 4$, $q = 41$

$$p + q = 45$$

82 정답 4

[그림 : 이현일T]

평면 α를 xy평면으로 생각하고 두 구 S_1, S_4는 yz평면에 접하고 S_1, S_2는 zx평면에 접하도록 생각하면 다음 그림과 같다.

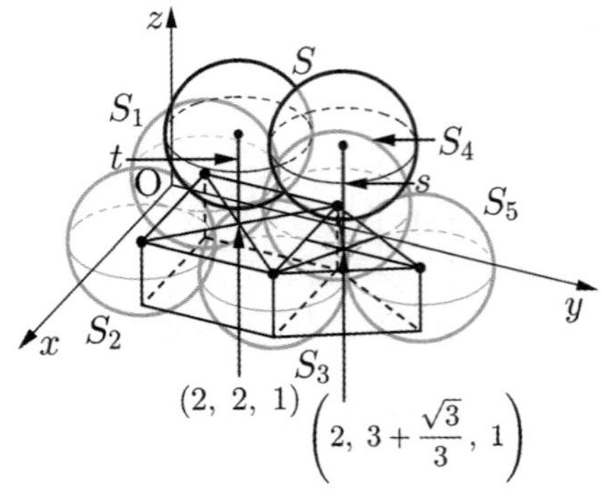

S_1, S_2, S_3, S_4의 중심은 순서대로 $(1, 1, 1)$, $(3, 1, 1)$, $(3, 3, 1)$, $(1, 3, 1)$이다.

S_5의 중심은 $\left(2, 3+\sqrt{3}, 1\right)$이다.

(i) 반지름의 길이가 1인 구 S가 S_1, S_2, S_3, S_4와 외접할 때의 중심의 좌표는

네 구 S_1, S_2, S_3, S_4의 중심이 나타내는 정사각형의 대각선의 교점 $(2, 2, 1)$에서 z축으로 t만큼 올라간 곳 $(2, 2, 1+t)$이다.

두 구 S_1과 S의 중심사이 거리가 2이고 S_1의 중심 $(1, 1, 1)$과 대각선의 교점 $(2, 2, 1)$의 거리가 $\sqrt{2}$이므로 피타고라스 정리에 의해 $t^2 = 2^2 - \left(\sqrt{2}\right)^2 = 2$

따라서 $t = \sqrt{2}$

S의 중심의 좌표는 $\left(2, 2, 1+\sqrt{2}\right) \cdots \bigcirc$

(ii) 반지름의 길이가 1인 구 S가 S_3, S_4, S_5와 외접할 때의 중심의 좌표는 세 구 S_3, S_4, S_5의 중심이 나타내는 정삼각형의 무게중심 $\left(2, 3+\dfrac{\sqrt{3}}{3}, 1\right)$에서 z축으로 s만큼 올라간 곳 $\left(2, 3+\dfrac{\sqrt{3}}{3}, 1+s\right)$이다.

두 구 S_4과 S의 중심사이 거리가 2이고 S_4의 중심 $(1, 3, 1)$과 정삼각형의 무게중심 $\left(2, 3+\dfrac{\sqrt{3}}{3}, 1\right)$의 거리가 $\dfrac{2\sqrt{3}}{3}$이므로 피타고라스 정리에 의해

$$s^2 = 2^2 - \left(\frac{2\sqrt{3}}{3}\right)^2 = \frac{8}{3}$$

따라서 $s = \dfrac{2\sqrt{6}}{3}$

S의 중심의 좌표는 $\left(2, 3+\dfrac{\sqrt{3}}{3}, 1+\dfrac{2\sqrt{6}}{3}\right) \cdots \bigcirc\!\!\bigcirc$

(i), (ii)의 $\bigcirc$, $\bigcirc\!\!\bigcirc$에서

$$d^2 = \left(1+\frac{\sqrt{3}}{3}\right)^2 + \left(\frac{2\sqrt{6}}{3} - \sqrt{2}\right)^2$$

$$= 1 + \frac{2\sqrt{3}}{3} + \frac{1}{3} + \frac{8}{3} - \frac{8\sqrt{3}}{3} + 2$$

$$= 6 - 2\sqrt{3}$$

따라서 $p = 6$, $q = -2$이므로 $p + q = 4$

83 정답 ③

$$d_n = \sqrt{\frac{1}{4}+1-\cos\left(\frac{n}{2}\pi-\frac{n}{4}\pi\right)+2\sin^2\left(\frac{n}{2}\pi-\frac{n}{4}\pi\right)}$$

$$= \sqrt{\frac{5}{4}-\cos\frac{n}{4}\pi+2\sin^2\frac{n}{4}\pi}$$

$$= \sqrt{\frac{5}{4}-\cos\frac{n}{4}\pi+1-\cos\frac{n}{2}\pi}$$

$$= \sqrt{\frac{9}{4}-\cos\frac{n}{4}\pi-\cos\frac{n}{2}\pi}$$

$$\therefore (d_n)^2 = \frac{9}{4}-\left(\cos\frac{n}{2}\pi+\cos\frac{n}{4}\pi\right)$$

ㄱ. $d_4 = \sqrt{\frac{9}{4}-(1-1)}=\frac{3}{2}$ (참)

한편 $a_n = \cos\frac{n}{2}\pi+\cos\frac{n}{4}\pi$ 라면

$$a_{8k+t}=\cos\left(4k\pi+\frac{t}{2}\pi\right)+\cos\left(2k\pi+\frac{t}{4}\pi\right)$$

$$=\cos\frac{t}{2}\pi+\cos\frac{t}{4}\pi=a_t$$

이므로 a_n은 주기가 8이다.

ㄴ. $d_n = \sqrt{\frac{9}{4}-a_n}$ 에서

$$d_{n+8}=\sqrt{\frac{9}{4}-a_{n+8}}=\sqrt{\frac{9}{4}-a_n}=d_n \text{ (참)}$$

ㄷ. $a_1 = 0+\frac{\sqrt{2}}{2}=\frac{\sqrt{2}}{2}$

$a_2 = -1+0=-1$

$a_3 = 0-\frac{\sqrt{2}}{2}=-\frac{\sqrt{2}}{2}$

$a_4 = 1-1=0$

$a_5 = 0-\frac{\sqrt{2}}{2}=-\frac{\sqrt{2}}{2}$

$a_6 = -1+0=-1$

$a_7 = 0+\frac{\sqrt{2}}{2}=\frac{\sqrt{2}}{2}$

$a_8 = 1+1=2$

에서 $\sum\limits_{n=1}^{8}a_n=0$ 이므로

$$\sum_{n=1}^{100}(d_n)^2 = \sum_{n=1}^{96}(d_n)^2+\sum_{n=1}^{4}(d_n)^2$$

$$=12\left(\sum_{n=1}^{8}\frac{9}{4}-\sum_{n=1}^{8}a_n\right)+4\times\frac{9}{4}-\left(\frac{\sqrt{2}}{2}-1-\frac{\sqrt{2}}{2}+0\right)$$

$$=216+9+1=226$$

$$\therefore \sum_{n=1}^{100}(d_n)^2=226 \text{ (거짓)}$$

따라서 ㄱ, ㄴ이 옳다.

84 정답 46

직선 AB는 구의 중심을 지나므로 $\overline{AB}$는 구의 지름이다.

따라서 $\angle ADB = \frac{\pi}{2}$이다. $\overline{AD}=2$, $\overline{AB}=4$이므로

$\overline{DB}=2\sqrt{3}$

두 삼각형 ABD와 ABC의 교선이 $\overline{AB}$이고 두 삼각형이 한 평면 위에 있지 않으므로 점 C에서 $\overline{AB}$에 내린 수선의 발을 점 E, 점 D에서 $\overline{AB}$에 내린 수선의 발을 점 F라 할 때 두 삼각형을 각각 포함하는 평면이 이루는 각은 $\overline{CE}$와 $\overline{DF}$가 이루는 각이다.

따라서 점 F에서 $\overline{EC}$와 평행하게 선을 그었을 때 $\overline{AC}$와 만나는 점을 G라 하면

두 평면이 이루는 각은 $\angle DFG = \theta$이다.

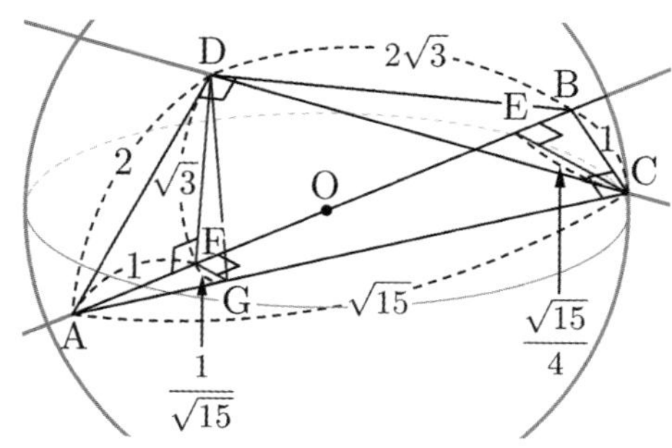

직각삼각형 ADB에서 $4\times\overline{DF}=2\times2\sqrt{3}$

$\therefore \overline{DF}=\sqrt{3}$, $\overline{AF}=1$

직각삼각형 ACB에서

$\overline{AB}=4$, $\overline{BC}=1$이므로 $\overline{AC}=\sqrt{4^2-1^2}=\sqrt{15}$

따라서 $4\times\overline{CE}=1\times\sqrt{15}$이 성립한다.

$\therefore \overline{CE}=\frac{\sqrt{15}}{4}$, $\overline{AE}=\frac{15}{4}$

또한 $\triangle AFG \backsim \triangle AEC$이므로

$1:\frac{15}{4}=\overline{FG}:\frac{\sqrt{15}}{4}$에서 $\overline{FG}=\frac{1}{\sqrt{15}}$, $\overline{AG}=\frac{4}{\sqrt{15}}$ 이다.

$\cdots \bigcirc$

한편, $\triangle ACD$에서 $\overline{AD}=2$, $\overline{AC}=\sqrt{15}$이고

(나)에서 $\overline{CD}=\sqrt{11}$이므로

삼각형 ACD에서 코사인법칙을 적용하면

$$\cos A = \frac{2^2+(\sqrt{15})^2-(\sqrt{11})^2}{2\times2\times\sqrt{15}}=\frac{2}{\sqrt{15}}$$

따라서 삼각형 DAG에서

$$\overline{DG}^2 = 2^2+\left(\frac{4}{\sqrt{15}}\right)^2-2\times2\times\left(\frac{4}{\sqrt{15}}\right)\cos A$$

$$=4+\frac{16}{15}-\frac{32}{15}=\frac{44}{15}$$

그러므로

$$\cos\theta = \dfrac{\overline{\mathrm{DF}}^2 + \overline{\mathrm{FG}}^2 - \overline{\mathrm{DG}}^2}{2\times\overline{\mathrm{DF}}\times\overline{\mathrm{FG}}}$$

$$= \dfrac{3+\dfrac{1}{15}-\dfrac{44}{15}}{2\times\sqrt{3}\times\dfrac{1}{\sqrt{15}}} = \dfrac{\dfrac{2}{15}}{\dfrac{2}{\sqrt{5}}} = \dfrac{\sqrt{5}}{15}$$

$$\therefore \cos^2\theta = \dfrac{5}{225} = \dfrac{1}{45}$$

$p=45,\ q=1$

$p+q=46$

[랑데뷰팁]

$\triangle\mathrm{AFG} \backsim \triangle\mathrm{ACB}$을 이용하면 $\overline{\mathrm{CE}}$의 길이를 구하지 않아도 된다.

---

85 정답 241

다음 그림과 같이 점 E, F에서 $\overline{\mathrm{AD}}$에 내린 수선의 발을 각각 P, Q 라 하고 평면 α에 내린 수선의 발을 각각 E$'$, F$'$라 하자.

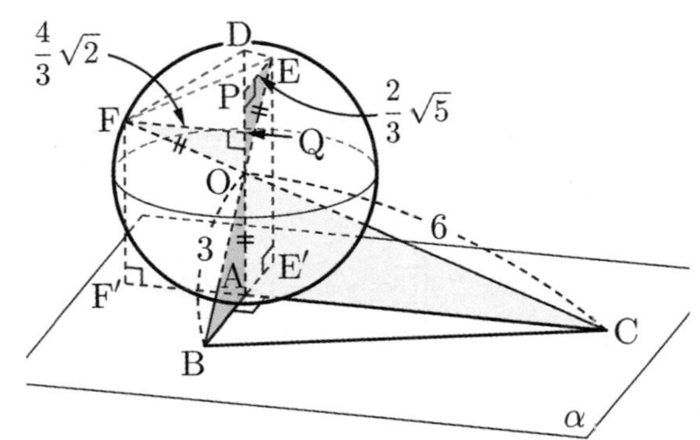

직각삼각형 OAB에서 $\overline{\mathrm{OB}} = \sqrt{(\sqrt{5})^2 + 2^2} = 3$

직각삼각형 OAC에서 $\overline{\mathrm{OC}} = \sqrt{(4\sqrt{2})^2 + 2^2} = 6$

$\overline{\mathrm{OE}} = \overline{\mathrm{OF}} = 2\ (\because$ 구의 반지름$)$

$\triangle\mathrm{OAB} \backsim \triangle\mathrm{OPE}$ 이고 $\overline{\mathrm{OB}} : \overline{\mathrm{OE}} = 3 : 2$에서

$\overline{\mathrm{PE}} = \dfrac{2}{3}\sqrt{5}$이므로 $\overline{\mathrm{AE}'} = \dfrac{2}{3}\sqrt{5}$

$\triangle\mathrm{OAC} \backsim \triangle\mathrm{OQF}$ 이고 $\overline{\mathrm{OC}} : \overline{\mathrm{OF}} = 6 : 2$에서

$\overline{\mathrm{QF}} = \dfrac{4}{3}\sqrt{2}$이므로 $\overline{\mathrm{AF}'} = \dfrac{4}{3}\sqrt{2}$

한편, 삼각형 DEF의 평면 α위로의 정사영은 삼각형 AE$'$F$'$이고 $\angle\mathrm{E}'\mathrm{AF}' = \dfrac{\pi}{2}$이므로

$$S = \dfrac{1}{2}\times\dfrac{2}{3}\sqrt{5}\times\dfrac{4}{3}\sqrt{2} = \dfrac{4}{9}\sqrt{10}$$

$$\therefore S^2 = \dfrac{160}{81}$$

$p=81,\ q=160$이므로 $p+q=241$

---

86 정답 45

평면 α의 경계선을 y축으로 생각하고 두 구의 π평면으로의 정사영을 그리면 다음 그림과 같다. (단, $a<0,\ b<0$)

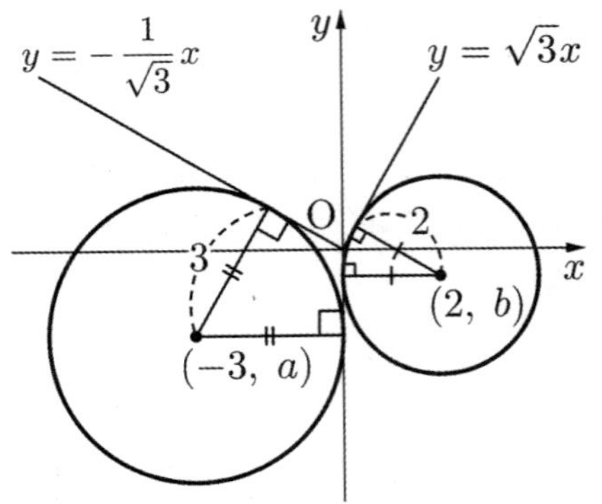

(i) a를 구하자.

$(-3,\ a)$에서 직선 $x+\sqrt{3}y=0$까지의 거리가 반지름의 길이 3이므로 $\dfrac{|-3+\sqrt{3}a|}{2} = 3$

$$\therefore a = -\sqrt{3}$$

따라서 반지름의 길이가 3인 구의 중심은 $(-3,\ -\sqrt{3},\ 3)$이다.

(ii) b를 구하자.

$(2,\ b)$에서 직선 $\sqrt{3}x-y=0$까지의 거리가 반지름의 길이 2이므로 $\dfrac{|2\sqrt{3}-b|}{2} = 2$

$$\therefore b = 2\sqrt{3}-4$$

따라서 반지름의 길이가 2인 구의 중심은 $(2,\ 2\sqrt{3}-4,\ 2)$이다.

두 구의 중심 사이의 거리의 제곱값인 d^2의 값은

$$d^2 = 25 + (3\sqrt{3}-4)^2 + 1 = 69 - 24\sqrt{3}\ 이다.$$

$$\therefore p=69,\ q=-24$$

$p+q=69-24=45$

---

87 정답 69

직육면체 $\mathrm{ABCD-EFGH}$에서 $\overline{\mathrm{AB}}=4$, $\overline{\mathrm{BC}}=3$이므로 $\overline{\mathrm{AC}}=\overline{\mathrm{EG}}=5$이고 $\overline{\mathrm{AE}}=12$이므로 직각삼각형 AEG의 빗변 $\overline{\mathrm{AG}}=13$이다.

$\angle\mathrm{APG} = \dfrac{\pi}{2}$이므로 세 점 G, A, P를 지나는 원은 지름의 길이가 13인 원이다.

따라서 원의 넓이 S는

$$S = \pi\left(\dfrac{13}{2}\right)^2 = \dfrac{169}{4}\pi\ 이다. \cdots \text{㉠}$$

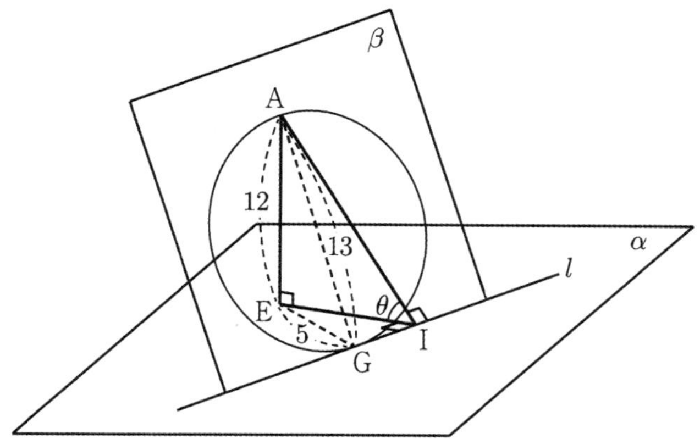

원 S를 포함하는 평면을 β라 할 때, 평면 α와 평면 β의 교선을 l이라 하자.

꼭짓점 A에서 직선 l에 내린 수선의 발을 I라 할 때

두 평면이 이루는 이면각의 크기를 θ라 하면 $\angle\text{AIE}=\theta$이다.

직각삼각형 AEI에서 $\tan\theta=\dfrac{12}{\overline{\text{EI}}}$이고

θ가 작아질수록 $\cos\theta$값이 커지므로

$\overline{\text{EI}}$가 최대일 때, $\tan\theta$가 최소이고 θ가 최소가 된다.

점 I가 G가 될 때 $\overline{\text{EI}}$가 최대가 된다. **(랑데뷰 세미나(18) 참고)**

즉, $\overline{\text{EI}} \le \overline{\text{EG}}=5$

따라서 $\cos\theta \le \dfrac{\overline{\text{EG}}}{\overline{\text{AG}}}=\dfrac{5}{13}$

세 점 G, A, P를 지나는 원의 평면 α 위로의 정사영의 넓이를 S'라 할 때

㉠에서 $S' \le \dfrac{169}{4}\pi \times \dfrac{5}{13}=\dfrac{65}{4}\pi$이다.

$p=4$, $q=65$에서
$p+q=69$

88 정답 15

지렛대 원리를 이용하자. **[랑데뷰세미나 (234)(235)참고]**

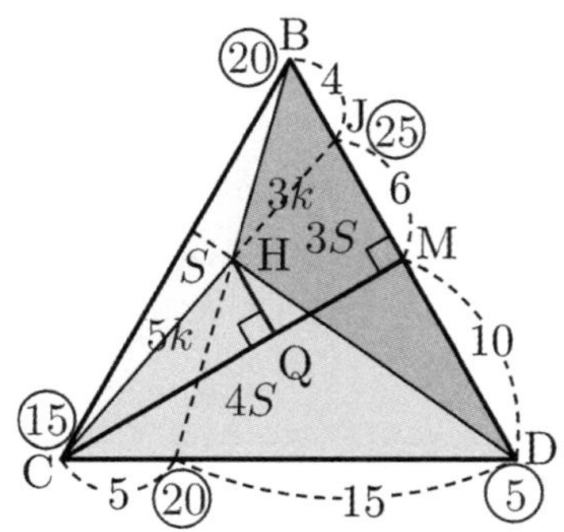

그림과 같이 $\overline{\text{CH}} : \overline{\text{CJ}}=5:8$이다.

$\overline{\text{JM}}=6$이므로 $5:8=\overline{\text{HQ}}:6$에서 $\overline{\text{HQ}}=\dfrac{15}{4}$

따라서 $\triangle\text{AHQ}=\dfrac{1}{2}\times\overline{\text{AH}}\times\overline{\text{HQ}}=\dfrac{1}{2}\times8\times\dfrac{15}{4}=15$

89 정답 ③

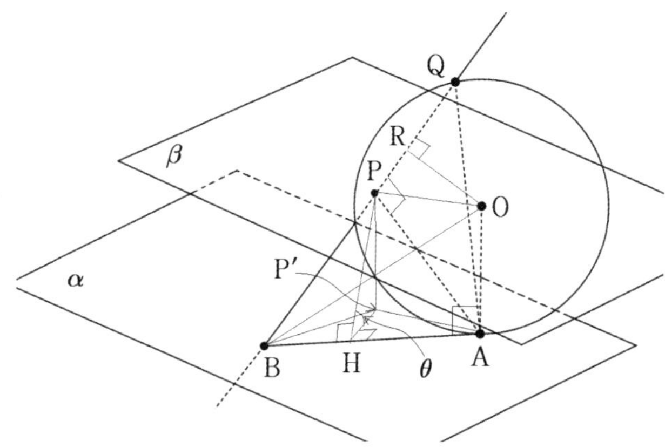

그림과 같이 점 P에서 평면 α에 내린 수선의 발을 P$'$라 하자. 직선 OP가 평면 β위에 있고

$\alpha /\!/ \beta$이므로 $\angle\text{POA}=\dfrac{\pi}{2}$이다.

따라서 사각형 OPP$'$A는 한 변의 길이가 1인 정사각형이다.

직각삼각형 PP$'$B에서 $\overline{\text{PP}'}=1$, $\angle\text{PBP}'=\dfrac{\pi}{6}$이므로 $\overline{\text{BP}}=2$

직각삼각형 PP$'$A에서 $\overline{\text{PP}'}=1$, $\overline{\text{P}'\text{A}}=1$이므로 $\overline{\text{PA}}=\sqrt{2}$

삼각형 APB에서 $\overline{\text{BP}}=2$, $\overline{\text{PA}}=\sqrt{2}$, $\overline{\text{AB}}=\sqrt{6}$이므로

$\angle\text{APB}=\dfrac{\pi}{2}$이다.

한편,

점 P에서 선분 AB에 내린 수선의 발을 H라 하면

$\overline{\text{BP}}\times\overline{\text{PA}}=\overline{\text{AB}}\times\overline{\text{PH}}$ (일명:소공식)에서

$2\times\sqrt{2}=\sqrt{6}\times\overline{\text{AH}}$

$\therefore \overline{\text{AH}}=\dfrac{2}{\sqrt{3}}$

따라서 $\overline{\text{P}'\text{H}}=\dfrac{1}{\sqrt{3}}$이므로 $\angle\text{PHP}'=\theta$라 $\cos\theta=\dfrac{1}{2}$이다.

즉, 평면 PBA와 평면 α가 이루는 각의 크기가 θ이고 삼각형 APQ는 평면 PBA에 포함되고 두 평면 α와 β는 평행하므로 삼각형 APQ와 평면 β가 이루는 각도 θ이다.

직각삼각형 OBA에서 $\overline{\text{OA}}=1$, $\overline{\text{AB}}=\sqrt{6}$이므로 $\overline{\text{OB}}=\sqrt{7}$

구의 중심 O에서 $\overline{\text{PQ}}$에 내린 수선의 발을 R이라 하고

$\overline{\text{PR}}=x$라 하면 직각삼각형 OBR에서

$\overline{\text{BR}}=2+x$, $\overline{\text{OB}}=\sqrt{7}$이므로

$\overline{\text{OR}}=\sqrt{3-4x-x^2}\cdots$㉠

직각삼각형 OPR에서 $\overline{\text{OP}}=1$, $\overline{\text{PR}}=x$이므로

$\overline{\text{OR}}=\sqrt{1-x^2}\cdots$㉡

㉠, ㉡에서 $x=\dfrac{1}{2}$

따라서 $\overline{\text{PQ}}=2\times\dfrac{1}{2}=1$

삼각형 APQ의 넓이 $S=\dfrac{1}{2}\times\sqrt{2}\times1=\dfrac{\sqrt{2}}{2}$

따라서 삼각형 APQ의 평면 β위로의 정사영의 넓이는

$$S \times \cos\theta = \frac{\sqrt{2}}{2} \times \frac{1}{2} = \frac{\sqrt{2}}{4}$$

[다른 풀이]

$\angle APQ = \dfrac{\pi}{2}$이므로 세 점 A, P, Q는 $\overline{AQ}$를 지름으로 하는 원 위의 점이다. 직선 AB는 그 원의 접선이고 접점이 A이므로 원과 비례관계(방멱 정리)에서 $\overline{BA}^2 = \overline{BP} \times \overline{BQ}$

따라서 $\overline{BQ} = 3$이므로 $\overline{PQ} = 1$

90 정답 10

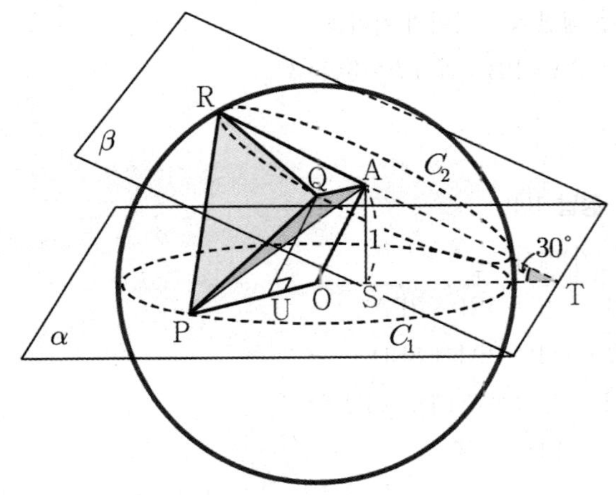

$\triangle PQR$ 을 평면 AQPO 에 정사영한 도형은 $\triangle PQA$

따라서 $\cos\theta = \dfrac{\triangle PQA \text{의 넓이}}{\triangle PQR \text{의 넓이}}$

따라서 두 삼각형의 넓이를 구하자.

구의 중심 O에서 평면 β에 내린 수선의 발이 원의 중심 A이다.

따라서 $\overline{OA} \perp \beta$에서 $\angle OAT = 90°$이므로

$\angle AOS = 60°$이다.

$\triangle AOS$는 $30°, 60°, 90°$인 직각삼각형이고

$\overline{AS} = 1$에서 $\overline{OA} = \dfrac{2}{\sqrt{3}}$

직각삼각형 OAQ에서 $\overline{OA} = \dfrac{2}{\sqrt{3}}$, $\overline{OQ} = \dfrac{4}{3}$이므로 $\overline{QA} = \dfrac{2}{3}$

조건 (나)에서 $\overline{AQ} // \overline{OP}$이므로 점 Q에서 $\overline{OP}$에 내린 수선의 발을 U라 하면

$\overline{QU} = \overline{OA} = \dfrac{2}{\sqrt{3}}$이므로 $\triangle PQA$는 밑변이 $\overline{QA}$, 높이가 $\overline{QU}$인 삼각형이므로

$$\triangle PQA = \frac{1}{2} \times \overline{AQ} \times \overline{QU} = \frac{2\sqrt{3}}{9} \cdots \bigcirc$$

한편 $\overline{AR} = \overline{AQ} = \dfrac{2}{3}$ ($\because$ 원의 반지름)이므로

직각이등변삼각형 ARQ 에서 $\overline{QR} = \dfrac{2\sqrt{2}}{3}$

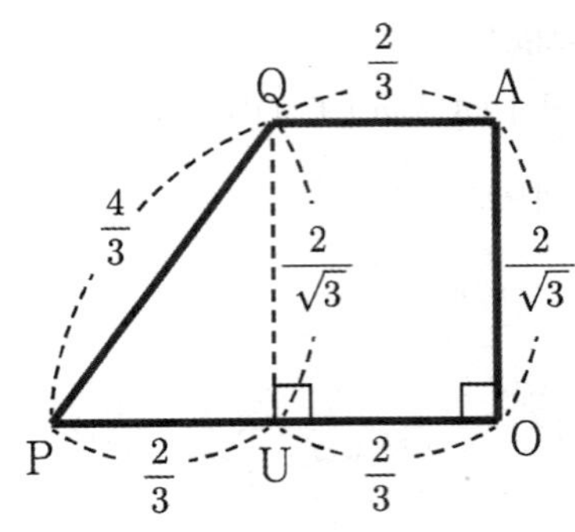

직각삼각형 PQU 에서 $\overline{PU} = \dfrac{2}{3}$, $\overline{QU} = \dfrac{2}{\sqrt{3}}$이므로

$$\overline{PQ} = \frac{4}{3}$$

$\overline{OP} \perp \triangle OAR$ 이므로 $\overline{OP} \perp \overline{OR}$

직각삼각형 OPR 에서 $\overline{PR} = \dfrac{4}{3}\sqrt{2}$ 이므로

$\triangle PQR$ 에서 세 변의 길이가 $\dfrac{2}{3}\sqrt{2}$, $\dfrac{4}{3}\sqrt{2}$, $\dfrac{4}{3}$이므로 헤론의 공식에서

둘레의 길이가 $2\sqrt{2} + \dfrac{4}{3}$이므로

$\triangle PQR$

$$= \sqrt{\left(\sqrt{2} + \frac{2}{3}\right) \times \left(\frac{\sqrt{2}+2}{3}\right) \times \left(\frac{-\sqrt{2}+2}{3}\right) \times \left(\sqrt{2} - \frac{2}{3}\right)}$$

$$= \sqrt{\left(2 - \frac{4}{9}\right)\left(\frac{4-2}{9}\right)} = \frac{2\sqrt{7}}{9} \cdots \bigcirc$$

$\bigcirc$, $\bigcirc$에서

$$\cos\theta = \frac{\dfrac{2\sqrt{3}}{9}}{\dfrac{2\sqrt{7}}{9}} = \frac{\sqrt{3}}{\sqrt{7}}$$

$$\therefore \cos^2\theta = \frac{3}{7}$$

$$\therefore p + q = 10$$

[다른 풀이]-유승희T

두 평면 α, β 위의 직선 OP, AQ가 평행하므로 α, β의 교선을 l이라 할 때, 세 직선 OP, AQ, l은 서로 평행하다.

(가)에 의해 $\overleftrightarrow{AQ} \perp \overleftrightarrow{AR}$이므로 $l \perp \overleftrightarrow{AR}$이다.

또한, C_2의 중심이 A이므로 $\overleftrightarrow{OA} \perp \overleftrightarrow{AR}$이다.

따라서, R의 평면 AQPO위로의 수선의 발은 A이다.

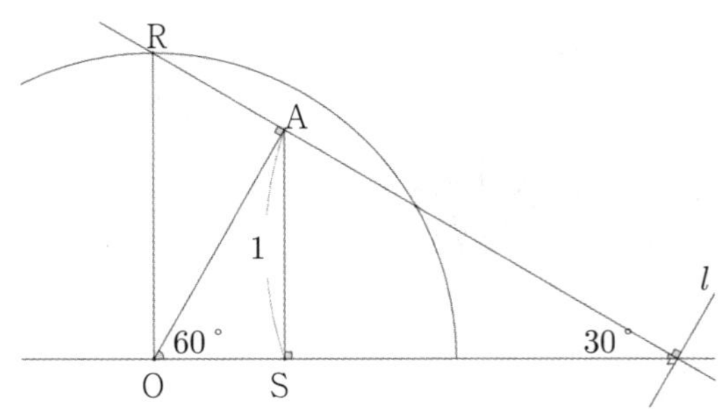

위의 그림은 정면에서 바라본 그림이다.

$$\overline{OA}=\frac{\overline{AS}}{\sin 60^\circ}=\frac{2}{\sqrt{3}}$$

$$\overline{AR}=\sqrt{\overline{OR}^2-\overline{OA}^2}=\frac{2}{3}$$

Q가 원 C_2 위의 점이므로 $\overline{AQ}=\overline{AR}=\dfrac{2}{3}$ 이다.

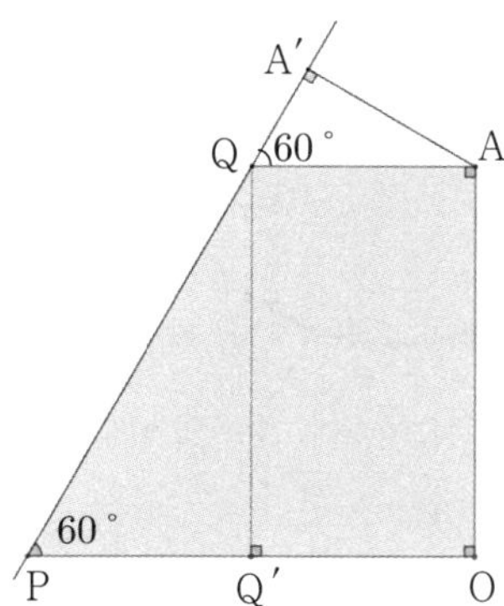

이제 사각형 AQPO의 위치관계를 알아보자.

$\overline{AQ}=\dfrac{2}{3}$, $\overline{OA}=\dfrac{2}{\sqrt{3}}$, $\overline{OP}=\dfrac{4}{3}$ 이므로

위의 그림에서 점 Q의 직선 OP위로의 수선의 발을 Q′이라

하면 $\overline{OQ'}=\overline{AQ}=\dfrac{2}{3}$ 이므로 $\overline{PQ'}=\dfrac{2}{3}$

$\overline{PQ'}:\overline{QQ'}=1:\sqrt{3}$ 인 직각삼각형이므로

$\angle QPQ'=60^\circ$ 이다.

또한, 점 A의 직선 PQ 위로의 수선의 발을 A′이라 하면

$\angle AQA'=\angle QPQ'=60^\circ$ 이므로

$$\overline{AA'}=\overline{AQ}\times\sin 60^\circ=\frac{\sqrt{3}}{3}$$

두 평면 PQR과 AQPO의 교선은 $\overleftrightarrow{PQ}$이므로 두 평면의 이루는 각 θ는 이면각의 정의에 의해 다음과 같다.

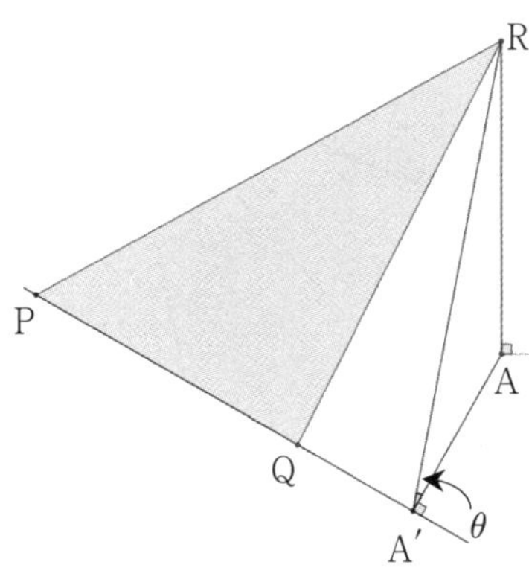

즉, $\overline{A'R}=\sqrt{\overline{AA'}^2+\overline{AR}^2}=\dfrac{\sqrt{7}}{3}$

$$\cos\theta=\frac{\overline{AA'}}{\overline{A'R}}=\frac{\sqrt{3}}{\sqrt{7}}$$

따라서, $\cos^2\theta=\dfrac{3}{7}$

$\therefore\ p+q=10$

91 정답 36

정사면체의 꼭짓점 A 에서 모서리 삼각형 BCD에 내린 수선의 발을 H라 할 때,

점 A의 z좌표가 $2\sqrt{6}$이므로 $\overline{AH}=2\sqrt{6}$이다.

정사면체의 한 변의 길이가 a일 때 높이는 $\dfrac{\sqrt{6}}{3}a$이므로

$$\frac{\sqrt{6}}{3}a=2\sqrt{6}\Rightarrow a=6$$

점 H는 삼각형 BCD 의 무게중심이고 점 B 에서 $\overline{CD}$에 내린 수선의 발을 P 라 하면 점 H는 $\overline{BP}$ 위에 있다. $\overline{BP}\perp\overline{CD}$이고 점 H와 점 B 의 x좌표가 같으므로 P $(3,0,0)$이고 점 P는 x축 위에 있다.

정사면체 한 모서리의 길이가 6이고 점 C 의 x좌표가 양수이므로 점 D가 원점이다.

즉, D $(0,0,0)$, C $(6,0,0)$

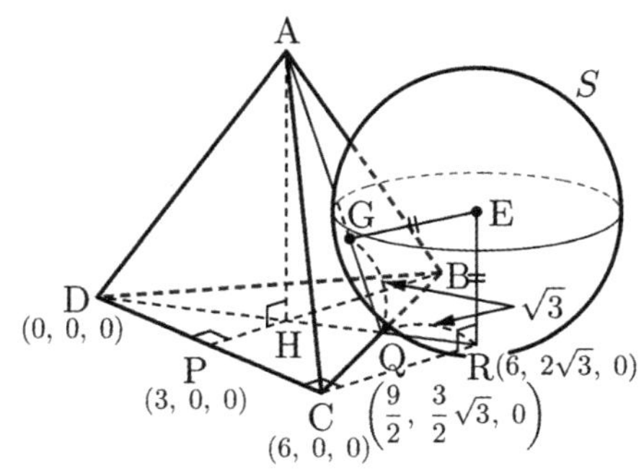

$\overline{BC}$ 의 중점 Q 라 하고 구의 중심 E에서 xy평면에 내린 발을 R 이라 할 때, 직선 DQ 위에 점 R 이 있고 $\overline{QG}=\overline{QR}$이다. $\overline{QG}=\sqrt{3}$

직선 DQ는 $y=\dfrac{\sqrt{3}}{3}x$ 이고 $\overline{DQ}=3\sqrt{3}$이므로

$1:\sqrt{3}:2=\dfrac{3}{2}\sqrt{3}:\dfrac{9}{2}:3\sqrt{3}$ 에서 Q$\left(\dfrac{9}{2},\dfrac{3}{2}\sqrt{3},0\right)$이다.

마찬가지로 R $\left(6,2\sqrt{3},0\right)$이다.

구의 반지름의 길이를 r이라 할 때, E $\left(6,2\sqrt{3},r\right)$이다.

다음 그림과 같이 $\overline{GQ}=\overline{QR}=\sqrt{3}$이고 $\angle GQF'$가 정사면체의 이면각의 크기이므로

$$\cos(\angle GQF')=\frac{1}{3}$$이다.

따라서 $\overline{QF'}=\dfrac{\sqrt{3}}{3}$, $\overline{GF'}=\dfrac{2\sqrt{6}}{3}$

$\overline{GF}=\dfrac{4}{3}\sqrt{3}$, $\overline{FR}=\dfrac{2\sqrt{6}}{3}$이다.

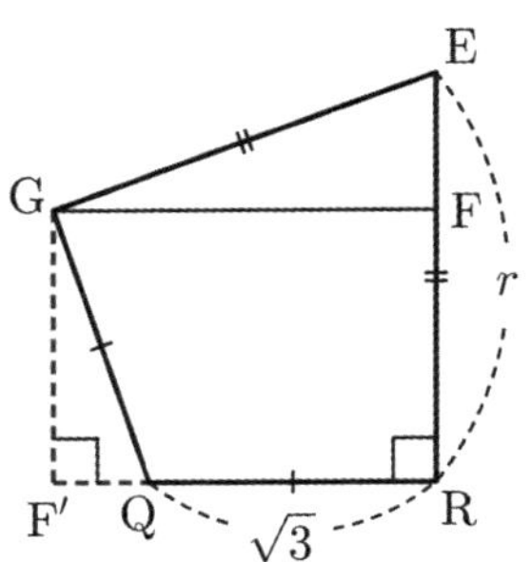

직각삼각형 EGF에서

$$\left(\frac{4}{3}\sqrt{3}\right)^2 + \left(r - \frac{2\sqrt{6}}{3}\right)^2 = r^2$$

$$\Rightarrow \frac{16}{3} + r^2 - \frac{4\sqrt{6}}{3}r + \frac{8}{3} = r^2$$

$$\Rightarrow \frac{4\sqrt{6}}{3}r = 8$$

따라서 $r = \sqrt{6}$

$\mathrm{E}\left(6, 2\sqrt{3}, \sqrt{6}\right)$

따라서

$$\frac{a \times b \times c}{\sqrt{2}} = \frac{36\sqrt{2}}{\sqrt{2}} = 36$$

92 정답 ④

평면 α 위에 있는 원기둥 F_1의 밑면인 원의 중심을 O_1, 원기둥 F_2의 밑면인 원의 중심을 O_2라 하자.

원기둥 F_1에서 $\overline{\mathrm{OP}} = 2\sqrt{5}$, $\overline{\mathrm{PP}_1} = 4$ 이고

$\angle \mathrm{PP'O} = \frac{\pi}{2}$ 이므로 피타고라스 정리에 의해 $\overline{\mathrm{OP'}} = 2$이다.

$\overline{\mathrm{O}_1\mathrm{P}} = \overline{\mathrm{O}_1\mathrm{O}} = 2$이므로 삼각형 $\mathrm{P'OO}_1$은 정삼각형이다.

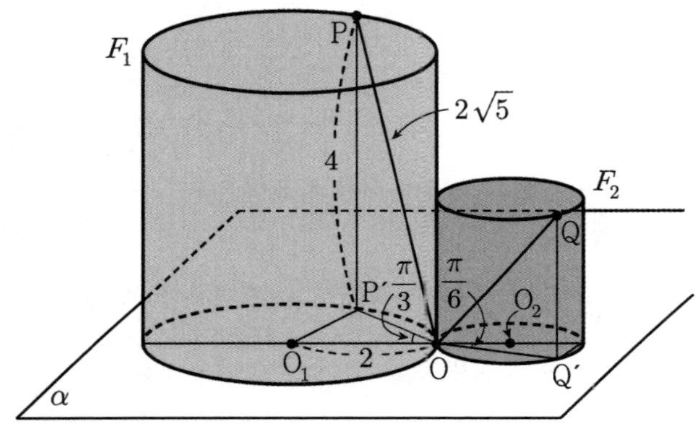

따라서 직선 $\mathrm{OP'}$와 직선 OO_1가 이루는 각은 $\frac{\pi}{3}$이다.

두 직선 $\mathrm{OP'}$, $\mathrm{OQ'}$이 이루는 각의 크기가 $\frac{\pi}{6}$가 되려면 다음 그림과 같이 점 $\mathrm{Q'}$가 O 가 아닌 원기둥 F_2의 밑면인 원 둘레 위의 점이므로 직선 OO_1와 직선 $\mathrm{OQ'}$가 이루는 각이 $\frac{\pi}{6}$일 때만 가능하다.

$\mathrm{P'}$와 $\mathrm{Q'}$에서 직선 $\mathrm{O}_1\mathrm{O}_2$에 내린 수선의 발을 각각 H_1, H_2 라 하자.

한 변의 길이가 2인 정삼각형 $\mathrm{P'O}_1\mathrm{O}$ 에서 선분 $\mathrm{P'H}_1$은 정삼각형의 높이이므로 $\overline{\mathrm{P'H}_1} = \sqrt{3}$

직선 $\mathrm{O}_1\mathrm{O}_2$가 원기둥 F_2의 밑면과 만나는 점 중 O 가 아닌 점을 R 이라 하면

삼각형 $\mathrm{ROQ'}$는 직각삼각형이고

$\angle \mathrm{ROQ'} = \frac{\pi}{3} - \frac{\pi}{6} = \frac{\pi}{6}$이다.

따라서 $\overline{\mathrm{OQ'}} = \sqrt{3}$이다.

$\overline{\mathrm{Q'H}_2} = \frac{\sqrt{3}}{2}$, $\overline{\mathrm{OH}_2} = \frac{3}{2}$이다.

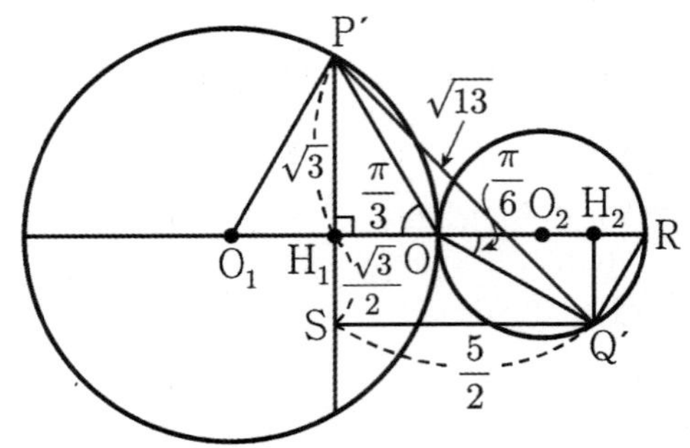

점 $\mathrm{Q'}$에서 직선 $\mathrm{P'H}_1$에 내린 수선의 발을 S라 하면

직각삼각형 $\mathrm{P'SQ'}$에서

$\overline{\mathrm{P'S}} = \overline{\mathrm{P'H}_1} + \overline{\mathrm{Q'H}_2} = \frac{3}{2}\sqrt{3}$, $\overline{\mathrm{SQ'}} = \overline{\mathrm{H}_1\mathrm{O}} + \overline{\mathrm{OH}_2} = \frac{5}{2}$이다.

따라서 피타고라스 정리에 의해

$$\overline{\mathrm{P'Q'}} = \sqrt{\left(\frac{3}{2}\sqrt{3}\right)^2 + \left(\frac{5}{2}\right)^2} = \sqrt{13}$$

따라서 사다리꼴 $\mathrm{PP'Q'Q}$의 넓이 S는

$$S = (4+2) \times \sqrt{13} \times \frac{1}{2} = 3\sqrt{13}$$

93 정답 11

[그림 : 최성훈T]

$\overline{\mathrm{AB}} = 4$, $\overline{\mathrm{BC}} = 3$, $\angle \mathrm{ABC} = 90°$ 이므로 삼각형 ABC에서 피타고라스의 정리에 의하여 $\overline{\mathrm{AC}} = 5$

$\overline{\mathrm{AB}} \perp \overline{\mathrm{BC}}$, $\overline{\mathrm{AB}} \perp \overline{\mathrm{PC}}$ 이므로 직선과 평면의 수직 정리에 의하여 $\overline{\mathrm{AB}} \perp (\text{평면 } \mathrm{BCP})$

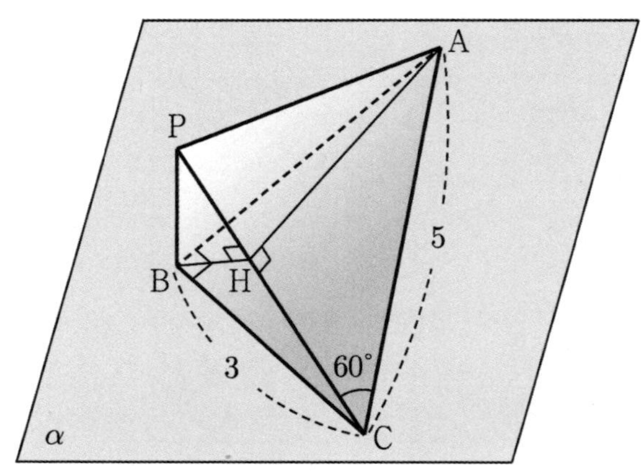

점 B에서 선분 CP에 내린 수선의 발을 H라 하면 $\overline{\mathrm{AB}} \perp \overline{\mathrm{BH}}$, $\overline{\mathrm{BH}} \perp \overline{\mathrm{PC}}$ 이므로 삼수선의 정리에 의하여 $\overline{\mathrm{AH}} \perp \overline{\mathrm{PC}}$

$\overline{\mathrm{AC}} = 5$, $\angle \mathrm{ACP} = 60°$ 이므로 $\overline{\mathrm{CH}} = \frac{5}{2}$, $\overline{\mathrm{AH}} = \frac{5}{2}\sqrt{3}$

$\overline{\mathrm{AB}} = 4$, $\overline{\mathrm{AH}} = \frac{5}{2}\sqrt{3}$, $\angle \mathrm{ABH} = 90°$ 이므로 삼각형 ABH에서 피타고라스의 정리에 의하여

$$\overline{BH} = \sqrt{\frac{75}{4} - 16} = \frac{\sqrt{11}}{2}$$

두 평면 ACP, BCP의 이면각의 크기를 θ라 하면

$$\cos\theta = \frac{\overline{BH}}{\overline{AH}} = \frac{\frac{\sqrt{11}}{2}}{\frac{5\sqrt{3}}{2}} = \frac{\sqrt{11}}{5\sqrt{3}}$$

삼각형 PAC의 넓이는 $\frac{1}{2} \times 4 \times \frac{5\sqrt{3}}{2} = 5\sqrt{3}$ 이므로 구하는

정사영의 넓이 S는

$$S = 5\sqrt{3} \times \frac{\sqrt{11}}{5\sqrt{3}} = \sqrt{11}$$

$$\therefore S^2 = 11$$

94 정답 19

[그림 : 배용제T]

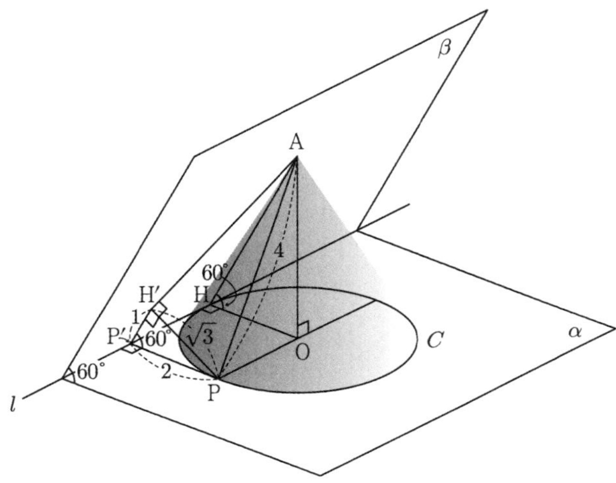

직각삼각형 APO에서 $\overline{AH} = 4$, $\overline{OH} = 2$이므로 $\overline{AO} = 2\sqrt{3}$
따라서 직각삼각형 AHO에서 $\angle AHO = 60°$ 이다.
점 P에서 평면 β에 내린 수선의 발을 H′이라 하고, 점 P에서
직선 l에 내린 수선의 발을 P′이라 하면 직각삼각형
PH′P′에서 $\angle H'P'P = 60°$, $\overline{PP'} = \overline{OH} = 2$이므로
$\overline{PH'} = \sqrt{3}$
직각삼각형 AH′P에서 $\overline{AP} = 4$, $\overline{PH'} = \sqrt{3}$ 이고
따라서, 직선 AP와 평면 β가 이루는 예각의 크기 θ는
$\angle PAH'$의 크기와 같으므로

$$\sin\theta = \sin(\angle PAH') = \frac{\overline{PH'}}{\overline{AP}} = \frac{\sqrt{3}}{4}$$

$$\sin^2\theta = \frac{3}{16}$$

$$\therefore p = 16, \ q = 3$$

$$\therefore p + q = 19$$

95 정답 33

(i) 아래 그림과 같이 $\angle PMO = \frac{\pi}{3}$ 일 때

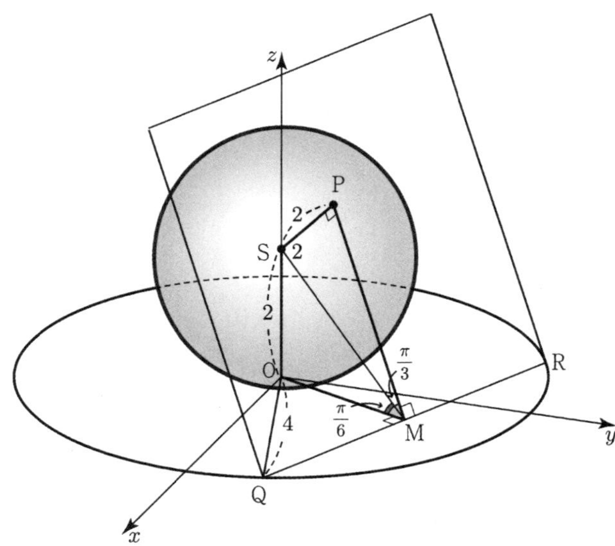

$\triangle SOM \equiv \triangle SPM$이므로

$\angle SMO = \frac{\pi}{6}$ 이다.

따라서 $\overline{OM} = 2\sqrt{3}$

직각삼각형 OQM에서 $\overline{QM} = \sqrt{4^2 - \left(2\sqrt{3}\right)^2} = 2$

따라서 $\overline{QR} = 4$

(ii) 아래 그림과 같이 $\angle PMO = \frac{2\pi}{3}$ 일 때

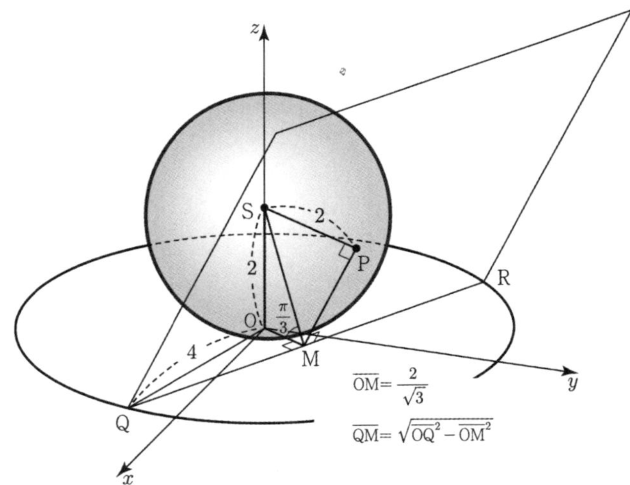

$\triangle SOM \equiv \triangle SPM$이므로

$\angle SMO = \frac{\pi}{3}$ 이다.

따라서 $\overline{OM} = \frac{2}{\sqrt{3}}$

직각삼각형 OQM에서

$$\overline{QM} = \sqrt{4^2 - \left(\frac{2}{\sqrt{3}}\right)^2} = \frac{2\sqrt{11}}{\sqrt{3}}$$

따라서 $\overline{QR} = \frac{4\sqrt{33}}{3}$

(i), (ii)에서

$m = 4$, $M = \dfrac{4\sqrt{33}}{3}$ 이므로 $\left(\dfrac{3M}{m}\right)^2 = \left(\dfrac{4\sqrt{33}}{4}\right)^2 = 33$

96 정답 ①

$\overline{AC} \perp \beta$, $\overline{AD} \perp l$ 이므로 삼수선 정리에 의해 $\overline{CD} \perp l$ 이다.
따라서 $\angle ADC = 45°$
그러므로 삼각형 ADC는 직각 이등변삼각형이다.
$\overline{AC} = x$라 두면 $\overline{CD} = \overline{AC} = x$ 이고 $\overline{AB} = 3$ 이므로
$\overline{BC} = \sqrt{9 - x^2}$

사면체 ABCD는 밑면을 삼각형 BCD, 높이가 $\overline{AC}$ 이면
$\angle BCD = 90°$ 일 때 밑면의 넓이가 최대이다. 그때,
$\triangle BCD = \dfrac{1}{2} \times x \times \sqrt{9 - x^2}$ 이다.

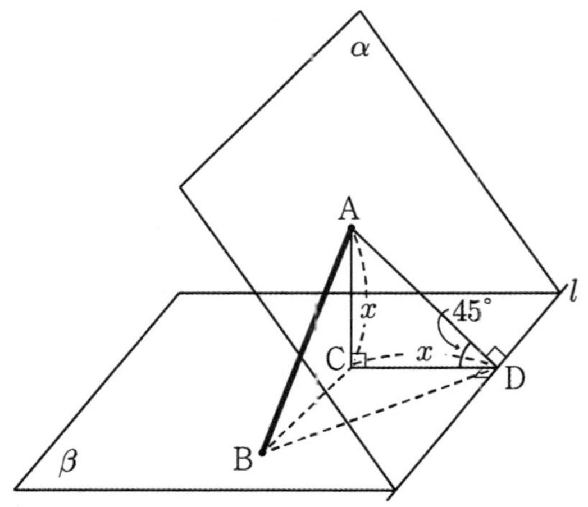

따라서 사면체 ABCD의 부피를 V라 하면

$V = \dfrac{1}{3} \times \dfrac{1}{2} \times x \times \sqrt{9 - x^2} \times x$

$\quad = \dfrac{1}{6} \sqrt{(9 - x^2)x^4}$

$x^2 = t$라 두면

$\quad = \dfrac{1}{6} \sqrt{-t^3 + 9t^2}$

$f(t) = -t^3 + 9t^2$ 에서

$\quad f'(t) = -3t^2 + 18t = -3t(t - 6)$

따라서 $t = x^2 = 6$ 일 때 극대며 최대이므로

$V \leq \sqrt{3}$

97 정답 2

[출제자 : 김종렬T]

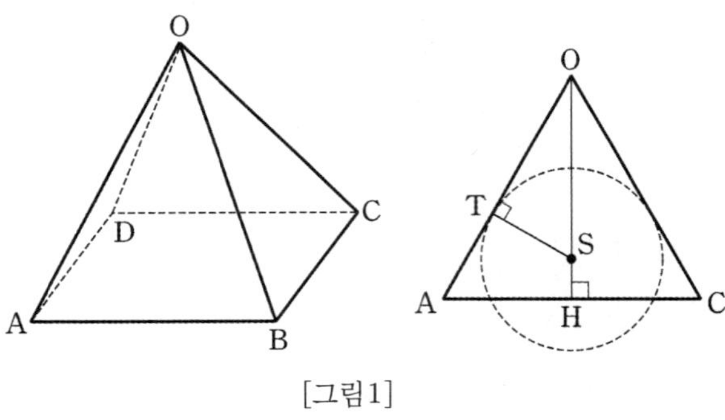

[그림1]

(i) 평면 OAC 의 단면에서 각 변의 길이를 구하면,
$\overline{OA} = 2\sqrt{6}$, $\overline{AH} = 2\sqrt{2}$ 이며
$\overline{TS} = r$, $\overline{SH} = l$ 이라 하면 삼각형 OAH와 삼각형 OST은
닮음 관계이므로
$\overline{OA} : \overline{AH} = \overline{OS} : \overline{ST}$
$2\sqrt{6} : 2\sqrt{2} = 4 - l : r$,
$\therefore l = 4 - \sqrt{3}r$
$l = 4 - \sqrt{3}r > 0$,
$\therefore 0 < r < \dfrac{4}{\sqrt{3}}$

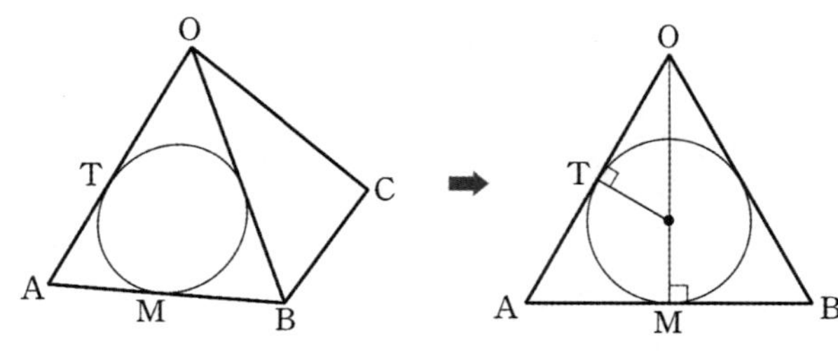

[그림2]

(ii) 삼각형 OAB 를 포함하는 평면에 의한 구의 단면을
생각해보면 $\overline{OA} = 2\sqrt{6}$, $\overline{AM} = 2$ 이다. [그림2]에서
$\overline{AT} = \overline{AM}$ 이므로
$\overline{OT} = \overline{OA} - \overline{AT} = \overline{OA} - \overline{AM} = 2\sqrt{6} - 2$ … ㉠
[그림1]에서 삼각형 OAH와 삼각형 OST는 닮음이므로
$\overline{OH} : \overline{AH} = \overline{OT} : \overline{TS}$
$4 : 2\sqrt{2} = \overline{OT} : r$
$\therefore \overline{OT} = \sqrt{2}r$ … ㉡
㉠, ㉡에서 $\overline{OT} = \sqrt{2}r = 2\sqrt{6} - 2$
$\therefore r = 2\sqrt{3} - \sqrt{2}$
또한 $l = 4 - \sqrt{3}r$ 이므로 대입하면
$\therefore l = \sqrt{6} - 2$
$\therefore l \times r = 8\sqrt{2} - 6\sqrt{3}$
$p = 8$, $q = -6$ 이므로 $p + q = 2$ 이다.

xy평면의 원 $(x-2)^2 + (y-2\sqrt{3})^2 = 4$의 중심을 C 라 할 때,
$\overline{OC} = 4$이므로 점 P는 직선 OC 의 연장선과 xy평면의
반지름의 길이가 2인 원이 만나는 두 교점 중 원점에서 먼
점이다.

yz평면의 원 $(y-3\sqrt{3})^2 + (z-t)^2 = 3$ $(t>0)$위의 점 Q에서
y축에 내린 수선의 발을 Q'라 두면
$\overline{QQ'} \perp xy$평면, $\overline{OP} \perp \overline{PQ}$ ←(나)조건
따라서 삼수선 정리에 의해 $\overline{OP} \perp \overline{PQ'}$이다.
$\angle OPQ' = 30°$이므로 직각삼각형 OPQ'에서 $\overline{OP} = 6$이므로
$\overline{OQ'} = 4\sqrt{3}$이다.
따라서 $Q'(0, 4\sqrt{3}, 0)$

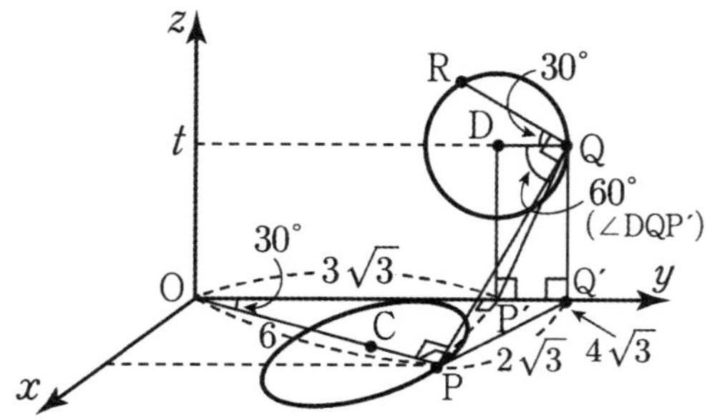

한편, yz평면의 원 $(y-3\sqrt{3})^2 + (z-t)^2 = 3$ $(t>0)$은 중심을
D 라 하면 $D(0, 3\sqrt{3}, t)$이고 반지름의 길이가 $\sqrt{3}$이므로
$Q(0, 4\sqrt{3}, t)$이다.
$\overline{QR} = 3$이므로 $\overline{QR}$은 원 D에 내접하는 정삼각형의 한 변이다.
$\therefore \angle RQD = 30°$
점 P에서 y축에 내린 수선의 발을 P'라 하면
$P'(0, 3\sqrt{3}, 0)$이고 위와 같은 삼수선의 정리로
$\angle P'QR = 90°$이다.
따라서 $\angle DQP' = 60°$, $\angle P'DQ = 90°$,
$\overline{DQ} = \sqrt{3}$이므로 $\overline{P'D} = t = 3$이다.

99 정답 72

다음 그림과 같이 평면 α가 원뿔과 만나서 생기는 도형의 넓이를
T라 하면

$$S = T \times \cos 30° = \frac{\sqrt{3}}{2}T$$

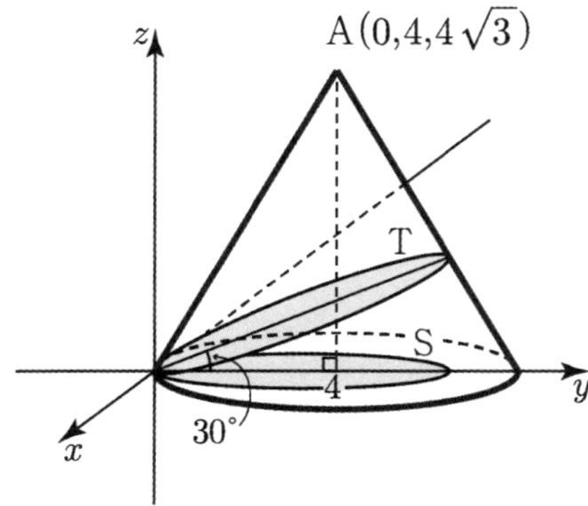

도형 T는 다음 그림과 같이 장축의 길이가 $2\overline{IO}$,
단축의 길이가 $2\overline{IC}$ 인 타원이다.
따라서 $T = \overline{IO} \times \overline{IC} \times \pi$ …㉠

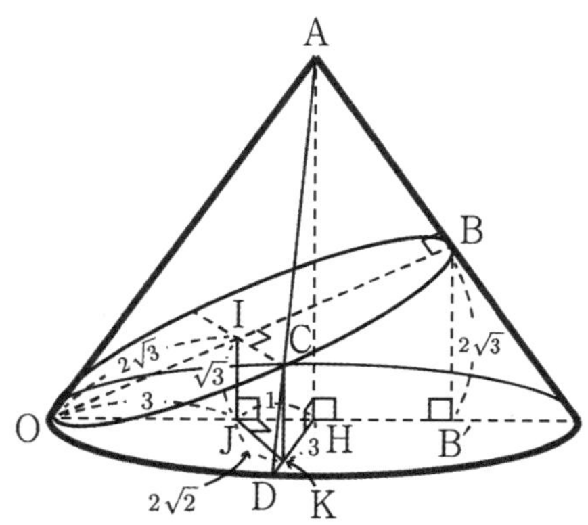

$\overline{OB} = 8 \times \cos 30° = 4\sqrt{3}$이므로 $\overline{IO} = 2\sqrt{3}$ …㉡
$\triangle BOB' \backsim \triangle IOJ$ 이고 닮음비가 $2:1$이다.
따라서 $\overline{BB'} = 2\sqrt{3}$이므로 $\overline{IJ} = \sqrt{3}$
따라서 $\overline{OJ} = 3$이고 $\overline{OH} = 4$ 이므로 $\overline{JH} = 1$
$\triangle ADH \backsim \triangle CDK$ 이고 닮음비가 $4:1$
$(\overline{AH} : \overline{CK} = 4\sqrt{3} : \sqrt{3})$이다.
따라서 $\overline{DH} = 4$이므로 $\overline{KH} = 3$
$\angle KJH = 90°$이므로 $\overline{JK} = \sqrt{3^2 - 1^2} = 2\sqrt{2}$
따라서 $\overline{IC} = \overline{JK}$이므로 $\overline{IC} = 2\sqrt{2}$ …㉢
㉠, ㉡, ㉢에서 $T = 4\sqrt{6}\pi$
따라서 $S = T \times \cos 30° = 6\sqrt{2}\pi$
$\therefore S^2 = 72\pi^2$
$\therefore k = 72$

100 정답 72

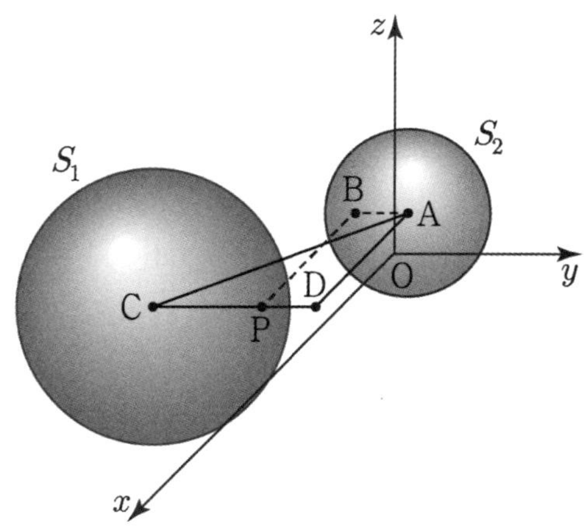

그림과 같이 $A(a, 2, a)$에서 xz평면에 내린 수선의 발을 B 라
하면 $B(a, 0, a)$이고 구 S_2의 반지름의 길이가 2이므로
$\overline{AB} = 2$이다. S_1의 중심을 C 라 하고 C에서 xz평면에 내린
수선의 발을 P라 하면 S_1의 반지름의 길이가 3이므로
$\overline{CP} = 3$이다.

점 A에서 직선 CP 에 내린 수선의 발을 D 라 하면
$\overline{PD} = \overline{AB} = 2$이므로 $\overline{CD} = 5$이다.

두 구의 중심 사이 거리가 13이므로 $\overline{AC} = 13$

따라서 직각삼각형 ACD에서 $\overline{DA} = 12$이다.

$\overline{BP} = \overline{AD} = 12$이므로 점 P의 자취는 점 B를 중심으로 하고
반지름의 길이가 12인 원이다.

따라서 점 P 가 나타내는 길이는 24π이다.

$x \geq 0$, $z \geq 0$에서 그 길이의 $\dfrac{1}{2}$인 12π이므로 점 P가 그리는

원의 $\dfrac{1}{2}$인 반원이 다음 그림과 같이 $x \geq 0$, $z \geq 0$에 나타나야

한다.

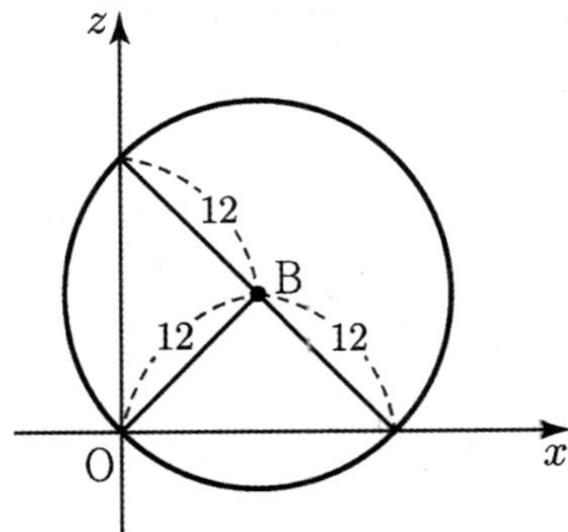

따라서 B는 $B\left(6\sqrt{2}, 0, 6\sqrt{2}\right)$이다.

따라서 $a = 6\sqrt{2}$

$\therefore \ a^2 = 72$